高等职业院校财经类专业“十三五”规划教材

基础会计

上海财经大学出版社

主　编　潘　纯
副主编　陈　林　李胜勇

FUNDAMENTAL ACCOUNTING

图书在版编目(CIP)数据

基础会计/潘纯主编. —上海：上海财经大学出版社，2017.6
(高等职业院校财经类专业“十三五”规划教材)
ISBN 978-7-5642-2742-5/F·2742

Ⅰ.①基… Ⅱ.①潘… Ⅲ.①会计学-高等职业教育-教材
Ⅳ.①F230

中国版本图书馆 CIP 数据核字(2017)第 112873 号

□ 责任编辑　徐　超
□ 封面设计　钱宇辰

JICHU KUAIJI
基础会计

主　编　潘　纯
副主编　陈　林　李胜勇

上海财经大学出版社出版发行
(上海市中山北一路 369 号　邮编 200083)
网　　址：http://www.sufep.com
电子邮箱：webmaster @ sufep.com
全国新华书店经销
上海景条印刷有限公司印刷装订
2017 年 6 月第 1 版　2017 年 6 月第 1 次印刷

787mm×1092mm　1/16　12.5 印张　320 千字
印数：0 001—4 000　定价：35.00 元

高等职业院校财经类专业“十三五”规划教材

编写委员会

主　任：朱　虹　教授　　湖北职业技术学院 副校长
副主任：余　浩　教授　　武昌职业学院会计学院 院长
　　　　袁　畅　教授　　黄冈职业技术学院商学院 院长
　　　　苏　龙　副教授　长江职业学院教务处、科研处 处长
　　　　喻靖文　副教授　湖北职业技术学院财经学院 副院长

编　委：（按姓氏笔画排序）
　　　　丁黎明　武汉软件工程职业学院
　　　　王玲玲　武汉城市职业学院
　　　　邓晓燕　武汉商贸职业学院
　　　　叶　青　湖北职业技术学院
　　　　刘　毅　咸宁职业技术学院
　　　　李亚军　咸宁职业技术学院
　　　　李　洁　武汉商贸职业学院
　　　　陈丽琴　湖北工业职业技术学院
　　　　周　军　荆州职业技术学院
　　　　周列平　武汉商贸职业学院
　　　　姜玲玲　武汉船舶职业技术学院
　　　　胡志华　咸宁职业技术学院
　　　　郭　黎　武汉软件工程职业学院
　　　　徐盛秋　长江职业学院
　　　　龚　诤　武汉软件工程职业学院
　　　　彭庆武　武汉职业技术学院
　　　　熊义成　湖北三峡职业技术学院
　　　　蔡传柏　湖北三峡职业技术学院
　　　　镇咸辉　咸宁职业技术学院
　　　　戴年昭　湖北三峡职业技术学院

前　言

“基础会计”课程是会计专业、管理类专业的专业基础课。它既是统领各专业课程的基础性课程，也是从事会计工作的职业导入课，具有很强的实践性和应用性。开设本课程的目的就是以突出职业能力的培养为目标，以会计的基本理论为指导，以实际操作为重点，由浅入深、循序渐进地使学生把握会计工作的要点和程序。

本教材遵循高等职业教育人才培养目标和人才培养模式改革的要求，充分吸收国家示范性建设高等职业院校工学结合课程教学改革，突出职业性、实践性和开放性。本书以新修订的《企业会计准则》和《会计基础工作规范》为准绳，以会计职业岗位为起点，以工作项目与工作任务为中心组织教材体系，设计并开发了 10 个学习项目，充分考虑了会计行业的入门者上岗时所必备的基本方法和基本操作技能，突出了学生会计职业能力的培养及职业素养的养成。

本教材由十个项目构成，其中项目一至项目四为会计基础理论知识的掌握，具体包括会计核算知识准备、会计概述、会计科目与会计账户和复式记账；项目五至项目十主要为会计实践操作的阐述和训练，具体包括会计凭证的填制与审核、登记会计账簿、财产清查、财务会计报告的编制、账务处理程序。每个项目主要包括知识目标、技能目标、案例引入、任务描述、项目训练等内容，使学习者系统地了解并掌握会计信息生成的基本过程，对会计形成清晰完整的认识，培养学习者的职业实践能力，帮助他们在今后的各项工作中成为主动的会计信息使用者。

本教材由长江工程职业技术学院潘纯担任主编，负责拟定教材大纲，确定内容结构，并负责总纂、修改和定稿；长江工程职业技术学院陈林和李胜勇担任副主编。具体分工如下：项目一、项目二、项目三、项目四、项目五由潘纯编写，项目六、项目七、项目八由陈林编写，项目九、项目十由李胜勇编写。

在教材的编写过程中，我们借鉴和引用了诸多公开出版的教材和著作并吸取了成果，在此表示衷心的感谢。由于编写者水平有限，书中难免存在不妥和疏漏之处，敬请同行批评指正。

编　者

2017 年 5 月

目　录

项 目 一

会计核算知识准备

【知识目标】

1. 了解公司的组织架构；
2. 熟悉会计的目标、职能；
3. 掌握会计的对象、方法和会计的基本前提。

【技能目标】

1. 能理解企业组织架构与会计职业活动之间的关系；
2. 会识别企业的资金活动；
3. 会对自己的会计职业生涯进行规划。

【案例导入】

彭良是一所高职学院的大三学生。他目前手头有一笔担任兼职和奖学金的积蓄20 000元，他想尝试实习期间进行创业，通过调研，他决定在学校附近某大型小区创办一个书法培训部。他找到了一位较具能力的同学作为合伙人，其入伙创业资金10 000元，并向亲戚借了10 000元。他以每月4 000元的租金在学校附近租了一套房作为培训场所，支出21 000元用于装修培训室，支出3 500元用于购置一些培训所需书籍与用具，支出 700 元用于印制广告宣传单，并以每天 180 元雇用两名同学发放宣传单，还按每小时 200 元的价格聘请了一位兼职书法老师。经过努力，一个月后，彭良已经有了 30 名学员，规定每人每月学费为 800 元，他与合伙人分别兼做培训部的会计和讲课教师。半年后，他们核算了一下，获取收入39 000余元，扣除房租、耗材、人工等各项费用，净盈余近10 000元。他们通过这段时间的锻炼，学到了不少财务知识，懂得了很多与人合作和打交道的技巧，获得了比财富更加宝贵的工作经验。

问题思考：

1. 彭良和同学办的培训部属于什么类型的企业？
2. 会计在该企业的经营活动中扮演什么角色？
3. 这一案例中你获得了哪些有关会计方面的术语？

任务一 企业概述

一、企业的概念

企业是从事生产、流通、服务等经济活动，以生产或服务满足社会需要，实行自主经营、独立核算、依法设立、具有经济法人资格的一种营利性的经济组织。法人是相对于自然人而言，具有独立财产并能独立承担民事责任的组织机构。

二、企业的特点

企业特点是指企业自产生以来各行各业、各种类型的企业共同的质的规定性。企业特征是企业与非企业的区别所在。

(一)经济性

企业作为一种社会组织，不同于行政、军事、政党、社团组织和教育、科研、文艺、体育、慈善等组织，它本质上是经济组织，以经济活动为中心，实行全面的经济核算，追求并致力于不断提高经济效益；而且，它也不同于政府和国际组织对宏观经济活动进行调控监管的机构，它是直接从事经济活动的实体，和消费者同属于微观经济单位。

(二)商品性

企业作为经济组织，又不同于自给自足的自然经济组织，而是商品经济组织、商品生产者或经营者、市场主体，其经济活动是面向、围绕市场进行的。不仅企业的产出(产品、服务)和投入(资源、要素)是商品，企业是“以商品生产商品”，而且企业自身(企业的有形、无形资产)也是商品，企业产权可以有偿转让，企业也是“生产商品的商品”。

(三)营利性

企业作为商品经济组织，却不同于以城乡个体户为典型的小商品经济组织，它是发达商品经济即市场经济的基本单位，是单个的职能资本的运作实体，是以赢取利润为基本目的，利用生产、经营某种商品的手段，通过资本经营，追求资本增值和利润最大化。

(四)独立性

企业还是一种在法律和经济上都具有独立性的组织，它在社会上完全独立，依法独立享有民事权利，独立承担民事义务。它与其他自然人、法人在法律地位上完全平等，没有行政级别、行政隶属关系。它不同于民事法律上不独立的非法人单位，也不同于经济上不能完全独立的其他社会组织，它拥有独立的、边界清晰的产权，具有完全的经济行为能力和独立的经济利益，实行独立的经济核算，能够自决、自治、自律、自立。

三、企业组织形式的类型

(一)按照财产的组织形式和企业所承担的法律责任划分

1. 独资企业

独资企业，是一个自然人投资并兴办的企业，其业主享有全部的经营所得，同时对债务负有完全责任。这种企业的规模都较小，其优点是经营者和所有者合一，经营方式灵活，建立和停业程序简单。这些优点使这种组织形式的企业在发达资本主义国家占有相当大的比重(主要是中小型企业)。这类企业的缺点是自身财力所限,抵御风险的能力较弱。

2. 合伙企业

合伙企业,是由两个以上的自然人订立合伙协议,共同出资、合伙经营、共享收益、共担风险,并对合伙企业债务承担无限连带责任的营利性组织。按照《中华人民共和国合伙企业法》规定,设立合伙企业,应当具备下列条件:(1)有两个以上合伙人,并且都是依法承担无限责任者;(2)有书面合伙协议;(3)有各合伙人实际缴付的出资;(4)有合伙企业的名称;(5)有经营场所和从事合伙经营的必要条件。

3. 公司企业

公司是指以营利为目的,由许多投资者共同出资组建,股东以其投资额为限对公司负责,公司以其全部财产对外承担民事责任的企业法人。公司的两种主要形式是有限责任公司和股份有限公司。有限责任公司股东以其出资额为限对公司承担责任,公司以其全部资产对公司的债务承担责任。股份有限公司,其全部资本分成等额股份,股东以其所持股份为限对公司承担责任,公司以其全部资产对公司的债务承担责任。公司企业有如下特点:(1)股东负有有限责任;(2)股份可转让,流动性好;(3)可以募集大量资金;(4)公司有独立的存在期限;(5)管理较科学,效率较高;(6)创办手续复杂,费用高;(7)保密性差,财务状况比较透明;(8)政府的限制较多;(9)社会负担重,要承担双重税赋。

(二)按照国民经济行业分类划分

1. 制造企业

制造企业是指按照市场要求对制造资源(物料、能源、设备、工具、资金、技术、信息和人力等)进行合理分配和加工制造,最终将其转化为可供人们使用和利用的工业品与生活消费品的企业。

制造企业的范围很广泛,常见的制造企业有农副食品加工企业、食品制造企业、服装制造企业、家具制造企业、化学纤维制造企业等。

2. 商品流通企业

商品流通是指商品生产出来以后,通过以货币为媒介的商品买卖,实现从生产领域到消费领域(包括生活资料和生产资料消费)的转移,它是商品所有者全部交换关系的总和。商品流通企业是指通过低价格购进商品、高价格出售商品的方式实现商品进销差价,以此弥补企业的各项费用和支出,获得利润的企业。

和制造企业等其他行业企业的经营活动相比较,商品流通企业有三个特点:一是经营活动的主要内容是商品购销;二是商品资产在企业全部资产中占有较大的比例,是企业资产管理的重点;三是企业营运中资金活动的轨迹是“货币—商品—货币”。

3. 服务企业

服务企业是指为政府、事业单位、企业和居民提供各种服务的企业。服务企业不生产物质产品,但为生产企业和流通企业提供资金、保险、技术、交通运输、仓储等服务,还为行政事业单位和居民提供生活、餐饮、娱乐、旅游等服务。

四、制造企业的组织结构和基本业务流程

不同的企业,由于性质不同,其组织结构和基本业务流程也不完全一样。下面简要介绍制造企业的组织结构和基本业务流程,如图 1—1、图 1—2 所示。

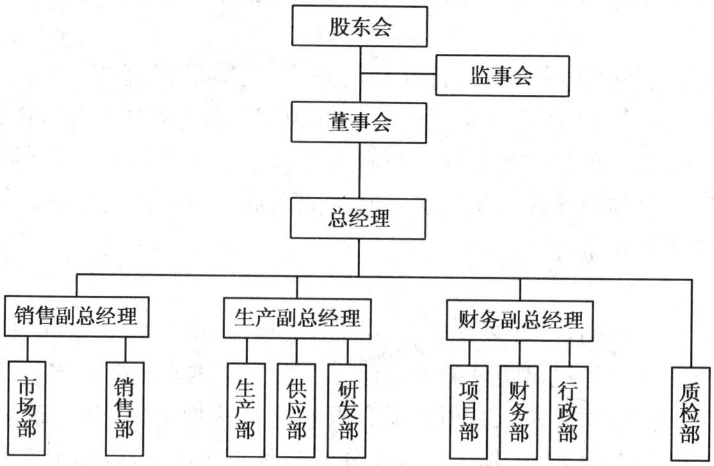

图 1—1　某制造企业组织结构

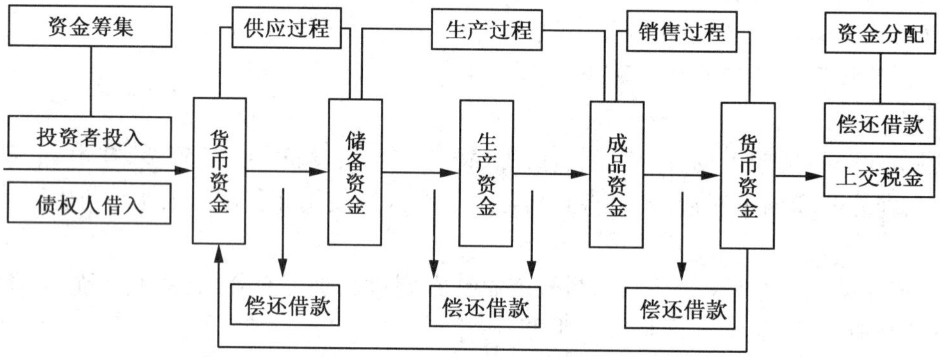

图 1—2　制造企业主要经济业务及流程

任务二　会计工作组织

一、会计工作组织的概念

会计工作组织是指对企业各项会计工作所做的统筹安排，其目的是安排、协调和管理好企业的会计工作，其具体内容包括会计机构的设置、会计人员的配备、会计法规的执行、会计工作规范的制定、会计档案的保管和会计工作的电算化等。

科学、合理地组织会计工作对充分发挥会计在经济管理中的作用具有重要意义，具体表现为以下方面：

(1)有利于保证会计工作的质量，提高会计工作的效率；

(2)有利于协调会计工作与其他经济管理工作的关系，提高企业整体管理水平；

(3)有利于完善企业内部的经济责任制度。

二、会计工作组织形式

会计工作组织形式主要有集中核算和非集中核算两种。

（一）集中核算

集中核算又称为一级核算。它是指将企业所有会计工作都集中在会计部门进行核算的一种会计工作组织形式。在这一形式下，企业下属各职能部门，包括生产部门及职能科室只对本部门或科室发生的经济业务编制原始凭证或原始凭证汇总表，定期递交会计部门，并据以填制记账凭证登记总分类账及所属的明细分类账，编制会计报表。这一核算方式便于减少核算的中间环节，提高工作效率。但如果企业职能部门机构庞大，生产复杂，则会计部门工作量就会增加，反而会降低工作效率。一般来说，集中核算形式适用于小型企事业单位。

（二）非集中核算

非集中核算也称分散核算，是指由各部门和车间对所发生的经济业务自行设置并登记账簿，进行比较全面的核算。各部门和车间单独计算盈亏，编制内部会计报表，并定期报送给企业会计部门。分散核算组织形式可以使各部门和车间利用核算资料经常指导和检查工作，但采用这种组织形式，不便于会计凭证的整理，会计人员的合理分工受到了一定的限制，核算工作量较大，核算成本较高。非集中核算形式适用于大中型企事业单位。

三、会计机构的设置

会计机构是各单位办理会计事务的职能部门，会计人员是直接从事会计工作的人员。建立健全会计机构，配备与工作要求相适应、具有一定素质和数量的会计人员，是做好会计工作，充分发挥会计职能作用的重要保证。

《会计法》第 36 条第 1 款对会计机构和会计人员的设置做了如下规定："各单位应当根据会计业务的需要，设置会计机构，或者在有关机构中设置会计人员并指定会计主管人员；不具备设置条件的，应当委托经批准设立从事会计代理记账业务的中介机构代理记账。"这一规定包括以下三层含义：

一是各单位可以根据本单位的会计业务繁简情况决定是否设置会计机构。但是，无论是否需要设置会计机构，会计工作必须依法开展，不能因为没有会计机构而对会计工作放任不管，这是法律所不允许的。会计机构是各单位办理会计事务的职能机构，会计人员是直接从事会计工作的人员，建立健全会计机构，配备数量和素质都相当的、具备从业资格的会计人员，是各单位做好会计工作，充分发挥会计职能作用的重要保证。因此，为了科学、合理地组织开展会计工作，保证本单位正常的经济核算，各单位原则上应设置会计机构。

二是不能单独设置会计机构的单位，应当在有关机构中设置会计人员并指定会计主管人员。这是提高工作效率，明确岗位责任的内在要求，同时也是由会计工作专业性、政策性强等特点所决定的。会计主管人员作为中层管理人员，行使会计机构负责人的职权，按照规定的程序任免。

三是不具备单独设置会计机构的单位，应当委托经批准设立从事会计代理记账业务的中介机构代理记账。

至于一个单位究竟需要配备多少会计人员，设置多少会计岗位，没有什么统一的标准，各单位可以根据本单位的组织结构形式和业务工作量、经营规模等因素来进行设置。

四、会计从业人员

(一)会计从业人员资格

按照《会计法》规定，从事会计工作的人员，必须取得会计从业资格证书。我国会计从业资格的取得实行考试制度，考试科目一般为：财经法规与会计职业道德、会计基础和初级会计电算化。考试通过后，可以直接申领会计从业资格证书，不必进行注册登记。(依照《会计从业资格管理办法》规定，2013年7月1日起取消会计从业资格证书注册登记制度。)

担任单位会计机构负责人(会计主管)的，除取得会计从业资格证书外，还应当具备会计师以上专业技术职务资格(如助理会计师、中级会计师、高级会计师等)或者从事会计工作3年以上时间。

《总会计师条例》规定，担任总会计师则必须取得会计师任职资格(如中级会计师、高级会计师等)，并主管一个企业或者企业一个重要方面的财务会计工作3年以上时间，具有较高的政治素质和政策业务水平，良好的职业道德、组织领导能力和身体素质。

按照注册会计师的相关法律规定，申请担任注册会计师的人员必须具备规定的学历和一定的实际会计工作经验，经全国统一考试合格，由财政部门批准注册后，才能从事注册会计师工作。

(二)会计人员任用

《会计基础工作规范》和《总会计师条例》等相关法律法规关于会计人员任用的规定主要包括：国家机关、国有企业、事业单位任用会计人员应当实行回避制度；单位领导人的直系亲属不得担任本单位的会计机构负责人、会计主管人员；会计机构负责人、会计主管人员的直系亲属不得在本单位会计机构中担任出纳工作；需要回避的直系亲属为夫妻关系、直系血亲关系、三代以内旁系血亲以及配偶关系。

(三)会计人员岗位

我国《会计基础工作规范》第十一条规定："会计工作岗位一般可分为：会计机构负责人或者会计主管人员、出纳、财料物资核算、工资核算、成本费用核算、财务成果核算、资金核算、往来核算、总账报表、稽核等。开展会计电算化和管理会计的单位，可以根据需要设置相应工作岗位，也可以与其他工作岗位相结合。"

会计工作岗位可以一人一岗、一人多岗或者一岗多人。出纳人员不得兼管稽核、会计档案保管和收入、费用、债权债务账目的登记工作。

1. 会计机构负责人或者会计主管人员岗位

会计机构负责人或者会计主管人员的职责一般包括：

(1)遵守国家法律法规，制定企业财务会计制度。

(2)组织筹集资金，节约使用资金。

(3)认真研究税法，督促足额上缴。

2. 出纳岗位

出纳岗位的职责一般包括：

(1)办理现金收付和结算业务；

(2)登记现金和银行存款日记账；

(3)保管库存现金和各种有价证券；

(4)保管有关印章、空白收据和空白支票。

3. 材料物资核算岗位

材料物资核算岗位的职责一般包括：

(1)会同有关部门拟订材料物资的核算与管理办法；

(2)审查汇编材料物资的采购资金计划；

(3)负责材料物资的明细核算；

(4)会同有关部门编制材料物资计划成本目录；

(5)配合有关部门制定材料物资消耗定额；

(6)参与材料物资的清查盘点。

4. 工资核算岗位

工资核算岗位职责一般包括：

(1)计算职工薪酬,分配职工薪酬,编制工资分配明细表；

(2)编制工资表,送交银行,保证月度工资按时准确发放；

(3)及时清理其他应付款,保证代扣代缴到位；

(4)确保养老金、公积金、房租、水电费等扣缴到位。

5. 成本费用核算岗位

成本费用核算岗位的职责一般包括：

(1)拟订成本核算办法；

(2)制定成本费用计划；

(3)负责成本管理基础工作；

(4)核算产品成本和期间费用；

(5)编制成本费用报表并进行分析；

(6)协助管理在产品和自制半成品。

6. 财务成果核算岗位

财务成果核算岗位职责一般包括：

(1)负责编制收入、利润计划；

(2)办理销售款项结算业务；

(3)负责收入和利润的明细核算；

(4)负责利润分配的明细核算；

(5)编制收入和利润报表；

(6)协助有关部门对产成品进行清查盘点。

7. 资金核算岗位

资金核算岗位的职责一般包括：

(1)拟订资金管理和核算办法；

(2)编制资金收支计划；

(3)负责资金调度；

(4)负责资金筹集的明细分类核算；

(5)负责企业各项投资的明细分类核算。

8. 往来结算岗位

往来核算岗位的职责一般包括：

(1)建立往来款项结算手续制度；

(2)办理往来款项的结算业务；
(3)负责往来款项结算的明细核算。
9. 总账报表岗位
总账报表岗位的职责一般包括：
(1)负责登记总账；
(2)负责编制资产负债表、利润表、现金流量表等有关财务会计报表；
(3)负责管理会计凭证和财务会计报表。
10. 稽核岗位
稽核岗位的职责一般包括：
(1)审查财务成本计划；
(2)审查各项财务收支；
(3) 复核会计凭证和财务会计报表。

项目训练

一、不定项选择题

1. 企业的特点不包括(　　)。
A. 以营利为目的　B. 自主经营　C. 独立核算　D. 具有自然人或法人资格
2. 以出资额为限对公司债务承担有限责任的是(　　)。
A. 个人独资企业　B. 合伙制企业　C. 有限责任公司　D. 股份有限公司
3. 非集中核算的特点包括(　　)。
A. 核算层次多　B. 全部业务都分散核算
C. 有利于会计人员分工　D. 有利于经济责任制度的落实
4. 下列说法正确的是(　　)。
A. 所有企业都必须设置会计机构
B. 设置会计机构时，应至少设置会计主管和出纳员两个岗位
C. 国有大中型企业必须设置总会计师
D. 总会计师需主管一个企业会计工作 5 年以上时间
5.《总会计师条例》属于(　　)。
A. 会计法律　B. 会计行政法规　C. 会计部门规章　D. 会计规范性文件

二、简答题

1. 企业的概念和作用是什么？
2. 制造企业的基本业务流程是怎样的？
3. 什么是会计机构？《会计法》中对不同单位会计机构的设置有何要求？

三、操作题

文华公司2015年 1 月发生的部分经济业务或事项如下：
1. 1日，组织编制公司的财务成本费用计划；
2. 2日，编制筹资计划和资金使用预算；
3. 10日，登记现金和银行存款日记账；
4. 12日，填写现金支票；
5. 31日，计算职工的各种薪酬；

6.31日,计算产品的成本;

7.31日,编制会计报表;

8.31日,分析财务成本费用和资金执行情况;

9.31日,组织仓库盘点,保证物资账实相符;

10.31日,计算企业实现的利润。

请确认每一项经济业务或事项应由哪一个会计岗位的人员来完成。

项 目 二

会计概述

【知识目标】

1. 理解会计的概念、基本特点、会计职能和会计对象；
2. 明确会计目标、会计假设和会计核算基础；
3. 了解会计信息质量要求、会计方法的组成和会计核算方法体系。

【技能目标】

1. 能说出不同的会计核算基础对盈亏计算产生的影响；
2. 能说出会计核算的一般流程；
3. 能讲解企业资金运动的过程。

【案例导入】

某高校会计专业教师黄老师，为了加强学生对会计的感性认识，在开始讲授会计专业知识之前，带领全班学生参观了文华公司的财务部。在参观过程中，黄老师向学生介绍了文华公司本月发生的主要经济活动：(1)购买了一批机床，经安装调试已投入使用。(2)与长顺公司签订了一份购销合同。(3)生产车间收到生产通知单。(4)生产车间到仓库领用了一批材料。(5)销售部售出一批产成品并收回货款。(6)支付当月水电费和员工工资。(7)销售人员报销差旅费。(8)公司开会决定下月购买一批办公设备。

问题思考：

1. 上述经济活动都是会计核算的对象吗？
2. 会计核算应在什么前提下进行？
3. 会计核算的基础是什么？

任务一 了解会计

一、会计概念与特征

(一)会计概念

什么是会计?比较通俗的说法就是记账、算账。会计是随着社会生产的发展和经济管理的要求而产生的,并随着社会经济的发展和生产力水平的提高而不断完善。会计的萌芽阶段只是对劳动成果的一种简单的计量与记录行为,而且是生产经营过程的附带职能。随着社会经济的发展和生产力水平的不断提高,生产规模不断扩大,生产过程愈加复杂。为适应经济管理的需要,会计逐渐从生产过程中分离出来,发展成为记录和反映财务状况和经营成果的独立职能。

从会计的发展、变化来看,会计的含义可以表述为:会计是以货币为主要计量单位,以凭证为依据,借助于专门的技术方法,对一定主体的经济活动进行连续、系统、全面、综合的核算与监督,并向有关方面提供会计信息的一种管理活动。

(二)会计的基本特征

1. 以合法的凭证为依据

会计凭证是经济活动发生的书面证明,记载了具体的经济活动情况和明确的经济责任。为了真实地反映经济活动,会计必须以合法凭证为依据。

2. 以货币为主要计量单位

会计在对经济活动中所使用的财产物资、发生的劳动耗费及获得的劳动成果等进行记录、计算、分析和考核时,可以采用实物、劳动和货币三种计量单位。其中,实物计量单位和劳动计量单位只能分别对实物量和劳动量进行计量,无法进行综合计量,而货币计量单位则可以衡量商品价值的共同尺度,具有纵向综合和横向可比的综合功能。所以,为了达到加强经济管理的目的,会计通常以货币为主要计量单位。

3. 对经济活动进行连续、系统、全面的核算和监督

所谓连续,是指对各项经济活动按其发生的时间顺序不间断地进行记录;所谓系统,是指对各项经济活动既要进行相互联系的记录,又要进行必要的科学分类;所谓全面,是指对各项经济活动的来龙和去脉都必须进行全面记录、计量,不得遗漏。核算和监督贯穿于会计工作的全过程,是会计管理活动的重要表现形式。会计核算和监督必须连续、系统、全面。

二、会计的职能

会计的职能是指会计在经济管理活动中所具有的功能。我国《会计法》规定"会计机构、会计人员依照本法规定进行会计核算,实行会计监督",将会计的基本职能表述为核算和监督。

1. 会计核算职能

会计核算职能也称反映职能,是指会计以货币为主要计量单位,通过确认、计量、记录、报告等环节,从价值量上反映特定主体的经济活动,从而提供相关会计信息的功能。会计核算职能是会计最基本的职能,是实现其他职能的前提。

会计核算职能具有如下特点:

(1)会计主要核算过去已经发生或已经完成的经济活动;

(2)会计核算从数量上反映各单位的经济活动状况,以货币量度为主,以实物量度和劳动量度作为辅助量度;

(3)会计核算具有连续性、系统性和全面性;

(4)会计核算必须遵循国家颁布的会计准则和会计制度,即财政部颁布的《企业会计准则》、《事业单位会计准则》、《企业会计制度》和各行业会计制度等。

2.会计监督职能

会计监督职能也称控制职能,是指会计在对经济活动进行核算的同时,依据有关法律和规章制度对其合法性和合理性进行审查,规范企业会计行为,保证经济活动在合理、合法的前提下达到既定的目的和要求。会计监督职能是现代会计不可缺少的功能,是会计工作的灵魂和核心。

会计监督职能具有如下特点:

(1)会计监督主要通过价值指标来进行;

(2)会计监督是对单位经济活动的全过程进行监督,包括事前、事中和事后监督;

(3)会计监督以财经法律、法规为依据。

会计的核算和监督职能是密切相关、不可分割的。如果会计管理没有可靠、充分、完整的会计核算资料,监督就失去了客观依据,监督就不可能顺利进行,甚至就不能进行。因此,核算是监督的基础。反之,如果没有科学、严格的会计监督,核算的真正作用就难以发挥,核算过程和结果的准确性、真实性以及合法性、合理性就得不到保证。因此,监督又是核算的继续。

随着经济的发展和管理理论的完善,会计的内容和作用在不断地发展,会计的职能也在逐渐扩展。现代会计职能还包括预测、决策、控制、评价等。

三、会计的目标

会计目标是指在一定的客观环境和经济条件下,会计工作人员通过会计实践活动所期望达到的结果。会计作为一个经济信息系统,其具体目标就是要为信息使用者提供有用的会计信息。提供有用信息应解决三个方面的问题:一是给谁提供会计信息;二是提供什么样的会计信息;三是如何提供会计信息。

会计的具体目标取决于会计信息使用者的需要。会计信息使用者包括外部使用者和内部使用者。外部使用者主要有政府有关部门、投资者以及潜在的投资者和债权人、客户、供应商等。不同的使用者,对会计信息有着不同的要求:政府部门需要掌握进行宏观决策、监督法规执行等方面的会计信息;投资者以及潜在的投资者需要了解企业目前的经营状况、盈利能力及未来发展趋势的会计信息;债权人则比较关心企业的偿债能力;购买该企业产品的客户需要了解产品的质量以及公司履行义务的能力。

用一套财务信息向这么多不同的使用者提供信息是很困难的。因此,外部财务报告主要满足两类使用者——投资者和债权人。投资者指的是拥有该企业的个人或其他企业。债权人指的是向该企业提供债权的个人或其他企业。出于这些原因,我们通常把投资者和债权人称为主要的财务信息外部使用者。内部使用者更需要全面掌握企业的财务状况、经营成果、盈利能力、偿债能力等会计信息,主要包括企业内部管理者和职工等。

在2007年开始实施的《企业会计准则》中,特别明确增加了财务会计报告的目标是:"向财务会计报告使用者提供与企业财务状况、经营成果和现金流量等有关的会计信息，反映企业管理层受托责任履行情况，有助于财务会计报告使用者做出经济决策。”

四、会计工作过程与会计核算方法

（一）会计工作过程

会计工作过程是指企业将一定时期发生的所有经济业务，依据一定的步骤和方法，加以记录、分类、汇总直至编制会计报表的会计处理全过程。在连续的会计期间，这些工作周而复始地不断循环进行。会计工作从填制和审核会计凭证开始，到登记账簿，直至编制财务会计报告，即完成一个会计期间会计核算工作的过程。正确组织会计工作循环流程能将企业发生的诸多且复杂的经济业务通过收集、加工、编制报表，按时按质提供给会计信息使用者必要的信息。

一个完整的会计工作过程，主要由会计确认、会计计量、会计记录和会计报告 4 个环节组成，具体又可细分为以下几个基本步骤：

(1)对于发生的经济业务进行初步的确认和记录，即填制和审核原始凭证，这是会计工作的起点。

(2)填制记账凭证，即在审核无误的原始凭证的基础上，通过编制会计分录填制记账凭证。

(3)登记账簿，即根据审核无误的原始凭证和记账凭证登记账簿，包括日记账、明细分类账和总分类账。

(4)根据权责发生制的要求，期末要对部分账项进行调整，编制调整分录并过账。如期末折旧费的计提、长期待摊费用的摊销等。

(5)结账，即结清收入、费用类账户，计算出当期利润；结出资产、负债和所有者权益类账户余额并转入下期。

(6)对账，包括账证核对、账账核对和账实核对。

(7)编制会计报表。会计期末，企业应根据账簿资料编制成反映企业财务状况、经营成果和现金流量的各种报表。如资产负债表、利润表和现金流量表。它是会计工作的最后一个步骤。

（二）会计核算方法

会计核算方法是对会计对象连续、系统、全面地记录、计算、反映和日常监督所运用的方法。由于会计对象具体内容的多样性、经营过程的连续性，决定了会计核算必须运用一系列专门的方法。这些方法必须能够连续、系统、全面、综合地反映会计对象。为此，会计方法之间必须具有相互的内在联系，构成一个完整的方法体系。会计核算方法主要包括以下七种：

1. 设置账户

设置账户是对会计对象的具体内容进行归类反映和监督的一种专门方法。会计对象的内容是复杂多样的，要对它们进行系统的核算和有效的监督，就必须进行科学的分类，以便取得各种不同性质的核算指标。因此，必须按照经济业务的内容和管理要求，分别设置账户，进行分类登记，以取得经营管理所需要的各方面的核算资料，及时对经济活动进行控制和管理。

2. 复式记账

在账户中反映经济业务，必须要使用一定的记账方法。而复式记账就是在会计工作的实践中渐渐产生的。复式记账是以相等的金额同时在两个或两个以上的有关账户中记录每一项经济业务，从而完整地反映资金的运动。任何一项经济业务会引起资金的双重(或多重)变化。

为了全面反映每一项经济业务所引起的这种双重(或多重)变化,就必须在两个或两个以上账户中同时记录,这就是复式记账。采用复式记账方法,通过账户的对应关系,可以了解有关经济业务的来龙去脉,通过账户的平衡关系,可以检查有关业务的记录是否正确。

3. 填制和审核凭证

会计凭证是记录经济业务,明确经济责任,作为记录根据的书面证明。对于任何一项经济业务,都要根据有关政策、法令和制度进行严格审核。只有经过审核无误的原始凭证,才能运用复式记账原理将经济业务登记在记账凭证上,然后以此作为登记账簿的可靠依据,以保证会计资料的真实性。因此,填制和审核凭证是会计核算和监督必不可少的方法。

4. 登记账簿

账簿是用来全面、连续、系统地记录各项经济业务的簿籍,是保存会计资料的重要工具。登记账簿就是对审核和填制无误的记账凭证,在账簿上连续、完整地记录和循序渐进地汇集核算经济活动的一种专门方法。账簿的登记要以经过审核的凭证为依据,既要按照账户的内容分类反映经济业务,又要按照时间的先后反映经济业务。账簿记录的资料,是编制财务会计报告的重要依据。

5. 成本计算

成本计算是对产品生产中所发生的各项费用,按照企业会计制度的规定,进行审核、归集和分配,借以确定各个对象的总成本和单位成本的一种专门方法。这一专门方法主要是在企业会计中加以采用。在企业生产经营过程的每个阶段,都会发生各种费用,其中有些费用,如期间费用,可以直接在当期损益中体现;另一些费用,如工业生产过程中所耗用的主要材料、辅助材料等,则需要按照一定的计算对象和标准进行归集,借以计算出总成本和单位成本。利用成本计算所提供的资料,可以了解各阶段费用的支出情况,找出进一步挖掘潜力、降低成本、提高效益的途径。

6. 财产清查

财产清查是通过实物盘点、核对账目,查明财产物资实有数额的一种专门方法。在会计工作中,运用一系列的专门方法,将各种财产物资的结存数额在账簿中作出反映。但是账面上反映的财产物资的结存数额,是否与实际结存的数额完全相符,还需要财产清查的方法加以查对核实。通过财产清查可以了解账实相符的程度,可以查明材料物资储备是否能够保证生产经营的正常需要,有无超储积压和损毁等情况,以及各应收、应付款项的结算情况。因此,财产清查的方法同样构成了会计核算方法体系的一个组成部分,对于改进财产物资的管理,挖掘物资潜力,加速资金周转和保证会计核算资料的正确性具有重要作用。

7. 编制会计报表

编制会计报表是定期以书面报告的形式总括地反映企业财务状况和经营成果的一种专门方法。编制会计报表是向企业所有者、债权人等利害关系各方综合报告其财务状况和经营成果的一种方法,又是强化企业内部管理,考核、分析计划或预算完成情况的重要手段。通过编制会计报表,把账簿中分散的资料集中起来,归纳整理,使之更加系统化,更加具有合理性,既全面又概括地反映出企业在一定时期经济活动的情况和结果。因此,编制会计报表,作为会计核算方法体系的组成部分,是必不可少的。

五、会计核算的前提条件与会计信息质量

(一)会计核算的前提条件

会计前提又叫会计核算前提或会计假设,是对会计核算所处的时空环境等所作的合乎逻辑的推断,它是人们在长期的会计实践中,逐步认识总结而成的。会计前提是进行会计工作的基础或先决条件,也是人们对市场经济环境下会计工作规律的认识范畴。一般公认的会计核算前提有:会计主体、持续经营、会计分期和货币计量。

1. 会计主体

会计主体是指会计核算所服务的特定单位或组织。会计主体规范了会计工作的空间范围,作为一个会计主体应具备的条件是:有独立的资金,能独立开展经济活动或财务活动,独立进行会计核算的经济组织。会计主体前提的主要作用是对会计核算的范围予以界定,它要求会计核算必须严格区分自己的经济活动与他人(与自然人相对应的经济组织或单位)的经济活动,正确地反映其所拥有的资产和应当承担的债务责任,准确地计算收益或损失,从而为决策者提供所需要的会计信息。明确界定会计主体是开展会计确认、计量和报告工作的重要前提,从空间上限定了会计核算的对象范围。

需要注意的是,会计主体不同于法律主体。一般来说,法律主体必然是一个会计主体。例如,一个企业作为一个法律主体,应当建立会计核算体系,独立反映其财务状况、经营成果和现金流量。但是会计主体不一定是法律主体。例如,在企业集团的情况下,一个母公司拥有若干个子公司,企业集团在母公司的统一领导下开展生产经营活动。母子公司虽然是不同的法律主体,但为了反映企业集团的财务状况、经营成果和现金流量,就有必要将这个企业集团作为一个会计主体,编制合并会计报表。

2. 持续经营

持续经营,是指在可以预见的将来,企业将会按当前的规模和状态继续经营下去,不会停业,也不会大规模削减业务。持续经营是对会计主体核算时间上所作出的一种假定。

企业是否持续经营,在会计原则、会计方法的选择上有很大差别。一般情况下,应当假定企业将会按当前的规模和状态继续经营下去,不会停业,也不会大规模削减业务。明确这一基本前提,就意味着会计主体将按照既定用途使用资产,按照既定的合约条件清偿债务,会计人员就可以在此基础上选择会计原则和会计方法。

由于持续经营是根据企业发展的一般情况所作的假设,而任何企业都存在破产、清算的风险。换而言之,所有的企业不能持续经营的可能性都是存在的。为此,企业必须定期对其持续经营的基本前提做出分析和判断。如果判断企业不会持续经营,就应当改变会计核算的原则和方法,并在企业财务会计报告中作相应的披露。

3. 会计分期

会计分期,是指将持续正常的生产经营活动人为地划分成一个个连续、相等的期间,据以分期结算账目和编制财务会计报告。会计分期是对会计核算在时间上所作出的一种界定,也是持续经营前提存在的客观要求。

会计分期的目的,在于通过会计期间的划分,据以按期结算盈亏、编制财务会计报告,从而及时向各方面提供有关企业财务状况、经营成果和现金流量的信息。

明确会计分期基本前提对会计核算有着重要影响。由于会计分期,才产生了当期与其他期间的差别,从而企业才能按照归属期确认收入和费用,才使不同类型的会计主体有了记账的

基准,进而采用相应的会计处理方法。

我国的会计期间分为年度、半年度、季度和月度,且均按公历起讫日期确定。半年度、季度和月度称为会计中期。以一年确定的会计期间称为会计年度,按照年度编制的财务会计报告也称为年报。在我国,会计年度自公历每年的1月1日至12月31日。

4.货币计量

货币计量,是指会计核算须以货币作为主要计量单位。在货币计量前提下,企业的会计核算以人民币为记账本位币。业务收支以人民币以外的货币为主的企业,可以选定其中一种货币作为记账本位币,但是编制的财务会计报告应当折算为人民币。在境外设立的中国企业向国内报送的财务会计报告,应当折算为人民币。

在会计核算过程中之所以选择货币作为计量单位,是由货币本身属性决定的。货币是商品的一般等价物,是衡量一般商品价值的共同尺度,具有价值尺度、流通手段、贮藏手段和支付手段等职能。其他的计量单位,如重量、长度、容积、台、件等,只能从一个侧面反映企业的生产经营成果,无法在量上进行比较,不便于实物管理和会计计量。所以,为全面反映企业的生产经营、业务收支等情况,会计核算就选择了货币作为计量单位。

会计核算各前提之间存在着相互关联、相互制约的关系。会计核算首先必须明确会计主体才能确定会计核算的范围;只有在首先确定会计主体的基础上,企业或其他经济组织的经济活动才能体现出持续不断的运动过程,也才能必要地对持断不断的经济活动序时进行分期,并通过货币计量来反映其价值运动,最终形成会计核算的一整套完整的程序和方法体系,且周而复始地不断循环。

(二)会计信息质量要求

会计信息质量的要求是对会计核算工作的基本要求。根据《企业会计准则》规定,我国会计信息质量要求包括八项,即可靠性、相关性、可理解性、可比性、实质重于形式、重要性、谨慎性和及时性。

1.可靠性

可靠性要求企业应当以实际发生的交易或者事项为依据进行确认、计量和报告,如实反映符合确认和计量要求的各项要素及其他相关信息,保证会计信息真实可靠、内容完整。在会计核算工作中应坚持可靠性要求,以客观事实为依据,正确运用会计原则和方法,坚持用科学的分析方法进行客观判断,准确反映企业的实际情况,保证会计信息真实,具有可验证性。

2. 相关性

相关性要求企业提供的会计信息应当与财务会计报告使用者的经济决策需要相关,有助于财务会计报告使用者对企业过去、现在或者未来的情况作出评价或者预测。经济信息是否相关以是否与企业的决策有关来判断,在会计核算中坚持相关性原则,就要求会计人员在收集、加工、处理和提供会计信息的过程中,充分考虑会计信息使用者的需要,尽可能满足他们对信息的需要。

3.可理解性

可理解性要求企业的会计核算和编制的财务会计报告应当清晰明了,便于理解和利用。在会计核算工作中坚持明晰性原则,要求会计记录应当准确、清晰,填制会计凭证、登记账簿必须做到依据合法、账户对应关系清楚、文字摘要完整;在编制会计报表时,项目勾稽关系清楚、项目完整、数字准确。如果企业的会计核算和编制的财务会计报告不能做到清晰明了、便于理解和利用,就不符合清晰性原则的要求,不能满足会计信息使用者的决策需求。

4.可比性

可比性要求企业的会计核算应当按照规定的会计处理方法进行，会计指标应当口径一致、相互可比。可比性要求会计核算按照国家统一规定的会计处理方法进行。不同的企业可能属于不同行业、处于不同地区，交易或事项发生于不同时点。为了保证会计信息能够满足决策的需要，便于比较不同企业的财务状况、经营成果和现金流量，只要是相同的交易或事项，就应当采用相同的会计处理方法。

该要求是企业与企业之间的横向比较，并且是以可靠性为基础的。但不能为了追求可比性，过分强调使用统一的会计处理方法，而使会计核算不能客观地反映实际情况。

5.实质重于形式

实质重于形式要求企业应当按照交易或事项的经济实质进行算，而不应当仅仅按照它们的法律形式作为会计核算的依据。在实际工作中，交易或事项的外在法律形式或人为形式并不总能完全真实地反映其实质内容。所以，会计信息要想反映交易或事项，就必须根据交易或事项的实质和经济现实，而不能仅仅根据它们的法律形式进行核算和反映。例如，融资租入固定资产的确认条件不是法律形式上的所有权转移，而是会计事项的经济实质，企业在相当长的租赁期内有权支配该资产并从中受益，在租期结束时企业有权享有对该资产的优先购置权，因此，企业能够控制该资产的未来经济利益，会计核算应将融资租入固定资产视为自有资产。

6.重要性

重要性要求企业在会计核算过程中对交易或事项应当区别其重要程度，采用不同的核算方法。对资产、负债、损益等有较大影响，进而影响财务会计报告使用者据以作出合理判断的重要会计事项，必须按照规定的会计方法和程序进行处理，并在财务会计报告中予以充分、准确地披露；对于次要的会计事项，在不影响会计信息真实性和不至于误导财务会计报告使用者做出正确判断的前提下，可适当简化处理。在评价某些项目的重要性时，很大程度上取决于会计人员的职业判断。一般来说，应当从质和量两个方面进行分析。从性质来说，当某一事项有可能对决策产生一定影响，就属于重要项目；从数量方面来说，当某一项目的数量达到一定规模时，就可能对决策产生影响，一般认为其具有重要性，应将其作为具有重要性的会计事项处理。

7.谨慎性

谨慎性要求企业在进行会计核算时，不得多计资产或收益、少计负债或者费用。在会计核算工作中坚持谨慎性原则，要求企业在面临不确定因素的情况下做出职业判断时，应当保持必要的谨慎，既不抬高资产和收益，也不压低负债和费用。例如，要求企业定期或者至少于每年年度终了，对可能发生的各项资产损失计提资产减值准备等，就充分体现了谨慎性。

8.及时性

及时性要求企业的会计核算应当及时进行，不得提前或延后。会计信息的价值在于帮助所有者或其他方面做出经济决策，在会计核算过程中坚持上述原则，一是要求及时搜集会计信息，即在交易或事项发生后，及时搜集整理各种原始单据；二是及时处理会计信息，即在国家统一的会计制度规定的时限内，及时编制出财务会计报告；三是及时传递会计信息，即在国家统一的会计制度规定的时限内，及时将编制出的财务会计报告传递给财务会计报告使用者。

六、会计计量属性

企业在将符合确认条件的会计要素登记入账并列报于财务报表时，应当按照规定的会计计量属性进行计量，确定其金额。从会计角度，计量属性反映的是会计要素金额的确定基础，主要包括历史成本、重置成本、可变现净值、现值和公允价值五种。

1. 历史成本

历史成本又称实际成本，就是取得或制造某项财产物资时所实际支付的现金或现金等价物。在历史成本计量下，资产按照购置时支付的现金或现金等价物的金额，或者按照购置资产时所付出的对价的公允价值计量。负债按照因承担现时义务而实际付出的款项或者资产的金额，或承担现时义务的合同金额，或按照日常活动中为偿还负债预期需要支付的现金或者现金等价物的金额计量。

企业在对会计要素进行计量时，一般应当采用历史成本。采用重置成本、可变现净值、现值、公允价值计量的，应当保证所确定的会计要素金额能够取得并可靠计量。

2. 重置成本

重置成本又称现行成本，是指按照当前市场条件，重新取得同样一项资产所需支付的现金或现金等价物的金额。在重置成本计量下，资产按照现在购买相同或者相似资产所需支付的现金或现金等价物的金额计量；负债则按照现在偿付该负债所需支付的现金或者现金等价物的金额计量。如固定资产盘盈时采用重置成本计量。

3. 可变现净值

可变现净值又称预期出售价值，是指通过正常处置出售资产现在所能收到的现金或现金等价物的金额。在采用可变现净值计量时，资产按照其正常对外销售所能收到的现金或现金等价物的金额扣减该资产至完工时估计将要发生的成本、估计的销售费用以及相关税费后的金额计量。如存货的期末计价采用成本与可变现净值孰低计量。

4. 现值

现值是对未来现金流量以恰当的折现率进行折现后的价值，是充分考虑货币时间价值因素等的一种计量属性。在采用现值计量时，资产按照预计从其持续使用和最终处置中所产生的未来净现金流入量的折现金额计量，负债则按照预计期限内需要偿还的未来净现金流出量的折现金额计量。如企业分期收款销售商品时销售收入的计价采用现值计量。

5. 公允价值

公允价值是指在公平交易中，熟悉情况的交易双方自愿进行资产交换或者债务清偿的金额。在采用公允价值计量时，资产和负债是按照在公平交易中，熟悉情况的交易双方自愿进行资产交换或者债务清偿的金额计量。如交易性金融资产的期末计价采用公允价值计量。

七、企业会计核算基础

企业会计核算基础有两种：一种是收付实现制或实收实付制，或现收现付，或现金制；另一种是权责发生制或应收应付制，或应计制。

（一）收付实现制

它是以本期款项的实际收付作为确定本期收入、费用的标准。凡是本期实际收到款项的收入和付出款项的费用，不论款项是否属于本期，只要在本期实际发生，即作本期的收入和费用。所以又叫实收实付制。

（二）权责发生制

它是指企业按收入的权利和支出的义务是否归属于本期来确认收入、费用的标准，而不是按款项的实际收支是否在本期发生，也就是以应收应付为标准。在权责发生制下，凡属本期的收入和费用,不论其是否发生,均要计入本期;凡不属本期的收入、费用,尽管发生了,也不计入本期。故又叫应收应付制。

收付实现制是与权责发生制相对应的一种会计制度。目前,我国的行政单位会计采用收付实现制,事业单位会计除经营业务可以采用权责发生制外,其他大部分业务也采用收付实现制。我国企业单位一般都采用权责发生制为会计核算基础。

任务二　会计要素与会计等式

一、会计要素的含义与分类

(一)会计要素的含义

会计对象是指会计核算和监督的内容,即通过价值形式表现的有关社会再生产过程中的生产、交换、分配、消费等方面的经济活动。会计对象简而言之就是资金运动。会计要素是对会计对象的基本分类,是根据交易或者事项的经济特征所确定的财务会计对象的基本分类,是会计核算对象的具体化,是会计用于反映会计主体财务状况,确定经营成果的基本单位。

会计要素是会计对象的第二层次划分,第一层次是资金运动,第三层次是会计科目。资金运动是纷繁复杂的,在明确会计对象是资金运动后,为了系统、完整地核算和监督单位经济活动的发生情况及结果,为经济管理提供有用的会计信息,还必须对其进一步细分并科学归类。对资金运动所划分的大类,就是会计要素。

(二)会计要素的分类

会计要素是对会计事项进行归类的结果,是会计报表的基本构成单位,具体表现为六大会计要素:资产、负债、所有者权益、收入、费用和利润。其中,资产、负债和所有者权益是组成资产负债表的会计要素,也称资产负债表要素,反映企业在一定日期的财务状况,属于静态要素;收入、费用和利润是组成利润表的要素,也称利润表要素,反映企业在一定时期内的经营成果,属于动态要素。

二、会计要素的确认

(一)资产

企业从事生产经营活动必须具备一定的物质资源。这些物质资源可以表现为银行存款、厂房场地、机器设备、原材料等。而这些银行存款、厂房场地、机器设备、原材料等,就称为资产。它们是企业从事生产经营活动的物质基础。除了上述提到这些具有物质形态的资产外,资产还包括不具有物质形态的,但有助于生产经营活动的,如专利权、商标权等无形资产。

1. 资产的概念及特征

我国《企业会计准则——基本准则》第二十条将资产定义为:“资产是企业过去的交易或者事项形成的、由企业拥有或者控制的、预期会给企业带来经济利益的资源。”资产的定义指出了资产的实质,着重强调了下列特征。

(1)资产是由过去的交易或事项形成的。也就是说,资产必须是现实的资产,而不是预期的资产,是企业在过去一个时期里,通过过去的交易或事项所形成的,是过去已经发生的交易或事项所产生的结果。至于未来交易或事项以及未发生的交易或事项可能产生的结果,则不属于资产，不得作为资产确认。例如，已经发生的固定资产交易会形成资产，而计划中的固定资产购买交易则不会形成资产。

(2)资产必须是企业拥有或控制的。一般来说，一项资源要作为资产予以确认，应该拥有此项资源的所有权，可以按自己的意愿使用或处置资产，其他企业或个人未经同意，不能擅自使用本企业的资产。也就是说，企业拥有资产，就能够排他性地从资产中获得经济利益。

(3)资产预期会给企业带来经济利益。所谓未来经济利益，是指直接或间接地增加流入企业的现金或现金等价物的潜力，这种潜力在某些情况下可以单独产生净现金流入，而某些情况下则需要与其他资产结合起来才可能在将来直接或间接地产生净现金流入。预期不能带来经济利益的，就不能确认为企业的资产。某项支出如果具有未来的经济利益的全部或一部分，它就可以作为企业的资产；否则，就只能作为费用或损失。同样，企业已经取得的某项资产，如果其内含的未来经济利益已经不复存在，就应该将其剔除。

2. 资产的确认条件

将一项资源确认为资产，需要符合资产的定义，还应同时满足以下两个条件：

(1)与该资源有关的经济利益很可能流入企业。从资产的定义可以看出，能否带来经济利益是资产的一个本质特征，但现实生活中，经济环境瞬息万变，与资源有关的经济利益能否流入企业或能够流入多少实际上带有不确定性。因此，资产的确认还应与经济利益流入的不确定性程度的判断结合起来，如果根据编制财务报表时所取得的证据，与资源有关的经济利益很可能流入企业，那么就应该将其作为资产予以确认；反之，不能确认为资产。

(2)该资源的成本或者价值能够可靠地计量。资产以各种具体形态分布或占用在生产经营过程的不同方面，按其流动性通常可分为流动资产、长期投资、固定资产、无形资产和其他资产。

3. 资产的分类

企业拥有的资产形态多样，在生产经营活动中的特点也各不相同。资产按照其流动性，可分为流动资产和非流动资产。

流动资产，是指可以在 1 年或者超过 1 年的一个营业周期内变现或被耗用的资产，主要包括各种现金、银行存款、短期投资、应收及预付款项、待摊费用、存货等。企业的资产除了流动资产外，就是非流动资产，主要有固定资产、无形资产等。

(二)负债

1. 负债的概念和特征

负债是指企业过去的交易或者事项形成的、预期会导致经济利益流出企业的现时义务。负债具有以下特征：

(1)负债是由过去的交易或者事项形成的现时义务。也就是说，导致负债的交易或事项必须已经发生，例如，购置货物或使用劳务而发生的应付账款，接受银行贷款产生的偿还贷款的义务等。只有源于已经发生的交易或事项，会计才有可能确认为负债。

(2)现时义务的履行必然会导致经济利益的流出。负债通常是在未来某一时日通过交付资产或提供劳务来清偿。导致经济利益流出企业的形式多种多样，如现金偿还或以实物资产偿还，以提供劳务偿还，以举借新债偿还等。

2. 负债的确认条件

将一项现时义务确认为负债，需要符合负债的定义，还应当同时满足以下两个条件：

(1)与该义务有关的经济利益很可能流出企业。从负债的定义可以看到，预期会导致经济利益流出企业是负债的一个本质特征。在实务中,履行义务所需流出的经济利益带有不确定性,尤其是与推定义务相关的经济利益通常需要依赖于大量的估计。因此,负债的确认应当与经济利益流出的不确定性程度的判断结合起来,如果有确凿证据表明,与现时义务有关的经济利益很可能流出企业,就应当将其作为负债予以确认;反之,如果企业承担了现时义务,但是导致企业经济利益流出的可能性很小,就不符合负债的确认条件,不应将其作为负债予以确认。

(2)未来流出的经济利益的金额能够可靠地计量。负债的确认在考虑经济利益流出企业的同时,对于未来流出的经济利益的金额应当能够可靠计量。对于与法定义务有关的经济利益流出金额,通常可以根据合同或者法律规定的金额予以确定,考虑到经济利益流出的金额通常在未来期间,有时未来期间较长,有关金额的计量需要考虑货币时间价值等因素的影响。对于与推定义务有关的经济利益流出金额,企业应当根据履行相关义务所需支出的最佳估计数进行估计,并综合考虑有关货币时间价值、风险等因素的影响。

3.负债的分类

为了便于分析企业的财务状况和偿债能力,企业的负债应当按其流动性,划分为流动负债和非流动负债。划分流动负债和非流动负债的标准是偿付时间。

流动负债,是指将在1年或超过1年的一个营业周期内偿还的债务,包括应付账款、应付票据、应交所得税、应付投资者的利润等。非流动负债,是指偿还期在1年或超过1年的一个营业周期以上的债务,包括长期借款、应付债券、长期应付款等。

(三)所有者权益

对于任何企业而言,其资产形成的资金来源不外乎两个——债权人和投资人。债权人对企业资产的要求权形成企业的负债,投资人对企业资产的要求权形成企业的所有者权益。因此,所有者权益实质上是指所有者在企业资产中享有的经济利益,其金额为资产减去负债后的余额。

1.所有者权益的概念

《企业会计准则——基本准则》第26条规定:“所有者权益是指企业资产扣除负债后由所有者享有的剩余权益。公司的所有者权益,又称为股东权益。”所有者权益包括实收资本(股份有限公司中称为股本)、资本公积、盈余公积和未分配利润。一般而言,实收资本和资本公积是由所有者直接投入的。而盈余公积和未分配利润是企业的留存收益。

2.所有者权益的特征

(1)除非发生减资或清算,企业不需要偿还所有者权益,它基本上是企业可以永久利用的一笔资本。

(2)企业清算时,只有在清偿所有的负债后,所有者权益才返还给所有者。所有者在分配被清算企业剩余财产的末位次序,决定了所有者承担着比债权人更大的风险。

(3)所有者凭借所有者权益能够参与利润的分配。

3.所有者权益的构成

《企业会计准则——基本准则》第27条规定:“所有者权益的来源包括所有者投入的资本、直接计入所有者权益的利得和损失、留存收益等。”

(1)投入资本是指投资者实际投入企业生产经营活动的各项财产物资,也就是企业实际收到投资者按照企业章程或合同、协议的约定投入企业的各种财产物资,所以在实际工作中称之为实收资本。

(2)直接计入所有者权益的利得和损失是指不应计入当期损益、会导致所有者权益发生增减变动的、与所有者投入资本或者向所有者分配利润无关的利得或者损失。

利得是指企业非日常活动所形成的、会导致所有者权益增加的、与所有者投入资本无关的经济利益的流入。主要包括资本公积和营业外收入。

损失是指企业非日常活动所发生的、会导致所有者权益减少的、与向所有者分配利润无关的经济利益的流出。主要包括营业外支出。

(3)盈余公积和未分配利润则是由企业在生产经营过程中所实现的利润留存在企业所形成的,因此,盈余公积和未分配利润又被称为留存收益。

盈余公积是指按照国家规定和程序从税后利润中提取的公积金。一般企业和股份有限公司的盈余公积主要包括法定盈余公积、任意盈余公积和法定公益金。

未分配利润是指企业历年利润分配(或亏损弥补)后,累积结存到本期期末尚未分配的或待下年度分配的利润。

(四)收入

1.收入的概念

《企业会计准则——基本准则》第30条规定:"收入是企业在日常活动中形成的、会导致所有者权益增加的、与所有者投入资本无关的经济利益的总流入。"新准则强调了日常活动导致的经济利益的流入。

2.收入的确认条件

2006年颁布的《企业会计准则——基本准则》改变了收入确认的条件,将"企业应当在发出商品、提供劳务,同时收讫价款或者取得索取价款的凭证时,确认营业收入"改变为"收入只有在经济利益很可能流入从而导致企业资产增加或者负债减少且经济利益的流入金额能够可靠计量时才能予以确认"。从中可以看出,《企业会计准则——基本准则》由原来的注重形式转变为注重实质。

3.收入的特征

(1)收入从企业的日常活动中产生,而不是从偶发的交易或事项中产生。所谓日常活动,是指企业为了完成其经营目标所从事的所有活动,以及与之相关的其他活动,即企业营业执照上规定的法定业务范围。例如,工商企业的收入是从其销售商品、提供工业性劳务等日常活动中产生的,而不是从处置固定资产等非正常活动中产生的。

(2)收入可能表现为企业资产的增加,如增加银行存款、应收账款等;也可能表现为企业负债的减少,如以商品或劳务抵偿债务;或者二者兼而有之,例如,商品销售的货款中部分抵偿债务,部分收取现金。

(3)收入能导致企业所有者权益的增加。收入能增加资产或减少负债,或二者兼而有之。因此,企业取得收入一定能增加所有者权益。但收入扣除相关成本费用后的净额,则可能增加所有者权益,也可能减少所有者权益。这里仅指收入本身导致的所有者权益的增加,而不是指收入扣除相关成本费用后的毛利对所有者权益的影响。

(4)收入只包括本企业经济利益的流入,不包括为第三方或客户代收的款项,如企业代国家收取增值税、商业银行代委托贷款企业收取利息、旅行社代客户购买门票和飞机票而收取票款等。

4.收入的分类

收入可以有不同的分类。按收入的性质,可以分为销售商品收入、提供劳务收入和让渡资产使用权取得的收入;按企业经营业务的主次,可以分为主营业务收入和其他业务收入。不同行业的主营业务收入所包括的内容不同。

主营业务收入一般占企业收入的比重较大，对企业的经济效益产生较大的影响。其他业务收入一般占企业收入的比重较小，包括包装物出租收入等。

（五）费用

1. 费用的概念

《企业会计准则——基本准则》规定，“费用是指企业在日常活动中发生的、会导致所有者权益减少的、与向所有者分配利润无关的经济利益的总流出”，强调了费用是日常活动导致的经济利益的流出。

2. 费用的确认条件

在《企业会计准则——基本准则》中新增了有关费用的确认条件。按照第34条规定：“费用只有在经济利益很可能流出从而导致企业资产减少或者负债增加、且经济利益的流出额能够可靠计量时才能予以确认。”

按照第35条的规定，费用确认的时间为：“企业为生产产品、提供劳务等发生的可归属于产品成本、劳务成本等的费用，应当在确认产品销售收入、劳务收入等时，将已销售产品、已提供劳务的成本等计入当期损益。企业发生的支出不产生经济利益的，或者即使能够产生经济利益但不符合或者不再符合资产确认条件的，应当在发生时确认为费用，计入当期损益。企业发生的交易或者事项导致其承担了一项负债而不确认为一项资产的，应当在发生时确认为费用，计入当期损益。”

3. 费用的特征

（1）费用是企业在日常活动中发生的经济利益的流出，而不是从偶发的交易或事项中发生的经济利益的流出。例如，工业企业交纳水电费等所发生的经济利益的流出就属于费用的范畴。有些交易或事项虽然也能使企业发生经济利益的流出，但由于不属于企业的日常经营活动，所以其经济利益的流出不属于费用。例如，出售固定资产发生的净损失。

（2）费用最终将会减少企业的资源。费用发生的形式多种多样，既可能表现为资产的减少，如用现金支付管理人员薪酬；也可能表现为负债的增加，如企业承担长期借款利息；还可能表现为二者兼而有之，如购买办公用品支付部分现金，同时承担部分债务。但不管形式如何，最终的结果是企业资源的减少，这种减少具体表现为企业的资金支出，从这个意义上说，费用本质上是企业的一种资产的流出。它与资产流入企业所形成的收入相反。

（3）费用最终会减少企业的所有者权益。通常，企业的资金流入会增加企业的所有者权益，资金的流出减少所有者权益，形成企业的费用。但是，企业经营过程，有的支出是不应归入费用的。例如，企业以银行存款偿还一项债务，只是一项资产和一项债务的等额减少，对所有者权益没有影响，因此不构成费用。

4. 费用的分类

费用通常由营业成本和期间费用两部分构成。营业成本是指企业销售商品或提供劳务的成本。营业成本按照其所销售商品或提供劳务在企业日常活动中所处地位可以分为主营业务成本和其他业务成本。期间费用包括管理费用、财务费用和销售费用三项。其中，管理费用是企业行政管理部门为组织和管理生产经营活动而发生的各种费用；财务费用是企业为筹集资金而发生的费用；销售费用是企业在销售商品的过程中发生的费用。

（六）利润

1. 利润的概念

《企业会计准则——基本准则》第 37 条规定:“利润是企业在一定会计期间的经营成果。”

2. 利润的构成

利润包括收入减去费用后的净额、直接计入当期利润的利得和损失。对利润进行核算,可及时反映企业在一定会计期间的经营业绩和获利能力,反映企业的投入产出效率和经济效益,有助于企业投资者和债权人据此进行盈利预测,评价企业经营绩效,做出正确的决策。

利润包括营业利润、利润总额和净利润。

(1)营业利润。营业利润,是企业在销售商品、提供劳务等日常活动中所产生的利润,是主营业务收入减去主营业务成本和营业税金及附加,加上投资收益和其他业务利润,减去管理费用、销售费用和财务费用的金额。其他业务利润是指其他业务收入减去其他业务支出后的净额。

(2)利润总额。利润总额,是指营业利润加上营业外收入,减去营业外支出后的金额。营业外收入和营业外支出,是指企业发生的与其生产经营活动无直接关系的各项收入和各项支出。其中,营业外收入包括处置固定资产净收益、处置无形资产净收益、罚款净收入等。营业外支出包括固定资产盘亏、处置固定资产净损失、处置无形资产净损失、债务重组损失、计提的无形资产减值准备、计提的固定资产减值准备、罚款支出、捐赠支出、非常损失等。

(3)净利润。净利润等于利润总额减去所得税后的金额。其中,所得税,是指企业应计入当期损益的所得税费用。

三、会计等式

(一)会计等式的含义

会计等式,也称为会计恒等式或会计平衡式,是指利用数学等式,对会计要素或会计项目之间的内在经济联系所做出的概括和科学的表达。

(二)会计基本等式

会计学中,有很多会计等式,但有两个是基本的会计等式,即反映财务状况的等式和反映经营成果的等式。

1. 反映财务状况的等式:资产=负债+所有者权益

这是最基本的会计等式。如上所述,资产是由于过去的交易或事项所引起,能为企业带来未来经济利益的资源。企业的资产来源于所有者的投入资本和债权人的借入资金及其在生产经营中所产生的效益,它们分别归属于所有者和债权人,归属于所有者的部分形成所有者权益,归属于债权人的部分形成债权人权益(即企业的负债)。企业的资产来源于权益,因此,资产对其提供者承担着满足其要求权的经济责任。

资产与权益反映了同一资源的两个不同方面,即一方面是归会计主体拥有或者控制的各种形态的资产,如房屋、建筑物、机器设备、原材料、产成品、货币资金等;另一方面是资源提供者对资产的一系列要求的权益。资产表示企业拥有或控制资源的种类和数量,权益则表示资产的来源,即资产由谁提供,归谁所有。资产与权益是同一事物的两个方面,两者之间存在着相互依存、相互制约的关系。没有资产就没有权益,同样没有权益也就没有资产,两者不能彼此分割而独立存在。因此,两者在数量上一定相等。即一个企业有多少资产,也就必定有多少权益;反之,有多少权益,也就必然有多少资产。两者之间的数量关系可以表达为:资产=权益。

在现代企业中,筹集资金的方式除了投资人对企业的投资外,还包括举债。企业可以向银行等金融机构借款，也可以通过发行公司债券向社会公众筹集资金，这些款项都有约定的支付期限，但在尚未到期偿还前，企业还可以自由运用，形成购置企业资产的一项资金来源。凡是向企业提供借款的称为企业的债权人，企业则为债务人。

企业的投资人和债权人把资产投入企业因而对企业的资产就享有一定的权利，如收回本金和获取投资报酬的权利。这种权利在会计上统称为权益。债权人和投资人两者的权益具有明显的区别。作为债权人，将资产提供给企业后，一般要求债务人到期偿还债务的本金，并按约定支付利息，因此，会计上将债权人权益称为负债；投资人将资产投入企业供其长期使用来分享企业的利润，获取更高的报酬，称为所有者权益，在数量上等于企业的全部资产减去全部负债的余额。

2. 反映经营成果的等式：利润＝收入－费用

随着企业经营活动的进行，在一个会计期间，企业一方面取得各类收入，另一方面也必然会发生与取得收入相关的各种费用。广义而言，企业一定时期所获得的收入扣除所发生的各项费用后的余额，即表现为利润。

收入、费用和利润的上述关系是编制利润表的基础。“资产＝债权人权益＋所有者权益”是在静止状态下观察企业资金占用（资产）与资金来源（负债和所有者权益）之间的数量关系所得到的结果。“利润＝收入－费用”表示的是企业生产经营活动所引起的资金运动过程。

下面联系收入、费用、利润的增减变动情况观察其对会计等式的影响情况。在取得收入、发生费用的同时，会有以下的会计要素变动情况：

（1）取得了收入，会表现为资产要素和收入要素同时增加，或者是在增加收入时减少负债。

（2）发生了费用，会表现为费用要素的增加和资产要素的减少，或者是增加费用同时增加负债。

（3）在会计期末，收入减去费用计算出的利润按规定程序进行分配以后，其留归企业部分（如盈余公积金）和未分配部分仍为所有者权益的增加；反之，如若发生亏损则为所有者权益的减少，变化后的会计等式仍会保持平衡。

将上述变化用等式表示，则有下列扩展的会计等式：

资产＋费用＝负债＋所有者权益＋收入

资产＝负债＋所有者权益＋利润（收入－费用）

在会计期末，利润或亏损归入所有者权益之后，等式又恢复为：

资产＝负债＋所有者权益

（三）经济业务及其对会计等式的影响

企业在经营过程中，不断发生各种经济业务，例如购买材料、支付工资、销售产品、上交税金等。这些业务在会计上称作“会计事项”，其发生会对有关会计要素产生影响。但是，无论发生什么经济业务，都不会破坏上述资产与负债和所有者权益各会计要素之间的平衡关系。

1. 经济业务的基本类型

经济业务发生后，引起各项资产、负债和所有者权益的增减变动，主要有以下四种类型（如图 2—1 所示）。

（1）经济业务的发生，引起资产项目之间此增彼减，增减金额相等。

（2）经济业务的发生，引起负债和所有者权益项目之间此增彼减，增减金额相等。

（3）经济业务的发生，引起资产项目和负债与所有者权益项目同时增加，双方增加的金额相等。

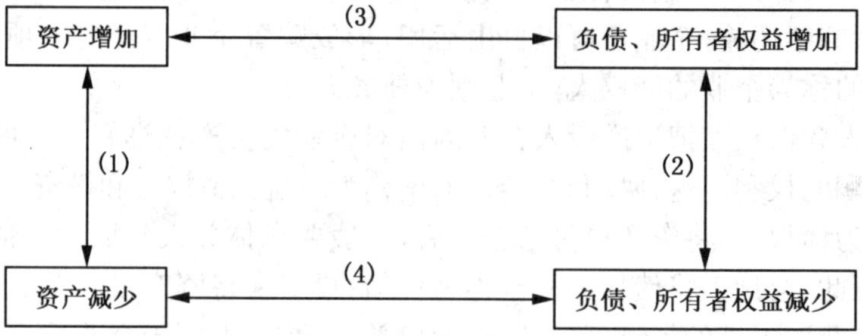

图 2—1 会计要素增减

(4) 经济业务的发生，引起资产项目和负债与所有者权益项目同时减少，双方减少的金额相等。

2.经济业务类型影响会计等式的规律

每项经济业务发生后，至少要影响会计等式中的两个会计要素（或一个要素中的两个项目）发生增、减变化。将上述四种类型业务具体化，可表现出对会计等式影响的如下九种情况（如表 2—1 所示）。

(1)资产项目一增一减，增减金额相等，保持平衡。

(2)负债项目一增一减，增减金额相等，保持平衡。

(3)所有者权益项目一增一减，增减金额相等，保持平衡。

(4)负债增加、所有者权益减少，保持平衡。

(5)有者权益增加、负债减少，保持平衡。

(6)资产增加、负债增加，保持平衡。

(7)资产增加、所有者权益增加，保持平衡。

(8)资产减少、负债减少，保持平衡。

(9)资产减少、所有者权益减少，保持平衡。

表 2—1 经济业务对会计等式的影响

经济业务	资产	=	负债	+	所有者权益
1	增加、减少				
2			增加、减少		
3					增加、减少
4			增加		减少
5			减少		增加
6	增加		增加		
7	增加				增加
8	减少		减少		
9	减少				减少

3.经济业务类型影响会计等式平衡关系的分析

(1)经济业务的发生只影响会计等式一方要素发生有增有减的变化，双方总额不变，等式保持平衡。

(2)经济业务的发生影响会计等式双方要素发生同增或同减的变化,双方总额或增或减,但等式仍然保持平衡。

下面我们通过举例来加以说明。

(1)资产、权益变动对会计等式的影响。文华公司成立时,拥有资产18 000 000元,其中甲、乙两投资人共投资16 000 000元,从银行借入2 000 000元。企业成立之时,资产、负债和所有者权益之间的关系是:

18 000 000 元(资产)=2 000 000 元(负债)+16 000 000 元(所有者权益)

成立之后发生了以下一些经济业务:

①引起资产和权益项目同时增加相同金额的经济业务。

【例 2—1】 公司购入机器一台,价值 250 000 元,款项暂时未支付。

分析:购入机器,使资产增加 250 000 元,但由于未付款,负债也同时增加 250 000 元,使会计等式两边同时发生增加,且增加金额相等,会计等式的恒等关系不变。即:

资产=负债+所有者权益

18 00 000+250 000=(2 000 000+250 000)+16 000 000

18 250 000=2 250 000+16 000 000

②引起资产和权益项目同时减少相同金额的经济业务。

【例 2—2】 数日后,公司用银行存款100 000元归还部分购机器款。

分析:用存款归还机器款,使银行存款这一资产减少100 000元,同时负债减少100 000元,因此,会计等式两边同时发生减少,且减少金额相等,会计等式的恒等关系不变。即:

资产=负债+所有者权益

18 250 000—100 000=(2 250 000—100 000)+16 000 000

18 150 000=2 150 000+16 000 000

③引起资产项目之间发生一增一减相同金额的经济业务。

【例 2—3】 公司用银行存款购入材料一批,价值 70 000 元。

分析:用存款购入材料,使材料这一资产增加 70 000 元,但同时使银行存款这一资产减少了 70 000 元,且因为增减金额相等,会计等式的恒等关系不变。即:

资产=负债+所有者权益

18 150 000+70 000—70 000=2 150 000+16 000 000

18 150 000=2 150 000+16 000 000

④引起权益项目之间发生一增一减相同金额的经济业务。

【例 2—4】 前欠甲公司货款150 000元,经协商转作甲对企业的投资。

分析:欠款转作投资,使投入资本这一所有者权益增加150 000元,但同时欠款已转销,负债减少150 000元,且增减金额相等,会计等式的恒等关系不变。即:

资产=负债+所有者权益

18 150 000=(2 150 000—150 000)+(16 000 000+150 000)

18 150 000=2 000 000+16 150 000

(2)收入、费用变动对会计等式的影响。

【例 2—5】 接上例,公司赊销产品一批,售价 63 000 元,暂不考虑增值税。

分析:该项经济业务的发生,一方面使收入增加 63 000 元,另一方面使资产增加 63 000

元,会计等式仍然保持平衡关系。即:

资产+费用=负债+所有者权益+收入

(18 150 000+63 000)=2 000 000+16 150 000+63 000

18 213 000=2 000 000+16 150 000+63 000

【例 2—6】 企业购买办公用品6 800元,用现金支付。

分析:该项经济业务的发生,一方面使费用增加 6 800 元,另一方面使资产减少 6 800 元。该项经济业务使得扩展会计等式左边的资产和费用要素一增一减,且增减金额相等,会计等式仍然保持平衡关系。即:

资产+费用=负债+所有者权益+收入

(18 213 000—6 800)+6 800=2 000 000+16 150 000+63 000

18 213 000=2 000 000+16 150 000+63 000

以上例子说明,在一个企业里,交易和事项虽然纷繁复杂,但始终都不会破坏会计等式的平衡关系。

项目训练

一、单项选择题

1. 会计是以(　　)作为主要计量单位的。

A. 实物量　　B. 劳动量　　C. 货币　　D. 以上任何一种都可以

2. 会计的基本职能是(　　)。

A. 核算与监督　　B. 预测与决策　　C. 监督与分析　　D. 计划与控制

3. 衡量会计信息质量最基础的原则是(　　)

A. 相关性　　B. 可比性　　C. 可靠性　　D. 重要性

4. 可比性原则要求企业提供的会计信息应当(　　)。

A. 纵向可比　　B. 横向可比

C. 纵向可比和横向可比　　D. 明晰及时

5. 根据国家统一的会计制度规定,企业会计核算应以权益和责任是否发生为标准,确定本期收入和费用。这体现了(　　)原则的规定。

A. 收付实现制　　B. 权责发生制　　C. 实地盘存制　　D. 账面净值法

二、多项选择题

1. 下列说法正确的有(　　)。

A. 会计是适应生产活动发展的需要而产生的

B. 会计是生产活动发展到一定阶段的产物

C. 会计从产生、发展到现在经历了一个漫长的发展历史

D. 近代会计史,将复式簿记著作的出版和会计职业的出现视为两个里程碑

E. 经济越发展,会计越重要

2. 会计各方面的作用综合起来说,包括(　　)。

A. 为投资者提供财务报告

B. 保证企业投入资产的安全和完整

C. 为国家进行宏观调控、制定经济政策提供信息

D. 加强经济核算,为企业经营管理提供数据

E. 有时会导致会计信息失真

3. 会计核算方法包括(　　)。

A. 成本计算和财产清查
B. 设置会计科目和复式记账
C. 填制和审核会计凭证
D. 登记账簿和编制会计报表
E. 试算平衡

4. 下列等式中属于正确的会计等式有(　　)。

A. 资产＝权益
B. 资产＝负债＋所有者权益
C. 收入－费用＝利润
D. 资产＝负债＋所有者权益＋(收入—费用)
E. 资产＋负债－费用＝所有者权益＋收入

5. 属于流动资产的内容有(　　)。

A. 存放在银行的存款
B. 存放在仓库的材料
C. 厂房和机器
D. 企业的办公楼
E. 企业的办公用品

三、判断题

1. 会计的基本职能是以货币为计量形式对经济活动进行核算和监督。(　　)
2. 会计主体必然是法律主体,法律主体不一定是会计主体。(　　)
3. 会计要素中既有反映财务状况的要素,也含反映经营成果的要素。(　　)
4. 与所有者权益相比,负债一般有规定的偿还期,而所有者权益没有。(　　)
5. 不管是什么企业发生任何经济业务,会计等式的左右两方金额永远相等。(　　)

四、简答题

1. 会计有哪些基本职能?
2. 会计核算的基本前提有哪几个?
3. 会计信息质量要求有哪几个?
4. 企业的会计要素有哪几个?

五、业务练习题

(一) 练习权责发生制与收付实现制原则

1. 资料:

(1)销售产品5 000元,货款存入银行。

(2)销售产品10 000元,货款尚未收到。

(3) 付 7～12 月的租金 3 000 元。

(4) 收到上月应收的销货款 8 000 元。

(5) 收到购货单位预付货款 4 000 元,下月交货。

(6) 本月应付水电费 400 元,下月支付。

2. 要求:根据以上经济业务内容按权责发生制和收付实现制原则,计算企业本月(7 月份)的收入和费用。

(二) 练习对会计要素进行分类,并熟练掌握它们之间的相互关系

1. 资料:财东公司某月末各项目余额如下:

(1)出纳员处存放现金 1 700 元。

(2)存入银行的存款 2 939 300 元。

(3)投资者投入的资本金 13 130 000 元。

(4)向银行借入三年期的借款 500 000 元。

(5)向银行借入半年期的借款 300 000 元。

(6)原材料库存 417 000 元。

(7)生产车间正在加工的产品 584 000 元。

(8)产成品库存 520 000 元。

(9)应收外单位产品货款 43 000 元。

(10)应付外单位材料货款 45 000 元。

(11)对外短期投资 60 000 元。

(12)公司办公楼价值 5 700 000 元。

(13)公司机器设备价值 4 200 000 元。

(14)公司运输设备价值 530 000 元。

(15)公司的资本公积金共 960 000 元。

2. 要求:指出各项目所属的会计要素类别。

项 目 三

会计科目与账户

【知识目标】

1.理解会计对象、会计要素、会计科目和会计账户四者之间的关系；

2.掌握会计科目、账户的概念，会计科目与会计账户之间的联系与区别；

3.熟悉常用会计科目。

【技能目标】

1.能划分不同经济内容涉及的账户及其性质；

2.能运用借贷记账法进行经济业务处理。

【案例导入】

刘娜和李敏跟着某工业企业资深会计老王进行毕业实习。上午王会计带着她俩熟悉了企业的生产流程和财务情况后就去财会用品商店选购了实习账簿和凭证，准备开始建账。王会计说，会计核算的第一步是先要把核算账簿建立起来。建账的首要问题是考虑企业适用的会计制度，然后根据会计制度确定企业日常核算所选用的会计科目，再根据会计科目开设会计账户并建账。

问题思考：

1.该企业常用的会计科目可能会有哪些？

2.该如何设置会计账户并建账？

任务一　会计科目设置

一、会计科目含义与分类

(一)会计科目的定义

会计的基本职能是会计核算和会计监督，而会计核算和会计监督的具体内容是会计对象，会计对象的具体化是会计要素，会计要素又包括若干具体项目。例如，资产要素中包括库存现金、银行存款、其他货币资金等项目，负债要素中包括短期借款、应付账款、预收账款等项目，这些要素的具体内容就是会计科目。会计科目是对会计要素的具体内容进一步分类的项目名称。

（二）会计科目的分类

1.按照归属的会计要素分类

（1）资产类科目。资产类科目是指对资产要素的具体内容进行分类核算的项目，主要包括库存现金、银行存款、其他货币资金、交易性金融资产、应收票据、应收账款等。

（2）负债类科目。负债类科目是指对负债要素的具体内容进行分类核算的项目，主要包括短期借款、应付票据、应付账款、预收账款、应付职工薪酬、应交税费等。

（3）共同类科目。共同类科目是在某些特殊行业中使用的科目，如衍生工具、套期工具等。

（4）所有者权益类科目。所有者权益类科目是指对所有者权益要素的具体内容进行分类核算的项目，主要包括实收资本、资本公积、盈余公积、本年利润、利润分配等。

（5）成本类科目。成本类科目是指对产品、劳务成本的构成进行分类核算的项目，主要包括生产成本、制造费用、劳务成本、研发支出、工程施工、工程结算、机械作业等。

（6）损益类科目。损益类科目是指对收入、费用的具体内容进行分类核算的项目，主要包括主营业务收入、主营业务成本、其他业务收入、其他业务成本、营业外收入、营业外支出、管理费用、销售费用、财务费用等。

2.按照提供会计信息的详细程度分类

（1）总分类科目。总分类科目又称总账科目或一级科目，是对会计要素的具体内容进行总括分类，提供总括会计信息的会计科目。如“原材料”科目，为会计信息使用者提供了企业原材料总括的价值信息。

（2）明细分类科目。明细分类科目又称明细科目，是对总分类科目进一步分类，提供更加详细信息的会计科目。如“原材料”科目可以根据材料的类别设置“原料及主要材料”、“辅助材料”、“燃料”等明细科目。

总分类科目总括地反映会计要素的具体内容，明细分类科目详细地反映会计要素的具体内容。总分类科目对明细分类科目有统驭的作用，明细分类科目是对总分类科目的补充和说明。

二、会计科目设置原则

设置会计科目是会计核算中的一项重要工作，它是填制会计凭证和设置账户的依据，也是编制会计报表的基础。设置会计科目时，应该遵循以下几项原则。

1.必须要结合会计对象的特点

企业设置的会计科目必须涵盖经济业务的全部内容并符合行业特点。例如，制造企业应该设置“生产成本”、“制造费用”等会计科目来反映产品的生产过程；商业企业则不需要设置这些科目。

2.必须要符合会计目标的要求

会计工作的目标是提供有用的会计信息，满足企业自身经济管理的要求，满足包括投资者在内的有关各方了解企业财务状况和经营成果的需要。例如，为了反映企业的盈亏状况，必须设置“主营业务收入”、“主营业务成本”等科目；为了反映企业的债务情况，必须设置“短期借款”、“长期借款”等科目。

3. 必须要将统一性和灵活性结合起来

统一性是指在设置会计科目时，严格按照《企业会计制度》的要求设置主要会计科目。灵活性是指在统一核算指标的前提下，根据企业的具体情况及投资者的要求，可以增减会计科目。

4. 会计科目的名称必须要简单明确

企业设置的会计科目名称必须要简明扼要、通俗易懂，会计科目的名称应与核算内容完全一致。

5. 会计科目要保持相对稳定

为了便于分析比较、汇总核算，应保持会计科目相对稳定，不能经常变换会计科目。

三、会计科目设置内容

工业企业常用会计科目如表 3－1 所示。

表 3－1　　常用会计科目表

编号	会计科目名称	编号	会计科目名称
	一、资产类	2211	应付职工薪酬
1001	库存现金	2221	应交税费
1002	银行存款	2231	应付利息
1012	其他货币资金	2232	应付股利
1101	交易性金融资产	2241	其他应付款
1121	应收票据	2501	长期借款
1122	应收账款	2502	应付债券
1123	预付账款	2701	长期应付款
1131	应收股利	2801	预计负债
1132	应收利息	2901	递延所得税负债
1221	其他应收款		三、共同类
1231	坏账准备	3101	衍生工具
1402	在途物资	3201	套期工具
1403	原材料		四、所有者权益
1404	材料成本差异	4001	实收资本
1405	库存商品	4002	资本公积
1511	长期股权投资	4101	盈余公积
1512	长期股权投资减值准备	4103	本年利润
1531	长期应收款	4104	利润分配
1601	固定资产		五、成本类
1602	累计折旧	5001	生产成本

续表

编号	会计科目名称	编号	会计科目名称
1603	固定资产减值准备	5101	制造费用
1604	在建工程		六、损益类
1605	工程物资	6001	主营业务收入
1606	固定资产清理	6051	其他业务收入
1701	无形资产	6101	公允价值变动损益
1702	累计摊销	6111	投资
1703	无形资产减值准备	6301	营业外收入
1711	商誉	6401	主营业务成本
1801	长期待摊费用	6402	其他业务成本
1811	递延所得税资产	6403	营业税金及附加
1901	待处理财产损溢	6601	销售费用
	二、负债类	6602	管理费用
2001	短期借款	6603	财务费用
2101	交易性金融负债	6701	资产减值损失
2201	应付票据	6711	营业外支出
2202	应付账款	6801	所得税费用
2203	预收账款	6901	以前年度损益调整

为满足企业内外部会计信息使用者对会计信息的要求，必须对会计科目进行分级。一般将会计科目分为一级科目、二级科目、三级科目几个层次。

1. 一级科目

一级科目又称总账科目或总分类科目，是对会计要素的具体内容进行总括分类的会计科目，原则上由国家统一规定。

2. 二级科目

二级科目又称子目，是对一级科目进一步分类的会计科目。二级科目一部分是由国家统一规定的，如“应交税费”一级科目下的二级科目；一部分是由企业根据自身管理的需要自行规定，如“原材料”一级科目下可以根据材料的类别分别设置“原材料及主要材料”、“辅助材料”、“燃料”等二级科目。

3. 三级科目

三级科目又称细目，是对二级科目进一步分类的会计科目。例如在二级科目“原材料及辅助材料”下，可以根据材料品种、规格设置“木材”、“水泥”等三级科目。

综上所述，一级科目是最高层次的会计科目，控制或统驭二级科目和三级科目；二级科目是对一级科目的补充说明，控制或统驭三级科目，是介于一级科目和三级科目之间起到沟通作用的会计科目；三级科目是对二级科目或一级科目更为详细的补充说明。当然，并不是所有一级科目都需要设置二级科目和三级科目，如库存现金等。一级科目一般由财政部制定，二级科目和三级科目除会计制度规定设置的以外，可以由企业根据管理需要自行决定设置。

【例3—1】 昌龙钢铁控股有限公司是一家以钢材、水泥生产为主的大型国有企业，资产总额250亿元，年销售额65亿元，职工人数21 000人。

请问：

(1)该企业在设置会计科目时应选择的会计制度是《小企业会计准则》还是《企业会计准则》?

(2)该企业在设置会计科目时，需要设置明细科目吗？请举例说明。

解答：

(1)根据资料，我们可以知道该企业是一家大型国有企业，在选用会计制度时应该严格按照《企业会计准则》来设置会计科目。

(2)鉴于该企业是大型的生产企业，日常核算比较复杂，所以应当在一级科目下适当地增设二级科目和三级科目。例如，在一级科目"原材料"下，根据材料类别设置"原料及主要材料"、"辅助材料"、"燃料"等二级科目；在"燃料"二级科目下，可以根据燃料种类再设置"汽油"、"柴油"、"天然气"等三级科目。

任务二　会计账户设置

一、会计账户设置的必要性

(一)会计账户

会计账户简称账户，是指根据会计科目开设并具有一定格式，用来分类、系统、连续地记录经济业务变动情况的一种工具。会计科目只是分类核算的项目或标志，而核算指标的具体数据资料，必须通过账户记录和归集。因此，在设置会计科目后，必须根据会计科目开设一系列反映不同经济内容的账户，用于对企业纷繁复杂的业务分类记录。

会计科目与会计账户既有区别又有联系。会计账户是根据会计科目开设的，两者一一对应，核算内容完全相同。但是，会计账户是对会计要素进一步分类核算的工具，要反映会计要素的增减变动情况，必须要有一定账户结构；会计科目只需要界定会计要素的具体内容，不需要反映会计要素增减变动的金额及结果，无账户结构。

(二)会计账户设置的必要性

1. 能及时核算企业经济业务

企业通过设置一整套会计核算账户，就能及时记录每笔经济业务的数量和金额变动情况，计算资金的取得、使用、分配。

2. 能及时存储会计信息

完整的会计账户体系，能及时记录每笔经济业务的变化情况，账户体系中包含了大量的会计信息。

3. 能及时提供会计信息

根据账户系统中大量会计信息，按照企业管理的需要以及国家有关规定，为会计信息使用者提供企业完整、系统的会计信息，有利于企业更好的发展。

二、账户基本结构

为正确地反映账户的具体内容，账户必须具备一定的结构才能科学地反映会计要素的变动情况。当企业发生经济业务之后，会引起资金的运动，数量上会发生增加或者减少的变化，因此形成账户的基本结构。账户结构，是指在账户中如何记录经济业务所引起的各项会计要素的增减变动情况及其结果。经济业务发生引起会计要素发生增加、减少两种变化，因此每一个账户都可以分为“左”和“右”两方，这就是账户的基本结构。至于在账户左右两方中，哪一方登记增加额，哪一方登记减少额，取决于各账户所记录的经济业务内容和账户的性质。

在实际工作中，账户的基本结构一般应包括以下内容：(1)账户名称，即会计科目，用以说明账户核算的内容；(2)记账日，即登记账簿的时间；(3)凭证号，即账户记录的来源和依据；(4)摘要，即交易或者事项内容的概括说明；(5)金额栏，即记录经济业务的增减变动金额及余额。

账户的基本格式如图 3—1 所示。

左方　　　　账户名称(会计科目)　　　　右方

图 3—1　T 字形账户图

在借贷记账法下，“T”形账户的左方称为“借方”，右方称为“贷方”。每个账户一般都有四个金额要素，即期初余额、本期增加发生额、本期减少发生额和期末余额。我们把一个会计期间内登记的金额增加合计数称为本期增加发生额，金额减少合计数称为本期减少发生额；账户增减变动的最终结果称为期末余额；期初余额是上期结转下来到本期的账户余额。

账户四个金额要素的关系如下：

期末余额＝期初余额＋本期增加发生额－本期减少发生额

其中，本期期初余额＝上期期末余额，本期期末余额＝下期期初余额。

三、账户类型

账户按照其提供指标的详细程度可以分为总分类账户和明细分类账户两类。根据总分类科目(一级科目)开设的账户称为总分类账户，提供总账科目内容增减变动及其结果的总括情况；根据明细分类科目(二、三级科目)开设的账户称为明细分类账户，提供该明细科目内容增减变动及其结果的详细情况。

总分类账户与明细分类账户之间存在着密切的联系。总分类账户是对相同内容的汇总登记，明细分类账户是对相同内容的进一步详细登记。登记总分类账户与明细分类账户的依据都是原始凭证。总分类账户的余额等于其明细分类账户余额的总和。总分类账户和明细分类账户的登账时间和登账方向相同。

总分类账户与明细分类账户之间也存在着明显的区别。总分类账户提供的会计信息比较概括，明细分类账户提供的会计信息比较详细。总分类账户提供的指标是其明细分类账户的汇总，对所属明细分类账户起着控制和统驭作用，称为统驭账户；明细分类账户是对总分类账户的补充说明，称为从属账户。总分类账户只提供以货币计量单位的价值信息，明细分类账户还可以提供除价值信息之外的数量信息。总分类账户根据原始凭证、记账凭证、汇总记账凭证登记，明细分类账户根据原始凭证、记账凭证登记。

项目训练

一、单项选择题

1. 会计对象的具体内容，按照其内部性质和经济管理的具体要求，进一步分类的具体项目称为（　　）。

A. 会计账户　　B. 会计要素　　C. 会计科目　　D. 以上都不是

2. 可以在1年或超过1年的一个营业周期内变现或耗用的资产是（　　）。

A. 收入　　B. 存货　　C. 费用　　D. 流动资产

3. 以下选项作为开设账户依据的是（　　）。

A. 会计要素　　B. 会计准则　　C. 财务报表　　D. 会计科目

4. 以下选项属于明细分类科目的是（　　）。

A. 包装物　　B. 生产成本

C. 应收账款——A公司　　D. 应付账款

5. 会计科目与会计账户的联系主要是（　　）。

A. 含义相同　　B. 结构相同　　C. 内容相同　　D. 作用相同

二、多项选择题

1. 以下会计科目属于资产类科目的是（　　）。

A. 实收资本　　B. 固定资产　　C. 预收账款　　D. 库存商品

E. 银行存款

2. 以下会计科目属于负债类科目的是（　　）。

A. 短期借款　　B. 应交税金　　C. 应付职工薪酬　　D. 应付票据

3. 以下会计科目属于所有者权益类科目的是（　　）。

A. 应付股利　　B. 本年利润　　C. 盈余公积　　D. 资本公积

E. 利润分配

4. 账户结构中的账户格式内容一般应包括（　　）。

A. 摘要　　B. 凭证号数

C. 增加、减少金额及余额　　D. 账户名称

E. 登记账簿日期

5. 总分类账户与明细分类账户的区别是（　　）。

A. 登账的依据不同　　B. 登记方法不同

C. 作用不同　　D. 核算内容详细程度不同

E. 提供数据指标不同

三、判断题

1. 会计账户是对会计对象的具体内容进一步分类的具体项目。（　　）

2. 会计账户以会计科目为名称，两者反映的内容是相同的。（　　）

3. 资产包括固定资产和流动资产。（　　）

4. 总分类账户与其所属明细分类账户必须在同一时间登记。（　　）

5. 账户的余额一般在账户的增加方。（　　）

四、简答题

1. 简述会计科目与会计账户的关系。
2. 简述总分类账户与明细分类账户之间的关系。

五、业务练习题

练习会计要素的分类及会计科目的运用。

资料：某企业 2015 年 8 月 1 日有关资产和权益项目见下表。

序号	项目	会计要素	会计科目
1	企业厂房及设备		
2	银行存款		
3	应付员工工资		
4	所有者投入企业的资本		
5	管理部门的水电费		
6	出纳保险柜里的现金		
7	职工出差借支的差旅费		
8	销售产品的广告费		
9	完工验收入库的产成品		
10	专利技术		
11	从银行借入的不超过 1 年的借款		
12	销售产品取得的收入		
13	尚未完工的建筑工程		
14	购买股票取得的股利收入		
15	应交增值税		
16	已分配利润		
17	本年实现的利润		
18	应付中南公司原料款		
19	应付长江公司的货款		
20	从利润中提取的盈余公积		

要求：请将项目所属会计要素、会计科目填写在相应的栏目里。

复式记账

【知识目标】

1. 了解记账方法的概念及分类；
2. 理解总分类账户与明细分类账户的平行登记；
3. 掌握借贷记账法及特点、账户结构、借贷记账法的应用。

【技能目标】

1. 会编制会计分录；
2. 会编制试算平衡表；
3. 会进行总分类账与明细分类账的平行登记。

【案例导入】

长江公司 2015 年 6 月份发生的部分经济业务如下：收到投资人投入公司的价值80 000元的一台新机器；以银行存款20 000元偿还银行短期借款；收回永福公司所欠货款5 000元并存入银行；从银行提取现金3 000元；用银行存款购买原材料，价款7 000元；向银行借入短期借款10 000元，其中4 000元用于支付之前欠大兴公司的货款；销售商品取得收入30 000元，存入银行；将现金6 000元存入银行。

问题思考：

1. 上述经济业务应采取什么记账方法？
2. 这些经济业务的发生会引起哪些会计要素发生增减变动？
3. 如何编制这些经济业务的会计分录？

任务一　复式借贷记账法

一、记账方法的概念及种类

（一）记账方法的概念

企业在账户中记录经济业务，必须借助于一定的记账方法。记账方法是根据单位所发生的经济业务（或会计事项），采用特定的记账符号并运用一定的记账原理（程序和方法），在账簿中进行登记的方法。

（二）记账方法的种类

记账方法包括单式记账法和复式记账法。

1. 单式记账法

单式记账法是对所发生的经济业务只在一个账户进行登记的方法。它是一种不完整的简易记账方法。这种记账方法一般只记录银钱收付和债权债务结算业务，有时也登记实物。需要什么资料登记什么资料，账户与账户之间没有必然的内在联系，也没有相互对应平衡的概念。单式记账法只能反映经济业务的一个侧面，会计记录之间不存在相互勾稽关系，因此，不能全面、系统地反映经济业务的来龙去脉，也不便于检查账簿记录的正确性。

2. 复式记账法

（1）复式记账法的含义和特点。复式记账法是对所发生的经济业务，都以相等的金额在相互联系的两个或两个以上账户中进行登记的方法。复式记账包括两个主要内容，一是在两个或两个以上的账户中进行记录；二是以相等的金额进行记录。

复式记账法有如下两个特点：一是根据账户之间存在的相互勾稽关系，可以了解每项经济业务的来龙去脉；二是对账户记录的结果进行试算平衡，以检验账户记录的正确性。复式记账作为一种科学的记账方法一直被世界各国广泛采用。目前，国内外的企业和行政事业单位所采用的记账方法，一般都属于复式记账法。

（2）复式记账法的理论基础。复式记账方法是以会计基本等式“资产＝负债＋所有者权益”为依据建立起来的一种科学的记账方法。每一交易或事项的发生，都会引起资产、负债、所有者权益有关项目的增减变动。通过复式记账法，可以用会计等式反映上述增减变动，即会计等式的其中一项发生变动，另一项或几项也会随之发生相应的增减变动。

（3）复式记账法的种类。根据记账符号、账户分类、记账规则和试算平衡方法的不同，复式记账法分为借贷记账法、收付记账法和增减记账法三种。

借贷记账法是以“借”和“贷”作为记账符号的一种复式记账方法，是国际上通用的一种记账方法。我国《企业会计准则——基本准则》规定企业应当采用借贷记账法记账，《事业单位会计准则》和《行政单位会计制度》也要求采用借贷记账法记账。因此，借贷记账法也是我国通用的记账方法。

收付记账法是以“收”和“付”作为记账符号的一种复式记账方法，是我国传统的复式记账方法，我国预算会计曾经长期采用收付记账法，从1998年起，预算会计全部改为借贷记账法。

增减记账法是以“增”和“减”作为记账符号的一种复式记账方法，是 20 世纪 60 年代我国商业系统改革记账方法创设的一种复式记账方法，在 20 世纪 60～80 年代曾广泛推广到各行各业，现已废止。

二、借贷记账法下账户的结构

借贷记账法的记账符号是“借”和“贷”。对账户来说，它们是账户的两个部分，分别代表左方和右方，即左方为借方，右方为贷方(左借右贷)，这一规定适用于所有类型的账户。必须注意的是，“借”和“贷”只是记账符号，至于表示增加还是减少，则取决于账户的性质。

1. 资产类账户的结构

资产类账户借方登记增加额，贷方登记减少额，期末余额在一般在借方，表示资产的结存数。其账户结构如图 4—1 所示。

借方	资产类账户		贷方
期初余额	×××		
本期增加发生额	×××	本期减少发生额	×××
	×××		×××
本期发生额(增加额)合计	×××	本期发生额(减少额)合计	×××
期末余额	×××		

图 4—1　资产类账户的结构

资产类账户的余额应根据下列公式计算：

期末(借方)余额＝期初(借方)余额＋本期借方发生额合计－本期贷方发生额合计

2. 负债类账户的结构

负债类账户结构与资产类账户结构相反，即借方登记减少额，贷方登记增加额，期末余额一般在贷方。其账户结构如图 4—2 所示。

借方	负债类账户		贷方
		期初余额	×××
本期减少发生额	×××	本期增加发生额	×××
	×××		×××
本期发生额(减少额)合计	×××	本期发生额(增加额)合计	×××
		期末余额	×××

图 4—2　负债类账户的结构

负债类账户的余额应根据下列公式计算：

期末(贷方)余额＝期初(贷方)余额＋本期贷方发生额合计－本期借方发生额合计

3. 所有者权益类账户的结构

所有者权益账户的结构与负债类账户结构相同，即借方登记减少额，贷方登记增加额，期末余额在贷方。其账户结构如图 4—3 所示。

借方	所有者权益类账户		贷方
		期初余额	×××
本期减少发生额	×××	本期增加发生额	×××
	×××		×××
本期发生额(减少额)合计	×××	本期发生额(增加额)合计	×××
		期末余额	×××

图 4—3　所有者权益类账户的结构

所有者权益类账户的余额应根据下列公式计算：

期末(贷方)余额＝期初(贷方)余额＋本期贷方发生额合计－本期借方方发生额合计

4.成本类账户的结构

成本类账户的结构与资产类账户的结构相同，即借方登记增加额，贷方登记减少额，期末若有余额在借方。其账户结构如图4－4所示。

借方	成本类账户		贷方
期初余额	×××		
本期增加发生额	×××	本期减少发生额	×××
	×××		
本期发生额(增加额)合计	×××	本期发生额(减少额)合计	×××
期末余额	×××		

图4－4 成本类账户的结构

成本类账户的余额应根据下列公式计算：

期末(借方)余额＝期初(借方)余额＋本期借方发生额合计－本期贷方发生额合计

5.损益类账户的结构

损益类账户包括收入和费用两类，在借贷记账法下，这两类账户的结构正好相反。

收入类账户的结构与所有者权益类账户的结构相似，即借方登记减少额，贷方登记增加额，期末没有余额。其账户结构如图4－5所示。

借方	收入类账户		贷方
本期减少发生额	×××	本期增加发生额	×××
	×××		×××
本期发生额(减少额)合计	×××	本期发生额(增加额)合计	×××

图4－5 收入类账户的结构

费用类账户结构与资产类账户的结构相似，借方登记增加额，贷方登记减少额，期末也没有余额。其账户结构如图4－6所示。

借方	费用类账户		贷方
本期增加发生额	×××	本期减少发生额	×××
	×××		
本期发生额(增加额)合计	×××	本期发生额(减少额)合计	×××

图4－6 费用类账户的结构

需要说明的是，一般情况下，有期初余额的账户，期初余额的方向与其增加额、期末余额同方向。如资产的期初余额、增加额、期末余额都在借方。但亦有例外，如“应收账款”是资产类账户，一般情况下，余额在借方，反映尚未收回的账款；但如果期末余额在贷方，说明本期多收了，多收部分就转化为预收账款，变成负债性质的账户了。类似的情况在很多账户都存在，如“应付账款”、“预收账款”、“预付账款”等反映往来账款的账户。

为了方便掌握借贷记账法下的账户结构，现将各类账户的结构列示如表4－1所示。

表 4—1　　各类账户结构

账户名称	借方	贷方	余额方向
资产类	增加	减少	借方
负债类	减少	增加	贷方
所有者权益类	减少	增加	贷方
成本类	增加	减少	借方
收入类	减少	增加	一般无余额
费用类	增加	减少	一般无余额

三、借贷记账法的特点

(一)以“借”和“贷”作为记账符号

借贷记账法是以“借”和“贷”作为记账符号,用以指明记账的增减方向、账户之间的对应关系和账户余额的性质等。而与这两个文字的字义及其在会计史上的最初含义无关,不可望文生义。“借”和“贷”是会计的专门术语,并已经成为通用的国际商业语言。

借贷记账法以“借”、“贷”二字作为记账符号,并不是纯粹的、抽象的记账符号,而是具有深刻经济内涵的、科学的记账符号。从字面含义上看,“借”、“贷”二字的确是历史产物,其最初的含义同债权和债务有关。随着商品经济的发展,借贷记账法得到广泛运用,记账对象不再局限于债权、债务关系,而是扩大到记录财产物资增减变化和计算经营损益。原来仅限于记录债权、债务关系的“借”、“贷”二字已不能概括经济活动的全部内容。它表示的内容应该包括全部经济活动资金运动变化的来龙去脉,它们逐渐失去了原来的字面含义,并在原来含义的基础上进一步升华,获得了新的经济含义。

1. 代表账户中两个固定的部位

一切账户均需设置两个部位记录某一具体经济事项数量上的增减变化(来龙去脉),账户的左方一律称为借方,账户的右方一律称为贷方。

2. 具有一定的、确切的、深刻的经济含义

“贷”字表示资金运动的“起点”(出发点),即表示会计主体拥有的资金(某一具体财产物资的货币表现)的“来龙”(资金从哪里来);“借”字表示资金运动的“驻点”(即短暂停留点,因资金运动在理论上没有终点),即表示会计主体所拥有的资金的“去脉”(资金的用途、去向或存在形态)。这是由资金运动的内在本质决定的。会计既然要全面反映与揭示会计主体的资金运动,在记账方法上就必须体现资金运动的本质要求。

(二)以“有借必有贷,借贷必相等”作为记账规则

记账规则是指在记账时应遵循的规定和守则。采用复式记账法,对发生的每笔交易或事项,都应以相等的金额,在两个或两个以上相互联系的账户中进行记录。按照借贷记账法的账户结构,采用复式记账法记账时,对每笔交易或事项必须作借贷相反的记录记账时,对每项经济业务必须用相等金额,一方面记入一个或几个有关账户的借方,同时记入一个或几个有关账户的贷方,记入借方账户与贷方账户的数额必然相等,这就形成了借贷记账法的记账规则:有借必有贷,借贷必相等。

运用借贷记账法,根据“有借必有贷,借贷必相等”的记账规则登记每项经济业务时,在有关账户之间就会发生应借、应贷的相互关系。账户之间的这种关系,称为账户的对应关系。发

生对应关系的账户，称为对应账户。例如，以银行存款 50 000 元偿还银行短期借款。对这项经济业务，应记入“短期借款”账户借方 50 000 元和“银行存款”账户贷方 50 000 元。这项经济业务使“短期借款”和“银行存款”这两个账户发生了应借、应贷的相互关系，这两个账户就叫作对应账户。

账户对应关系的重要作用，表现为以下两点。

第一，通过账户的对应关系和对应账户，可以了解经济业务的内容。

例如，记入“银行存款”账户借方 100 000 元和“短期借款”账户贷方 100 000 元。通过这两个账户的对应关系，可以了解到，银行存款(资产项目)的增加，是由于短期借款(负债项目)的增加，也就是通过向银行取得短期借款，而使银行存款增加了 100 000 元，短期借款增加了100 000元。

第二，通过账户的对应关系和对应账户，可以发现账户中所记录的经济业务是否符合有关经济法规和财务会计制度。

例如，记入“应付账款”账户借方 5 000 元和“库存现金”账户贷方 5 000 元。这两个账户的对应关系表明是以库存现金 5 000 元偿还前欠外单位货款。对这项经济业务所作的会计处理并无错误，但这项经济业务却违反了国家现金管理制度的规定。因为偿付大额货款，必须通过银行办理结算，不得直接用现金支付。

在全部账户中，不是每个账户都同其他账户形成对应关系，而只是反映客观存在的具有相互联系、相互制约经济关系的账户才能形成账户对应关系。

借贷记账法的外在表现形式是会计分录，企业日常要发生大量的经济业务，如果按照经济业务逐笔记入账户，不但工作量大而且也容易发生差错，进而影响到企业提供会计信息的正确性。因此，在实务工作中，为了保证账户记录的正确性和便于事后检查，在将经济业务记入账户之前，要采用一种专门的方法来确定各项经济业务正确的账户对应关系，即确定经济业务涉及的账户及其借贷方向和金额。这种方法就是编制会计分录。

1. 会计分录的定义

会计分录又称记账公式或简称分录。它是按照复式记账的要求，对每项经济业务列示出应借、应贷的账户名称及其金额的一种记录。在实务中，会计分录是在记账凭证上登记的。

(1)会计分录包括三个要素：

①账户的名称，即会计科目。②记账的符号，即借方和贷方。③记录的金额。

(2)会计分录书写的格式：

①借方在前，贷方在后。②借方书写内容与贷方书写内容分上下行写，不能写在同一行。且贷方的文字和金额都要比借方后退两格书写。③在一借多贷或一贷多借和多借多贷的情况下，借方或贷方的文字要分别对齐，金额也要对齐。不必重复写“借”或“贷”，只需写第一个会计科目的“借”或“贷”，然后将相同方向的会计科目对齐即可。④金额后无“元”字，金额只写数字。

2. 会计分录的分类

会计分录按所涉及的账户数量多少，可分为简单会计分录和复合会计分录两种。简单会计分录，涉及的账户数量只有两个，也就是一个账户的借方与另一个账户的贷方发生对应关系的会计分录，即一借一贷的会计分录。复合会计分录，指涉及的账户数量达两个以上，也就是一个账户的借方与另几个账户的贷方，或几个账户的借方与另一个账户的贷方，或几个账户的借方与另几个账户的贷方发生对应关系的会计分录，即一借多贷、一贷多借或多借多贷的会计分录。

3. 会计分录的编制步骤：

(1)确定交易或事项涉及的账户及其性质(即属于哪一类账户)。

(2)确定账户中应记金额是增加还是减少。

(3)确定所涉及账户的借、贷方向。

(4)检查应借、应贷账户是否正确，借贷金额是否相等。

例如，银行提现2 000元，其会计分录为：

借：库存现金	2 000	
贷：银行存款		2 000

例如，企业以银行存款偿还应付采购原材料款1 800元，归还其他应付款200元。

借：应付账款	1 800	
其他应付款	200	
贷：银行存款		2 000

(三)可以设置共同性账户，以账户的余额方向来判断账户的性质

采用借贷记账法并不要求对所有账户进行固定分类，可以设置部分同时兼具资产类和负债类的共同性账户。例如，企业(银行)间业务往来的资金清算款项，可以设置资产负债共同性的“清算资金往来”账户。共同性账户性质由其余额方向决定，期末余额在借方，表示企业应收的结算资金，属于资产类账户；如果期末余额在贷方，表示企业应付的结算资金，就属于负债类账户。必须注意的是，就某一特定的期初或期末时点，共同性的账户要么是资产类账户，要么是负债类账户，不可能既是资产类账户，又是负债类账户。

(四)可以运用试算平衡的方法，检验账户的记录是否正确

1. 试算平衡

试算平衡就是根据资产和权益的平衡关系、借贷记账法的记账规则来检验有关账户的记录是否正确的方法。包括发生额试算平衡和余额试算平衡。

(1)发生额试算平衡。发生额试算平衡是指利用全部账户的借贷双方发生额的平衡关系来检查账户记录是否正确的一种方法。其理论依据为“有借必有贷，借贷必相等”的记账规则。

其平衡公式是：

全部账户的借方发生额合计＝全部账户的贷方发生额合计

在实际工作中，是通过编制发生额试算平衡表来进行试算平衡的。

(2)余额试算平衡。余额试算平衡是指利用所有账户借方期初(或期末)余额和贷方期初(或期末)余额合计相等关系来检查账户记录是否正确的一种方法。其理论依据是会计等式，即资产＝负债＋所有者权益。

其平衡公式是：

全部账户的借方期末(期初)余额合计＝全部账户的贷方期末(期初)余额合计

在实际工作中，是通过编制余额试算平衡表来进行试算平衡的。

2. 试算平衡的步骤

在实际生活中，会计人员一般按照下面的方法进行试算平衡。

第一步：期末把全部账户应记录的经济业务登记入账，并计算出各账户本期借方发生额、贷方发生额和期末余额。

第二步：编制试算平衡表。试算平衡表可以分为两种：一种是将本期发生额和期末余额分

别编制列表;另一种是将本期发生额、期初余额、期末余额合并在一张表上进行试算平衡。试算平衡表的格式见表4—2、表4—3、表4—4。

表4—2 总分类账户本期发生额试算平衡表 单位:元

会计科目(账户名称)	借方发生额	贷方发生额

表4—3 总分类账户期末余额试算平衡表 单位:元

会计科目(账户名称)	借方发生额	贷方发生额
合计		

表4—4 总分类账户发生额及余额试算平衡表 单位:元

会计科目(账户名称)	期初余额		本期发生额		期末余额	
	借方	贷方	借方	贷方	借方	贷方
合计						

应当指出,试算平衡并不意味着日常账户记录完全正确,只是基本正确,因为有些账户记录的错误很难从试算平衡表中发现。这些错误包括:(1)借贷双方发生同等金额的记录错误;(2)全部漏记或重复记录同一项经济业务;(3)账户记录发生借贷方向错误;(4)用错有关账户名称。这些错误需要通过其他方法进行查找。

任务二 总分类账户与明细分类账户的平行登记

一、总分类账户与明细分类账户的关系

账户按照对经济业务内容反映的详细程度,可以分为总分类账户和明细分类账户。总分类账户和明细分类账户是既有内在联系,又有区别的两类账户。

(一)总分类账户与明细分类账户的联系

1.反映的经济业务内容相同

如“原材料”账户，总分类账户与其所属的“甲材料”、“乙材料”等明细分类账户都是用来反映原材料的收发及结存业务的。

2. 登账的原始依据相同

登记总分类账户与登记其所属的明细分类账户的记账凭证或原始凭证是相同的。

3. 提供相互补充的核算资料，即总括又详细地说明同一事物

总分类账对所属明细分类账户起着统驭、控制、综合的作用；明细分类账户是总分类账户的从属账户，是总分类账户的具体化，它对总分类账户起着辅助和补充说明的作用。

（二）总分类账户与明细分类账户的区别

1. 反映经济业务内容的详细程度不同

总分类账户反映总分类账户核算内容增减变化的总括情况，提供总括性资料；明细分类账户反映明细分类账户核算内容增减变化的详细情况，提供的是比较详细具体的指标。

2. 作用不同

总分类账户提供的经济指标，是明细分类账户资料的综合，对所属明细分类账户起着统驭、控制的作用；明细分类账户提供详细、具体的资料，是对有关总分类账户的细分，起着辅助和补充说明的作用。

二、总分类账户与明细分类账户的平行登记

（一）总分类账户与明细分类账户平行登记的含义

总分类账户与明细分类账户尽管反映经济业务的详细程度不同，但二者核算的内容是相同的，因此总分类账户与明细分类账户采取平行登记的方法。

平行登记是指经济业务发生后，根据同一会计凭证，一方面登记有关总分类账户，另一方面登记该总分类账户所属各有关明细分类账户。平行登记是企业内部牵制制度在会计核算上的具体运用。

（二）总分类账户与明细分类账户的平行登记要点

1. 登记的期间相同（同时期）

对于同一笔经济业务，应当在同一会计期间内，一方面记入有关的总分类账户，另一方面记入该总分类账户所属的有关各明细分类账户。在会计实务中，总分类账户因会计核算形式不同，一般是定期汇总登记，而明细分类账户一般是根据记账凭证或原始凭证于平时逐笔登记。

2. 登记的依据相同（同依据）

对于同一笔经济业务，会计人员应根据审核无误后的同一凭证，分别登记总分类账户和明细分类账户，以便相互核对与控制。应当注意，不能根据总分类账户登记所属的明细分类账户；也不能根据明细分类账户登记其总分类账户。

3. 登记的方向相同（同方向）

这里所指的方向，是指所体现的变动方向。一般情况下，总分类账户及其所属明细分类账户都按借方、贷方和余额设专栏登记。这时，在总分类账户与其所属明细分类账户中的记账方向是相同的。

4. 登记的金额相同（同金额）

记入总分类账户的金额与记入其所属的明细分类账户的金额相等。但这种金额相等只表明其数量相等而不一定都是借方发生额和贷方发生额相等的关系。总分类账户与明细分类账

户这种在金额上必然相等的关系，称为勾稽关系。

下面以资产类账户“应收账款”为例说明平行登记的方法。

【例4—1】 长江公司1月初“应收账款”账户的借方余额是9 000元，其中应收A公司3 000元，应收B公司6 000元。

本月发生了下列经济业务(暂不考虑增值税)：

(1)25日，向A公司销售产品4 000元，货款尚未收到；

(2)29日，收到A公司偿还欠款5 000元，收到B公司偿还欠款2 000元。

以上经济业务会计分录如下：

(1)借：应收账款——A公司　　4 000
　　贷：主营业务收入　　4 000

(2)借：银行存款　　7 000
　　贷：应收账款——A公司　　5 000
　　　　　　　　——B公司　　2 000

以下对经济业务进行平行登记，如表4—5至表4—8所示。

表4—5 **“应收账款”总分类账户** 单位：元

年		凭证		摘要	借方	贷方	借或贷	余额
月	日	字	号					
1	1			期初余额			借	9 000
	25	略	略	销售产品	4 000		借	13 000
	29			收款		7 000	借	6 000
	31			本期发生额及余额	4 000	7 000	借	6 000

表4—6 **“应收账款——A公司”明细分类账户** 单位：元

年		凭证		摘要	借方	贷方	借或贷	余额
月	日	字	号					
1	1			期初余额			借	3 000
	25	略	略	销售产品	4 000		借	7000
	29			收款		5 000	借	2 000
	31			本期发生额及余额	4 000	5 000	借	2 000

表4—7 **“应收账款——B公司”明细分类账户** 单位：元

年		凭证		摘要	借方	贷方	借或贷	余额
月	日	字	号					
1	1			期初余额			借	6 000
	29	略	略	收款		2 000	借	4 000
	31			本期发生额及余额		2 000	借	4 000

表 4—8　**“应收账款”发生额及余额平衡表**　单位:元

明细账户	期初余额		本期发生额		期末余额	
	借方	贷方	借方	贷方	借方	贷方
A 公司	3 000		4 000	5 000	2 000	
B 公司	6 000			2 000	4 000	
合计(总账)	9 000		4 000	7 000	6 000	

项目训练

一、单项选择题

1. 下列会计科目中,不属于损益类的是(　　)。

A. 其他业务成本　B. 管理费用　C. 销售费用　D. 制造费用

2. 在借贷记账方法下,负债类账户的期末余额等于(　　)。

A. 期初借方余额+本期借方发生额－本期贷方发生额

B. 期初借方余额+本期贷方发生额－本期借方发生额

C. 期初贷方余额+本期借方发生额－本期贷方发生额

D. 期初贷方余额+本期贷方发生额－本期借方发生额

3. 会计账户是根据(　　)开设的,具有一定的格式和结构。

A. 会计对象　B. 会计科目　C. 会计要素　D. 会计账簿

4. 把会计账户分为借、贷两方,哪一方记录增加数,哪一方记录减少数,取决于(　　)。

A. 会计核算方法　B. 记账规则　C. 账户性质　D. 账户用途

5. 借贷记账方法下,发生额的试算平衡公式可以表述为(　　)。

A. 每个账户的借方发生额=每个账户的贷方发生额

B. 全部账户期末借方余额合计数=全部账户期末贷方余额合计数

C. 全部账户本期借方发生额合计数=全部账户本期贷方发生额合计数

D. 账户借方发生额合计数=账户贷方发生额合计数

6. “应收账款”账户期初余额为 10 000 元,本期借方发生额为 5 000 元,贷方发生额为 9 000 元,其期末余额应为(　　)元。

A. 贷方 6 000　B. 借方 6 000　C. 贷方 4 000　D. 借方 4 000

7. 下列记账错误中,能通过试算平衡发现的是(　　)。

A. 应借、应贷科目颠倒　B. 重复登记一笔经济业务

C. 漏记一笔经济业务　D. 贷方发生额小于借方发生额

8. 在借贷记账法下,应记录在账户贷方的是(　　)。

A. 费用的增加　B. 资产的增加　C. 负债的增加　D. 所有者权益的减少

9. 存在对应关系的账户称为(　　)。

A. 关系账户　B. 平衡账户　C. 对应账户　D. 联系账户

10. 复式记账方法的作用体现在(　　)。

A. 了解经济业务的来龙去脉　B. 了解经济业务的特点

C. 说明经济业务的合理、合法性　D. 说明经济业务的业务类型

11. 在借贷记账方法下,账户的左边称为(　　)。

A. 贷方　B. 借方　C. 增加方　D. 减少方

12. 关于“成本类”账户余额的方向,说法正确的是(　　)。

A. 有余额，在借方　　B. 无余额
C. 有余额，在贷方　　D. 如果有余额，则在借方

13. 下列科目中，属于一级科目的是(　　)。
A. 商标权　　B. 利息费用　　C. 应交所得税　　D. 短期借款

14. (　　)是对总分类科目进一步分类，提供更详细、更具体会计核算信息的科目。
A. 二级科目　　B. 总账科目　　C. 明细分类科目　　D. 三级科目

15. 下列分录中，属于简单会计分录的是(　　)。
A. 一借多贷的会计分录　　B. 一借一贷的会计分录
C. 多借多贷的会计分录　　D. 多借一贷的会计分录

二、多项选择题

1. 下列会计科目中，属于"成本类"的是(　　)。
A. 主营业务成本　　B. 生产成本　　C. 其他业务成本　　D. 制造费用

2. 关于会计科目，下列说法正确的是(　　)。
A. 会计科目按照提供核算信息的详细程度可以分为总分类科目和明细分类科目
B. 会计科目是对会计要素所做的进一步的分类
C. 一级会计科目是由国家财政部统一制定的
D. 会计科目可以由企业根据自身情况自行设置

3. 下列会计分录中，属于复合分录的是(　　)。
A. 一借多贷的会计分录　　B. 一借一贷的会计分录
C. 多借多贷的会计分录　　D. 多借一贷的会计分录

4. 在借贷记账方法下，账户的借方一般用来登记(　　)。
A. 资产的增加　　B. 费用的增加
C. 本期增加发生额　　D. 本期减少发生额

5. 账户提供的金额指标主要有(　　)。
A. 期初余额　　B. 期末余额　　C. 本期增加发生额　　D. 本期减少发生额

6. 复式记账方法主要有(　　)。
A. 借贷记账法　　B. 增减记账法　　C. 单式记账法　　D. 收付记账法

7. 会计分录的构成要素主要有(　　)。
A. 记账方向　　B. 记账金额　　C. 账户名称　　D. 记账人员

8. 下列账户中，一般具有期末贷方余额的是(　　)。
A. 应收账款　　B. 预收账款　　C. 应收资本　　D. 累计折旧

9. 下列账户中，一般没有期末余额的是(　　)。
A. 营业收入　　B. 销售费用　　C. 制造费用　　D. 生产成本

10. 下列账户中，属于损益类的有(　　)。
A. 管理费用　　B. 制造费用　　C. 主营业务收入　　D. 营业外支出

11. 账户的基本内容包括(　　)。
A. 账户名称　　B. 日期　　C. 摘要　　D. 记录金额

12. 会计分录按照反映经经济业务的复杂程度可以分为(　　)。
A. 简单分录　　B. 复合分录　　C. 总账分录　　D. 明细账分录

13. 关于试算平衡，下列等式正确的是(　　)。
A. 全部账户的借方发生额合计数＝全部账户的贷方发生额合计数
B. 账户的借方发生额合计数＝账户的贷方发生额合计数
C. 全部账户的借方余额合计数＝全部账户的贷方余额合计数

D. 资产类账户的借方余额合计数＝负债类账户的贷方余额合计数

14. 下列账户中，属于资产类的是(　　)。

A. 预付账款　　B. 累计折旧　　C. 预收账款　　D. 生产成本

15. 下列账户中，属于所有者权益类的是(　　)。

A. 盈余公积　　B. 实收资本　　C. 长期借款　　D. 资本公积

三、判断题

1. 账户的借方是记录增加额的方向，贷方是记录减少额的方向。(　　)
2. 如果试算平衡时，全部账户借、贷方的发生额合计数相等，则证明账簿记录完全正确。(　　)
3. 一般来说，收入类账户的结构和所有者权益类账户的结构相似。(　　)
4. 账户的左右两边代表不同的记账方向，一边表示增加，一边表示减少，但是哪边表示增加，哪边表示减少，由账户的性质决定。(　　)
5. 累计折旧账户属于资产类账户，其余额的方向在借方。(　　)
6. 账户之间的对应关系是固定不变的，不会受经济业务的影响。(　　)
7. 会计科目与会计账户的本质区别在于会计账户有结构，会计科目没有结构。(　　)
8. 所有总分类账户均应设置明细分类账户。(　　)
9. 通常情况下，期末没有余额的账户就是损益类账户。(　　)
10. 总分类科目和明细分类科目的名称和内容都是由财政部统一规定的，任何单位不得随意变更。(　　)
11. 无论账户的经济性质如何，其结构均为左边为借方，右边为贷方。(　　)
12. 在编制会计分录时，其格式是固定的，不能随意变动。(　　)
13. 对会计科目进行编号，既有利于会计人员准确记账、快速查账，也有利于会计电算化的使用，加速会计信息的生成。(　　)
14. 会计科目和会计账户反映的经济内容是相同的。(　　)
15. 借贷记账法的记账规则可以描述为“有借必有贷，借贷必相等”。(　　)

四、业务题

1. 某企业 2015 年 4 月发生如下经济业务：

(1)接受投资者的追加投资 100 000 元，款项存入银行；

(2)以银行存款 5 000 元，偿还前欠供货商的款项；

(3)采购人员出差，预借差旅费 4 000 元，以现金支付；

(4)以银行存款支付产品广告费 10 000 元；

(5)销售产品一件，款项 50 000 元存入银行；

(6)购买材料一批，款项 20 000 元；

(7)期末结转已售产品的成本 30 000 元；

(8)从银行提取现金 20 000 元，备发职工工资。

要求：根据上述经济业务编制会计分录。

2. 宏达公司是一家生产型企业，2015 年 4 月 30 日各账户的期末余额如下表所示：

账户期末余额表

账户名称	借方余额	账户名称	贷方余额
库存现金	2 000	短期借款	200 000
银行存款	100 000	应付账款	47 000

续表

账户名称	借方余额	账户名称	贷方余额
应收账款	10 000	应付票据	0
原材料	5 000	实收资本	350 000
库存商品	200 000		
固定资产	280 000		
合计	597 000		597 000

该年 5 月份，主要发生下列经济业务：

(1)接受某投资者追加投资 50 000 元，款项存入银行；

(2)购买原材料一批，货款 20 000 元，其中以银行存款支付 8 000 元，其余款项暂欠；

(3)接到银行通知，收到买方偿还的货款 10 000 元；

(4)以银行存款偿还到期的短期借款本金 100 000 元；

(5)以银行存款 12 000 元，偿还前欠供货方的货款；

(6)购买机器设备一台，价款 20 000 元，以银行转账支付；

(7)从银行提取现金 3 000 元作为备用金；

(8)开出商业汇票一张，抵付应付账款 40 000 元。

要求：

(1)根据各账户期初余额开设账户；

(2)根据上述经济业务编制会计分录；

(3)根据会计分录登记账户；

(4)结出各个账户的本期发生额和期末余额；

(5)编制本期发生额试算平衡表；

(6)编制 5 月末余额的试算平衡表。

3. 长城公司是一家商业企业，2015 年 3 月 31 日，“库存商品”和“应付账款”的总账余额分别为200 000元和80 000元，所属明细账余额如下：

库存商品明细账资料

明细账	数量	单价	金额
库存商品——A 产品	1 000 件	120 元	120 000 元
库存商品——B 产品	800 件	100 元	80 000 元
合计			200 000 元

应付账款明细账资料

明细账	金额
应付账款——甲工厂	60 000 元
应付账款——乙工厂	20 000 元
合计	80 000 元

该公司 2015 年 4 月份发生了下列经济业务：

(1)4 月 5 日，从甲工厂购进 A 产品 200 件，单价 120 元；B 产品 400 件，单价 100 元。款项尚未支付。

(2)4 月 10 日,以银行存款偿还前欠甲工厂的购货款 60 000 元,乙工厂的购货款 20 000 元。

(3)4 月 15 日,从乙工厂购进 B 产品 600 件,单价 110 元,款项尚未支付。

(4)4 月 20 日,以银行存款偿还前欠甲工厂的部分购货款 30 000 元。

要求:

(1)根据上述资料开设"库存商品"和"应付账款"的总账和所属的明细分类账,并登记期初余额;

(2)根据上述经济业务编制会计分录,并登记"库存商品"和"应付账款"的总账和所属明细分类账的本期发生额;

(3)结算出"库存商品"和"应付账款"的总账和所属明细分类账的本期发生额和期末余额,验证总账与其所属明细分类账的相应等式关系。

项 目 五

制造企业主要经济业务的核算

【知识目标】

1. 了解制造企业主要经济业务核算的内容；
2. 理解复式记账原理在各类经济业务中的运用；
3. 掌握企业采购、生产、销售各环节经济业务以及财务成果汇总与分配的核算。

【技能目标】

1. 能计算企业采购成本、生产成本、销售成本以及财务成果；
2. 能对企业各种常见经济业务进行相应的账务处理。

【案例导入】

李会计原来在某事业单位上班，月薪3 000元，2014年年初李会计辞职，投资600 000元(该资金为个人从银行借入，年利率4%)开办了一家公司，从事生产并销售体育用品业务。该公司开业一年来，有关收支项目的发生情况如下：

(1)销售体育用品收入900 000元；

(2)出租场地的租金收入150 000元；

(3)兼营体育培训业务收入50 000元；

(4)各种材料的成本560 000元；

(5)支付各种税金130 000元；

(6)支付员工工资160 000元；

(7)购置设备380 000元，其中本年设备磨损折旧14 000元；

(8)李会计的个人支出30 000元。

问题思考：

1. 如何计算该公司的经营成果？
2. 李会计的辞职并创业合适吗？

任务一　筹集资金的核算

制造企业是以产品的生产和销售为主要活动内容的经济组织，经济业务的内容主要包括资金筹集、物资采购供应过程、生产过程、销售过程、利润形成与分配五个方面。企业为了生产经营，首先必须拥有一定数量的经营资金，然后将其筹集的资金投入到供应过程购买原材料、机器设备，为生产产品做好准备，资金的形态由货币资金转化为储备资金。

一、主要经济业务内容

(一)投入资本

所谓投入资本，又称资本金，是指企业所有者按照企业章程、合同或协议的约定，实际投入到企业的资本，即企业在工商行政管理部门登记注册的资金。有限责任公司称之为实收资本，股份有限公司称之为股本。

资本金按投资者的不同可分为国家资本金、法人资本金和个人资本金。按照投入资本的形式不同可分为货币资金、实物和无形资产等。以货币资金形式投入的资本，按实际收到货币资金的金额入账；以非货币性资产投入的资本，按合同或协议约定的价值入账。投资人投入的资本金超过其所认缴的资本金数额时，不能计入实收资本或股本，只能作为资本溢价。如溢价发行股票。投资人投入的资本在企业经营期内，除法律、法规另有规定以外，一般不能要求收回。企业增资或减资时都要到工商行政管理部门作变更登记。

(二)借入资本

所谓借入资金，是指企业通过发行债券、向银行或其他金融机构借款等方式筹集的资金。企业从银行取得的借款按偿还期的长短，分为短期借款和长期借款。短期借款一般用于企业生产经营临时周转需要，又称流动资金借款，偿还期一般在1年以内(含1年)。长期借款一般用于特定的项目，如购置大型设备、技术改造等，偿还期一般在1年以上。

二、设置的主要账户

(一)投入资本核算应设置的账户

为了总括地核算和监督投资者投入资金及其变动情况，应设置以下账户。

1.“库存现金”账户

该账户性质属于资产类，核算内容为企业的库存现金。账户结构为借方登记库存现金的收入数，贷方登记库存现金的支出数，期末借方余额反映企业实际持有的库存现金数。

2.“银行存款”账户

该账户性质属于资产类，核算内容为企业存入银行或其他金融机构的款项。账户结构为借方登记存款的存入数，贷方登记存款的支取数，期末借方余额反映企业存放在银行的存款实有数。明细账核算，按开户行和其他金融机构及存款种类进行。

3.“固定资产”账户

该账户性质属于资产类，核算内容为企业固定资产的原始价值。账户结构为借方登记企业固定资产增加的账面价值，贷方登记因出售、报废和毁损而减少的固定资产的账面原价，期末借方余额反映企业期末固定资产的账面原价。明细账核算，按固定资产类别进行。

4.“无形资产”账户

该账户性质属于资产类，核算内容为企业为生产商品、提供劳务、出租给他人或为管理目的而持有的、没有实物形态的非货币性长期资产，包括专利权、非专利技术、商标权、著作权和土地使用权等。账户结构为借方登记企业外购等方式取得的无形资产原值，贷方登记对外转让的无形资产原值，期末借方余额反映企业期末无形资产的原值。明细账核算，按无形资产类别进行。

5.“实收资本”账户

该账户性质属于所有者权益类，核算内容为企业按照合同、章程的规定收到投资者或股东投入的资本。账户结构为贷方登记收到投入资本的实际数额或按股票面值计算的股本金，借方登记按规定程序减少的注册资本或减少的股本数额，期末贷方余额反映企业现有的实收资本或股本。明细账核算，按投资者或股东名册进行。

6.“资本公积”账户

该账户性质属于所有者权益类，核算内容为企业资本公积的增减及结余情况。账户结构为贷方登记企业因资本溢价等原因而增加的资本公积数额，借方登记用于按法定程序转增注册资本等原因而减少的资本公积数额，期末贷方余额反映企业实有的资本公积数额。明细账核算，按资本公积形成的类别进行。

(二)借入资金核算应设置的账户

为了总括地核算和监督借入资金及其变动情况，应当设置以下账户。

1.“短期借款”账户

该账户性质属于负债类，核算内容为企业向银行或其他金融机构等借入的偿还期在1年以下(含1年)的各种借款。账户结构为贷方登记借入资金的实际金额，借方登记偿还的实际金额，期末贷方余额反映企业尚未偿还的短期借款的本金。明细账核算，按借款种类、贷款人和币种进行。

2.“长期借款”账户

该账户性质属于负债类，核算内容为企业向银行或其他金融机构借入的期限在1年以上(不含1年)的各项借款。账户结构为贷方登记长期借款本息的增加额，借方登记已偿还的长期借款本息，期末贷方余额反映企业尚未偿还的长期借款。明细账核算，按贷款单位和贷款种类分别“本金”、“应计利息”进行。

3.“应付债券”账户

该账户性质属于负债类，核算内容为企业为筹集长期资金而发行债券的本金和利息。账户结构为贷方登记应付债券的本金和利息，借方登记实际偿还的债券本金和利息，期末贷方余额反映企业尚未偿还的长期债券。明细账核算，按“面值”、“利息调整”、“应计利息”等进行。

4.“应付利息”账户

该账户性质属于负债类，核算内容为企业按照合同约定应支付的利息，包括银行借款、企业债券等应支付的利息。账户结构为贷方登记资产负债表日计算确定的利息费用，借方登记实际支付的利息，期末贷方余额反映企业尚未偿还的利息。明细账核算，按存款人和债权人进行。

5.“财务费用”账户

该账户性质属于损益类，核算内容为企业为筹集资金而发生的费用。账户结构为借方登记发生的财务费用，贷方登记期末转出的财务费用，期末一般无余额。明细账核算，按费用项目进行。

三、筹资业务的会计处理实例

【例 5—1】 2015年 5 月长江公司发生以下筹资业务：

(1)收到甲公司投入设备一台，合同约定价值为500 000元，专有技术一项，价值300 000元；

(2)接受乙公司投资1 500 000元存入银行，乙公司按出资比例应享有的注册资本为1 000 000元；

(3)取得 6 个月期限的生产周转借款400 000元，年利率为 6%，银行通知款项已划入银行账户；

(4)取得 3 年期，年利率为 9%，到期一次性还本付息的设备借款1 000 000元；

(5)公司对上述生产周期借款按月计提利息费用2 000元；

(6)公司按面值发行 5 年期，票面利率为 8%，到期一次性还本付息的债券2 000 000元，款项已存入银行。

以上经济业务会计分录：

(1)借：固定资产——设备	500 000	
无形资产——专有技术	300 000	
贷：实收资本——甲公司		800 000
(2)借：银行存款	1 500 000	
贷：实收资本——乙公司		1 000 000
资本公积——资本溢价		500 000
(3)借：银行存款	400 000	
贷：短期借款		400 000
(4)借：银行存款	1 000 000	
贷：长期借款		1 000 000
(5)借：财务费用	2 000	
贷：应付利息		2 000
(6)借：银行存款	2 000 000	
贷：应付债券		2 000 000

根据上述业务的会计分录登记入账。

固定资产

借方	贷方
(1)500 000	

无形资产

借方	贷方
(1)300 000	

实收资本

借方	贷方
	(1)800 000
	(2)1 000 000

资本公积

借方	贷方
	(2)500 000

短期借款

借方	贷方
	(3)400 000

银行存款

借方	贷方
(2)1 500 000	
(3)400 000	
(4)1 000 000	
(6)2 000 000	

长期借款

借方	贷方
	(4)1 000 000

应付利息

借方	贷方
	(5)2 000

财务费用

借方	贷方
(5)2 000	

应付债券

借方	贷方
	(6)2 000 000

任务二　供应过程的核算

供应过程是制造企业生产经营的第一个阶段，是为生产产品做准备的过程。为了进行产品生产，企业必须购建厂房、机器设备等劳动资料和进行材料采购，形成材料储备。因此，供应过程的两大核算内容是购建固定资产的核算和材料采购的核算。

一、主要经济业务内容

（一）材料采购

企业所需的材料，通常情况下都是从外单位采购而来的。在材料采购过程中，要发生材料的买价、采购费用和增值税的进项税等相关问题。

制造企业材料采购成本主要包括：买价、运杂费（包括运输费、装卸费、保险费、包装费、仓储费等）、运输途中的合理损耗、入库前的挑选整理费用（入库后的挑选整理费计入管理费用）、购入物资需负担的税金（进口关税、消费税、资源税和不能抵扣的增值税进项税额以及相应的教育费附加等）和其他费用。下列费用不应计入材料的采购成本：市内零星运杂费、采购人员的差旅费、采购机构的经费及供应部门和仓库的经费。

计算采购成本时，单独采购某种材料发生的采购费用，直接计入该材料的采购成本；采购几种材料共同发生的采购费用，应采用适当的分配标准（重量、体积、买价）分配后再计入各种材料的采购成本。

（二）固定资产购置

固定资产是指同时具有以下特征的有形资产：

第一，为生产商品、提供劳务、出租或经营管理而持有的；

第二，使用寿命超过一个会计年度。

固定资产应当按照成本进行初始计量。这里的成本应包括为购建某项固定资产达到预定使用状态前发生的一切合理必要的支出。

企业取得固定资产的方式主要有外购、自行建造、投资者投入、非货币性资产交换取得、债务重组方式取得、融资租入等。不同来源方式取得的固定资产，其入账价值和会计处理方法也不尽相同。本课程主要介绍外购固定资产的核算。

外购固定资产的成本包括购买价款、相关税费（不含可以抵扣的生产经营机器设备的增值税进项税额），以及使固定资产达到预定可使用状态前所发生的可归属于该项资产的运输费、装卸费、安装费和专业人员服务费等。

二、设置的主要账户

（一）材料采购业务设置的主要账户

1.“在途物资”账户

该账户性质属于资产类，是用来核算和监督企业外购材料的买价和各种采购费用（即材料采购的实际成本）等情况，但材料尚未验收入库。借方登记购入材料物资的买价和采购费用，贷方登记月末按实际采购成本转入“原材料”账户借方的数额。期末余额在借方，表示企业在途材料、商品等物资的采购成本。该账户可按照供应单位和在途物资品种设置明细分类账。

2.“原材料”账户

该账户性质属于资产类，用来核算和监督企业库存的各种材料的收入、发出和结存情况。借方登记已经验收入库材料的实际成本，贷方登记发出材料的实际成本。期末余额在借方，表示库存材料结存的实际成本。该账户可按照材料的类别、品种和规格设置明细分类账。

3.“应付账款”账户

该账户性质属于负债类，用来核算和监督企业因采购材料、商品和接受劳务而应付给供应单位的款项。贷方登记应付而未付款项的数额，借方登记实际归还款项的数额。期末余额在贷方，表示应付未付给供应单位的款项。该账户可按照供应单位进行明细核算。

4.“预付账款”账户

该账户性质属于资产类，用来核算和监督企业按照合同规定向供应单位预付购料款而与供应单位发生的结算债权的增减变动及其结余情况。借方登记企业按照合同预付给供应单位的款项以及补付的款项，贷方登记收到供应单位提供的材料物资而冲销预付账款以及退回多预付给供应单位的款项。若期末余额在借方，表示企业实际已预付的款项；若期末余额在贷方，表示企业尚未补付的款项。该账户可按照供应单位进行明细核算。

5.“应付票据”账户

该账户性质属于负债类，是用来核算和监督企业采用商业汇票结算方式购买材料物资等而开出、承兑的商业汇票的增减变动及其结余情况。贷方登记企业开出、承兑商业汇票的增加，借方登记到期商业汇票的减少。期末余额在贷方，表示尚未到期的商业汇票的期末余额。该账户可按照债权人的不同设置明细账户。

6.“应交税费”账户

该账户性质属于负债类，用来核算和监督企业应交的各种税费，包括增值税、消费税、所得税、资源税等。贷方登记应纳的各种税金，借方登记已交纳的税金。期末余额通常在贷方，表示企业尚未交纳的税金。该账户可按照应交税金的税种设置明细账。其中“应交税费——应交增值税”账户下设“进项税额”、“销项税额”、“出口退税”、“已交税金”等专栏。其中借方“进项税额”专栏，反映企业购入货物或接受劳务而支付的、准予从销项税额中抵扣的增值税额。贷方“销项税额”专栏，反映企业销售货物或提供应税劳务应向购货方收取的增值税额。企业当期应交增值税额等于当期销项税额减去当期进项税额。

（二）固定资产购置设置的主要账户

1.“固定资产”账户

该账户属于资产类，用来核算企业持有的固定资产原价。借方登记企业增加的固定资产的原价，贷方登记企业减少的固定资产的原价。期末余额在借方，反映企业固定资产的原价。该账户可按照固定资产种类和使用状况进行明细核算。

2.“在建工程”账户

该账户属于资产类，用来核算企业基建、更新改造等在建工程发生的支出。借方登记各项在建工程支出的增加，贷方登记完工工程转出的成本。期末余额在借方，反映企业尚未达到预定可使用状态的在建工程的成本。

三、供应过程的会计处理实例

【例 5—2】 2015年 5 月长江公司发生以下采购供应业务：

(1)购入甲材料 100 吨，单价2 000元，运费2 000元，价税款用银行存款支付，材料已入库；

(2)购入乙材料25 000千克，单价 5 元，材料未收，款项尚未支付；

(3)购入甲材料 60 吨，货款120 000元，丙材料 40 吨，货款50 000元，甲、丙材料装卸费共计2 500元，材料已入库，款项开出商业汇票支付(装卸费按重量比例分配)；

(4)办理乙材料验收入库手续，偿还所购乙材料欠款；

(5)通过银行预付丁材料款150 000元；

(6)所购丁材料验收入库，价税合计351 000元，用银行存款补付尾款；

(7)以银行存款购入一台生产用不需安装的机器设备，设备买价60 000元，增值税10 200元，支付包装费1 800元。

说明：增值税税率为 17%，运费考虑增值税，扣除率为 11%。

以上经济业务的会计分录：

(1)借：原材料——甲材料	201 780	
应交税费——应交增值税(进项税额)	34 220	
贷：银行存款		236 000
(2)借：在途物资——乙材料	125 000	
应交税费——应交增值税(进项税额)	21 250	
贷：应付账款		146 250
(3)借：原材料——甲材料	121 500	
——丙材料	51 000	
应交税费——应交增值税(进项税额)	28 900	
贷：应付票据		201 400
(4)借：原材料——乙材料	125 000	
贷：在途物资——乙材料		125 000
借：应付账款	146 250	
贷：银行存款		146 250
(5)借：预付账款	150 000	
贷：银行存款		150 000
(6)借：原材料——丁材料	300 000	
应交税费——应交增值税(进项税额)	51 000	
贷：预付账款		351 000
借：预付账款	201 000	
贷：银行存款		201 000
(7)借：固定资产	61 800	
应交税费——应交增值税(进项税额)	10 200	
贷：银行存款		72 000

根据上述业务的会计分录登记入账。

原材料

借方	贷方
(1)201 780	
(3)172 500	
(4)125 000	
(6)300 000	

应交税费

借方	贷方
(1)34 220	
(2)21 250	
(3)28 900	
(6)51 000	
(7)10 200	

银行存款

借方	贷方
	(1)236 000
	(4)146 250
	(5)150 000
	(6)201 000
	(7)72 000

应付账款

借方	贷方
(2)146 250	(4)146 250

在途物资

借方	贷方
(2)125 000	(4)125 000

应付票据

借方	贷方
	(3)201 400

预付账款

借方	贷方
(5)150 000	(6)351 000
(6)201 000	

固定资产

借方	贷方
(7)61 800	

任务三　生产过程的核算

一、主要经济业务内容

生产过程是制造企业生产经营的第二个阶段。产品的生产过程既是新产品的制造过程，又是生产耗费过程。生产过程的耗费，包括生产资料中的劳动手段（例如机器设备）和劳动对象（例如原材料）的耗费，以及劳动力等方面的耗费。这些耗费以货币表现为生产费用，生产费用最终都要归集、分配到各种产品，形成各种产品的成本。

制造企业产品生产过程的经济业务一般有：

(1)原材料的领用消耗，投入生产，形成材料费用；

(2)生产工人及管理人员的劳动消耗，形成工资及福利费用；

(3)机器设备等固定资产的消耗，形成折旧以及其他费用开支，如办公费、水电费、差旅费、保险费、劳保费等；

(4)结转完工产品生产成本等。

在只生产一种产品的企业，成本计算对象只有一个，所发生的全部生产费用只要按成本项目进行归集，就形成了该产品的成本。在这种情况下，生产费用不存在分配的问题。但在生产多种产品的企业，由于成本计算对象有两个以上，所发生的生产费用，凡是能分清成本计算对象的，应当按照有关凭证直接计入该种产品的生产费用明细账或成本计算单中；凡是分不清成本计算对象的共同费用，应当采用适当的分配方法在各受益对象之间进行分配。

二、设置的主要账户

为了正确计算产品成本，应设置的主要账户有“生产成本”、“制造费用”、“库存商品”、“应付职工薪酬”、“管理费用”、“累计折旧”等。

（一）“生产成本”账户

该账户属于成本类，用来核算企业进行工业性生产发生的各项生产成本，包括生产各种产品、自制材料、自制设备等。借方登记应计入产品生产成本的各项直接费用和月末分配转入的制造费用，贷方登记企业已经生产完成并验收入库的产成品成本。该账户的期末借方余额，反映企业尚未加工完成的在产品成本。该账户可按基本生产成本和辅助生产成本进行明细核算。

（二）“制造费用”账户

该账户属于成本类，用来核算企业生产车间（部门）为生产产品和提供劳务而发生的各项间接费用。借方登记发生的各项间接费用，如生产车间发生的机物料消耗、固定资产折旧、保险费、劳动保护费、生产用具的摊销费、管理人员薪酬、办公费、差旅费、水电费、季节性停工损失等费用。月末，将制造费用分配计入有关成本对象时，记入本账户的贷方。除季节性的生产性企业外，月末一般无余额。本账户可按不同的车间、部门和费用项目设置明细账户，按制造费用的项目内容设专栏进行明细核算。

（三）“库存商品”账户

该账户属于资产类，用来核算企业库存的各种产品的实际成本。包括库存产成品、外购商品、存放在门市部准备出售的商品、发出展览的商品以及寄存在外的商品等。接受来料加工制造的代制品和为外单位加工修理的代修品，在制造和修理完成验收入库后，视同企业的产成品，也通过本账户核算。借方登记完工验收入库产品的实际成本，贷方登记发出产品的实际成本，期末余额为借方，反映企业库存商品的实际成本。本账户应按库存商品的种类、品种、规格设置明细账户。

（四）"应付职工薪酬"账户

该账户属于负债类，用来核算企业按规定应付给职工的各种薪酬，包括一切构成工资总额的部分，如奖金、津贴、补贴等。贷方登记已分配计入有关成本费用项目的职工薪酬的数额，借方登记实际发放职工薪酬的数额。期末如为贷方余额，反映企业应付未付的职工薪酬。该账户可按"工资"、"职工福利"、"社会保险费"、"住房公积金"、"工会经费"、"职工教育经费"、"非货币性福利"、"辞退福利"、"股份支付"等进行明细核算。

（五）"管理费用"账户

该账户属于损益类账户中的费用类，用来核算企业为组织和管理企业生产经营发生的管理费用，包括企业在筹建期间内发生的开办费、董事会和行政管理部门在企业经营管理中发生的或者应由企业统一负担的公司经费（包括行政管理部门职工工资及福利费、物料消耗、低值易耗品摊销、办公费和差旅费等）、工会经费、董事会费（包括董事会成员津贴、会议费和差旅费）、聘请中介机构费、咨询费、诉讼费、业务招待费、房产税、车船使用税、土地使用税、印花税、技术转让费、矿产资源补偿费、研究费用、排污费等。借方登记实际发生的管理费用，贷方登记期末转入到"本年利润"账户的数额。期末结转后本账户无余额。本账户可按管理部门和项目设置明细账户进行明细核算。

（六）"累计折旧"账户

该账户属于资产类，它是固定资产的抵减调整账户，用来核算企业固定资产由于使用磨损而减少的累计价值，即累计折旧数额。该账户贷方登记提取的折旧数，借方登记由于出售、报废、毁损、对外投资等原因减少固定资产而应注销的已提折旧数。期末贷方余额，反映企业固定资产的累计折旧额。该账户可按固定资产的类别或项目进行明细核算。

三、生产过程有关业务的会计处理实例

【例 5—3】 2015 年 5 月长江公司发生以下生产业务：

（1）仓库发出甲材料206 000元，其中 A 产品耗用120 000元，B 产品耗用80 000元，车间一般耗用5 000元，行政管理部门领用1 000元。仓库发出乙材料41 500元，其中 A 产品耗用30 000元，B 产品耗用10 000元，车间一般耗用1 000元，行政管理部门领用 500 元。

（2）应付工资总额82 000元，其中生产工人工资60 000元（A 产品生产工人40 000元，B 产品生产工人20 000元），车间管理人员工资12 000元，行政管理部门人员工资10 000元，代扣房租1 000元，代垫职工医药费2 000元，实际转入职工工资存折79 000元。

（3）计提本月固定资产折旧，其中车间固定资产折旧为15 000元，行政管理部门固定资产折旧为5 000元。用现金支付本月固定资产日常维修费1 000元。

（4）用现金购买办公用品1 600元，其中车间 600 元，行政管理部门1 000元。用现金支票预支采购员差旅费1 200元，采购员出差回来实际报销1 000元。

（5）结转本月发生制造费用，并按 A、B 产品工人工资比例进行分配。

（6）本月生产的 A 产品 200 台全部完工，B 产品 100 台全部完工，结转完工产品的成本（假设期初没有在产品）。

以上经济业务会计分录：

(1)借：生产成本——A产品　150 000
　　　　　　　——B产品　90 000
　　制造费用　6 000
　　管理费用　1 500
　　贷：原材料——甲材料　206 000
　　　　　　　——乙材料　41 500

(2)借：生产成本——A产品　40 000
　　　　　　　——B产品　20 000
　　制造费用　12 000
　　管理费用　10 000
　　贷：应付职工薪酬——工资　82 000
　借：应付职工薪酬——工资　82 000
　　贷：其他应收款——房租　1 000
　　　　　　　　——医药费　2 000
　　　　银行存款　79 000

(3)借：制造费用　15 000
　　管理费用　6 000
　　贷：累计折旧　20 000
　　　　库存现金　1 000

(4)借：制造费用　600
　　管理费用　1 000
　　贷：库存现金　1 600
　借：其他应收款　1 200
　　贷：银行存款　1 200
　借：管理费用　1 000
　　库存现金　200
　　贷：其他应收款　1 200

(5)归集制造费用总额＝材料费＋人工费＋折旧费＋办公费
＝6 000＋12 000＋15 000＋600＝33 600(元)

制造费用分配率＝制造费用总额/A、B产品工人工资之和
＝33 600/(40 000＋20 000)＝0.56

A产品应负担的制造费用＝A产品生产工人工资×制造费用分配率
＝40 000×0.56＝22 400(元)

B产品应负担的制造费用＝B产品生产工人工资×制造费用分配率
＝20 000×0.56＝11 200(元)

　借：生产成本——A产品　22 400
　　　　　　　——B产品　11 200
　　贷：制造费用　33 600

(6)A产品生产成本＝直接材料＋直接人工＋该产品应负担的制造费用＝150 000＋

40 000＋22 400＝212 400(元)

B产品生产成本＝直接材料＋直接人工＋该产品应负担的制造费用＝90 000＋20 000＋11 200＝121 200(元)

借:库存商品——A产品　　212 400

　　　　　——B产品　　121 200

　贷:生产成本——A产品　　212 400

　　　　　　——B产品　　121 200

根据上述业务的会计分录登记入账。

生产成本

借方	贷方
(1)240 000	(6)333 600
(2)60 000	
(5)33 600	

制造费用

借方	贷方
(1)6 000	(5)33 600
(2)12 000	
(3)15 000	
(4)600	

管理费用

借方	贷方
(1)1 500	
(2)10 000	
(3)6 000	
(4)2 000	

原材料

借方	贷方
	(1)247 500

应付职工薪酬

借方	贷方
(2)82 000	(2)82 000

其他应收款

借方	贷方
	(2)3 000
(4)1 200	(4)1 200

银行存款

借方	贷方
	(2)79 000
	(4)1 200

累计折旧

借方	贷方
(3)20 000	

库存现金

借方	贷方
(4)200	(3)1 000
	(4)1 600

库存商品

借方	贷方
(6)333 600	

任务四　销售过程的核算

一、主要经济业务内容

销售过程是企业生产经营过程的最后一个阶段，也是企业再生产过程的最后一个环节。制造企业在销售过程中，通过销售产品，按照销售价格收取产品价款，形成商品销售收入，使产品资金转化为货币资金，从而完成资金的一次循环。企业的各项支出也应从中得到补偿，使再生产得以持续不断地进行。在销售过程中结转的商品销售成本，以及发生的运输、包装、广告等销售费用，按照国家税法的规定计算缴纳的各种税费等都应该从销售收入中得到补偿，补偿之后的差额即为企业销售商品的业务成果，即利润或亏损。

企业除了发生销售商品等主营业务外，还可能发生一些其他业务，如销售材料、出租包装物等。

销售过程主要经济业务包括销售收入和销售成本的确认。所谓产品销售成本，就是已经销售产品的生产成本。《企业会计准则》规定，企业应当采用先进先出法、加权平均法或个别计价法确定发出存货的实际成本。所谓先进先出法，是以先购入的存货应先发出(销售或耗用)为前提，据此确定发出存货和期末存货成本的一种方法。所谓全月一次加权平均法，是指以当月全部进货数量加上月初存货数量作为权数，计算存货的加权平均单位成本，以此为基础计算当月发出存货的成本和期末存货的成本的一种方法。

加权平均单价＝(期初存货成本＋本期入库成本)/(期初库存数量＋本期入库数量)

本期销售商品成本＝本期销售数量×加权平均单价

【例5－4】 某企业库存某商品月初结存100件，单位成本6元，本月第一批购进100件，单位成本7元，第二批购进100件，单位成本8元。本月对外销售180件。分别采用先进先出法和全月一次加权平均法计算本月该商品的成本。

先进先出法下：

本月销售商品成本＝100×6＋80×7＝1 160(元)

全月一次加权平均法下：

加权平均单价＝(期初存货成本＋本期入库成本)/(期初库存数量＋本期入库数量)

＝(600＋700＋800)/(100＋100＋100)＝7(元/件)

本月销售商品成本＝180×7＝1 260(元)

二、设置的主要账户

(一)“主营业务收入”账户

该账户属于损益类账户中的收入类，用来核算企业确认的销售商品、提供劳务等主营业务的收入。贷方登记企业实现的主营业务收入，借方登记本期发生的销售退回或销售折让，应冲减的主营业务收入和期末转入“本年利润”的主营业务收入净额。结转后期末应无余额。本账户可按主营业务的种类进行明细核算。

(二)“其他业务收入”账户

该账户属于损益类账户中的收入类，用来核算企业除主营业务活动以外的其他经营活动实现的收入。贷方登记企业实现的其他业务收入，借方登记本期发生的销售退回应冲减的其他业务收入和期末转入“本年利润”的其他业务收入。结转后期末应无余额。本账户可按其他业务的种类进行明细核算。

(三)“主营业务成本”账户

该账户属于损益类账户中的费用类，用来核算企业确认的销售商品、提供劳务等主营业务收入时应结转的成本。产品销售结转其生产成本时，记入本账户的借方，期末将已销产品成本转入“本年利润”时，记入本账户的贷方。结转后期末应无余额。本账户可按主营业务的种类进行明细核算。

(四)“其他业务成本”账户

该账户属于损益类账户中的费用类，用来核算企业确认的除主营业务活动以外的其他经营活动所发生的支出。借方登记已确认收入的其他业务成本，贷方登记销售退回的成本及期末结转数。结转后期末应无余额。本账户可按其他业务的种类进行明细核算。

(五)“营业税金及附加”账户

该账户属于损益类账户中的费用类，用来核算企业经营活动发生的消费税、城市维护建设税、资源税和教育费附加等相关税费。企业按照规定计算出应负担的销售税金及附加，借记本账户，期末将“营业税金及附加”结转“本年利润”账户时，贷记本账户。结转后期末应无余额。

(六)“销售费用”账户

该账户属于损益类账户中的费用类，用来核算企业销售商品和材料、提供劳务的过程中发生的各种费用，包括保险费、包装费、展览费和广告费、商品维修费、运输费、装卸费等以及为销售本企业商品而专设的销售机构(含销售网点、售后服务点等)的职工薪酬、业务费、折旧费等经营费用。借方登记发生的销售费用，贷方登记期末结转“本年利润”账户的数额。结转后期末应无余额。本账户可按费用项目进行明细核算。

(七)“应收账款”账户

该账户属于资产类,用来核算企业因销售产品、材料、提供劳务等经营活动,应向购货单位或接受劳务单位收取的款项。本账户借方登记应收账款的发生数,贷方登记应收账款的收回数。期末借方余额,反映企业尚未收回的应收账款;期末如为贷方余额,反映企业预收的账款。本账户可按债务人进行明细核算。

(八)“应收票据”账户

该账户属于资产类,用来核算企业因销售产品、提供劳务等经营活动而收到的商业汇票。本账户借方登记收到开出、承兑的商业汇票,贷方登记到期收回货款或转销(商业汇票到期对方无款支付要转为应收账款)。期末借方余额,反映企业尚未到期兑现的商业汇票。本账户可按开出、承兑商业汇票的单位进行明细核算。

(九)“预收账款”账户

该账户属于负债类,用来核算企业按照合同规定向购货单位预收的款项。本账户贷方登记收到的预收款项,借方登记销售实现时清偿的预收款项及退回多收的款项。期末贷方余额表示企业预收的款项,期末借方余额表示尚未转销的款项。预收账款业务不多的企业,可以不设本账户,将预收的款项直接记入“应收账款”账户。本账户按购货单位进行明细账核算。

三、销售过程有关业务的会计处理实例

【例 5—5】 2015 年 5 月长江公司发生以下销售业务:

(1)销售本月生产的 A 产品 100 台,单价3 000元,增值税率为 17%,用现金代垫运费1 500元,价税款未收,A 产品的成本为1 062元。

(2)预收 B 产品货款200 000元存入银行。发出 B 产品 80 台,单价5 000元,尾款收到一张商业汇票,B 产品的成本为1 212元。

(3)收回销售 A 产品的欠款。

(4)结转本月销售 A、B 产品的成本。

(5)长江公司用现金支付 500 元广告费。

(6)长江公司将一批价值50 000元的修理用备件对外销售,增值税8 500元,款项收到存入银行,该修理备件成本为25 000元。

(7)计算本月应交的销售税金及教育费附加2 111元。

以上经济业务的会计分录:

(1)借:应收账款	352 500	
贷:主营业务收入——A 产品		300 000
应交税费——应交增值税(销项税额)		51 000
库存现金		1 500
(2)借:银行存款	200 000	
贷:预收账款		200 000
借:预收账款	200 000	
贷:主营业务收入——B 产品		400 000
应交税费——应交增值税(销项税额)		68 000
借:应收票据	268 000	
贷:预收账款		268 000

(3)借:银行存款 352 500
　　贷:应收账款 352 500
(4)借:主营业务成本——A产品 106 200
　　　　　　　　——B产品 96 960
　　贷:库存商品——A产品 106 200
　　　　　　　　——B产品 96 960
(5)借:销售费用 500
　　贷:库存现金 500
(6)借:银行存款 58 500
　　贷:其他业务收入 50 000
　　　　应交税费——应交增值税(销项税额) 8 500
　借:其他业务成本 25 000
　　贷:原材料 25 000
(7)借:营业税金及附加 2 111
　　贷:应交税费 2 111

根据上述业务的会计分录登记入账。

应收账款

借方	贷方
(1)352 500	(3)352 500

主营业务收入

借方	贷方
	(1)300 000
	(2)400 000

库存现金

借方	贷方
	(1)1 500
	(5)500

应收票据

借方	贷方
(2)268 000	

应交税费

借方	贷方
	(1)51 000
	(2)68 000
	(6)8 500
	(7)2 111

借方	银行存款　　贷方
(2)200 000	
(3)352 500	
(6)58 500	

借方	预收账款　　贷方
(2)468 000	(2)200 000
	(2)268 000

借方	主营业务成本　　贷方
(4)203 160	

借方	库存商品　　贷方
	(4)203 160

借方	销售费用　　贷方
(5)500	

借方	其他业务收入　　贷方
	(6)50 000

借方	其他业务成本　　贷方
(6)25 000	

借方	原材料　　贷方
	(6)25 000

借方	营业税金及附加	贷方
		(7)2 111

任务五　利润形成及利润分配的核算

一、主要经济业务内容

(一)利润形成

所谓利润,是指企业一定会计期间生产经营活动和其他活动取得的经营成果,包括收入减去费用后的净额,直接计入当期利润的利得和损失等。利润有营业利润、利润总额、净利润(即税后利润)。

净利润＝利润总额－所得税费用

利润总额＝营业利润＋营业外收入－营业外支出

营业利润＝营业收入－营业成本－营业税金及附加－期间费用－资产减值损失±公允价值变动损益±投资损益

营业收入＝主营业务收入＋其他业务收入

营业成本＝主营业务成本＋其他业务成本

期间费用＝销售费用＋管理费用＋财务费用

所得税费用＝应纳税所得额×所得税税率

(二)利润分配

利润分配是指根据企业法律、董事会或类似权力机构提请股东大会或类似权力机构批准的、对企业可供分配利润指定其特定用途和分配给投资者的行为。

可供分配利润＝当年实现的净利润＋年初未分配利润(－年初未弥补亏损)＋其他转入

企业当年实现净利润,首先弥补以前年度未弥补的亏损,然后按照下列顺序进行分配。

1.提取盈余公积(以国家法律法规为依据)

公司制企业按净利润的10%提取,其他企业可以根据需要确定提取比例,但不得低于10%。企业提取的法定盈余公积累计额超过注册资本的50%以上的,可以不再提取。

2.提取任意盈余公积(由企业的机构自行决定)

公司制企业可根据股东大会的决议提取任意盈余公积,其他企业经类似权力机构批准,也可提取任意盈余公积。

3.向投资者分配利润或股利

企业实现的净利润在扣除上述项目后,再加上年初未分配利润和其他转入数,形成可供投资者分配的利润。

二、设置的主要账户

(一)"营业外收入"账户

该账户属于损益类账户中的利得类,用来核算企业发生的与企业生产经营无直接关系的各项收入。主要包括非流动资产处置利得、非货币性资产交换利得、债务重组利得、政府补助、盘盈利得、捐赠利得等。本账户贷方登记企业发生的各项营业外收入，借方登记期末转入“本年利润”账户的营业外收入。结转后期末应无余额。本账户可按营业外收入项目设置明细账。

（二）“营业外支出”账户

该账户属于损益类账户中的损失类，用来核算企业发生的与企业生产经营无直接关系的各项支出。主要包括非流动资产处置损失、非货币性资产交换损失、债务重组损失、公益性捐赠支出、盘亏损失、非常损失等。本账户借方登记企业发生的各项营业外支出，贷方登记期末转入“本年利润”账户的营业外支出。结转后期末应无余额。本账户可按营业外支出项目设置明细账。

（三）“财务费用”账户

该账户属于损益类账户中的费用类，用来核算企业为筹集生产经营所需资金等而发生的筹资费用，包括利息支出（减利息收入）、汇兑损益以及相关的手续费、企业发生的现金折扣或收到的现金折扣等。本账户借方登记财务费用的发生数，贷方登记期末结转到“本年利润”账户的数额。结转后期末应无余额。本账户应按财务费用的具体项目进行明细核算。

（四）“所得税费用”账户

该账户属于损益类账户中的费用类，用来核算企业按规定从利润总额中扣除的所得税费用。本账户借方登记按应纳税所得额或利润总额的一定比例计提的所得税费用，贷方登记期末转入“本年利润”账户的所得税费用。结转后期末应无余额。本账户可按“当期所得税费用”、“递延所得税费用”进行明细核算。

（五）“本年利润”账户

该账户属于所有者权益类，用来核算企业当期实现的净利润（或亏损）额。本账户贷方登记期末自有关收入类账户转入的收入数，借方登记期末自有关费用类账户转入的费用支出数。期末本账户若为贷方余额，反映自年初至本期累计实现的利润净额；期末若为借方余额，则表示累计亏损额。年终余额结转“利润分配”账户后，本账户应无余额。

（六）“利润分配”账户

该账户属于所有者权益类，用来核算企业利润的分配（或亏损的弥补）和历年分配（或弥补）后的余额。其借方登记利润已分配额和亏损转入额，贷方登记利润转入额和亏损的弥补额。年末贷方余额，表示企业的未分配利润；年末借方余额，表示企业的未弥补亏损。本账户应当分别“提取法定盈余公积”、“提取任意盈余公积”、“应付股利”、“盈余公积补亏”和“未分配利润”等进行明细核算。年末，应将“利润分配”账户所属其他明细账户的余额转入本账户“未分配利润”明细账户中，结转后，除“未分配利润”明细账户外，其他明细账户应无余额。

（七）“盈余公积”账户

该账户属于所有者权益类，用来核算企业从净利润中提取的盈余公积。其贷方登记提取的盈余公积，借方登记实际使用的盈余公积。期末余额在贷方，表示结余的盈余公积。本账户应当分别“法定盈余公积”、“任意盈余公积”进行明细核算。

（八）“应付股利”账户

该账户属于负债类，用来核算企业分配的现金股利或利润。其贷方登记应付给投资人的股利或利润，借方登记实际支付给投资人的股利或利润。期末余额在贷方，表示尚未支付的股利或利润。本账户可按投资者进行明细核算。需要注意的是，企业分配给投资人的股票股利不在本账户核算，而应计入“股本”账户。

三、利润形成与利润分配有关业务的会计处理实例

【例5—6】 2015年5月长江公司发生以下利润形成与分配业务：

(1)将前期无法支付的应付账款18 000元转账；

(2)向地震灾区捐款现金5 000元；

(3)没收包装物押金6 000元；

(4)将本月所有损益类账户结转至本年利润；

(5)按利润总额的25%计算并结转本月所得税；

(6)按净利润的10%计提法定盈余公积；

(7)按净利润的20%向投资者分配利润；

(8)完成年终结转。

以上经济业务的会计分录：

(1)借:应付账款	18 000	
贷:营业外收入		18 000
(2)借:营业外支出	5 000	
贷:库存现金		5 000
(3)借:其他应付款	6 000	
贷:营业外收入		6 000
(4)借:主营业务收入	700 000	
其他业务收入	50 000	
营业外收入	24 000	
贷:本年利润		774 000
借:本年利润	257 271	
贷:主营业务成本		203 160
其他业务成本		25 000
营业税金及附加		2 111
管理费用		19 500
财务费用		2 000
销售费用		500
营业外支出		5 000
(5)借:所得税费用	129 182.25	
贷:应交税费——应交所得税		129 182.25
借:本年利润	129 182.25	
贷:所得税费用		129 182.25
(6)借:利润分配——提取法定盈余公积	38 754.68	
贷:盈余公积		38 754.68
(7)借:利润分配——应付股利	77 509.35	
贷:应付股利		77 509.35
(8)借:本年利润	387 546.75	
贷:利润分配——未分配利润		387 546.75

借:利润分配——未分配利润　　116 264.03
　　贷:利润分配——提取法定盈余公积　　38 754.68
　　　　　　　　——应付股利　　77 509.35

根据上述业务的会计分录登记入账。

应付账款

借方	贷方
	(1)18 000

营业外收入

借方	贷方
(4)24 000	(1)18 000
	(3)6 000

营业外支出

借方	贷方
(2)5 000	(4)5 000

库存现金

借方	贷方
	(2)5 000

其他应付款

借方	贷方
(3)6 000	(1)18 000

主营业务收入

借方	贷方
(4)700 000	

其他业务收入

借方	贷方
(4)50 000	

借方	本年利润	贷方
(4)257 271		(4)774 000
(5)129 182.25		
(8)387 546.75		

借方	主营业务成本	贷方
		(4)203 160

借方	其他业务成本	贷方
		(4)25 000

借方	管理费用	贷方
		(4)19 500

借方	销售费用	贷方
		(4)500

借方	财务费用	贷方
		(4)2 000

借方	营业税金及附加	贷方
		(4)2 111

借方	所得税费用	贷方
(5)129 182.25		(5)129 182.25

应交税费

借方	贷方
	(5)129 182.25

利润分配

借方	贷方
(6)38 754.68	(8)38 754.68
(7)77 509.35	(8)116 264.03
(8)116 264.03	

盈余公积

借方	贷方
	(6)38 754.68

应付股利

借方	贷方
	(7)77 509.35

项目训练

一、单项选择题

1. 产品制造企业因采购而发生的装卸搬运费，支付时应计入(　　)账户。

A. 原材料　　B. 管理费用　　C. 在途物资　　D. 生产成本

2. 企业接受投资者投资时，应贷记(　　)。

A. 资本公积　　B. 实收资本　　C. 营业外收入　　D. 盈余公积

3.“生产成本”的贷方记录完工结转的(　　)。

A. 材料成本　　B. 产品制造成本　　C. 销售成本　　D. 产品工资费用

4. (　　)是制造企业继物资采购过程之后所经历的又一主要生产经营过程。其主要任务是实现生产资料与劳动力的结合。

A. 生产过程　　B. 利润形成过程　　C. 销售过程　　D. 利润分配过程

5. 物资采购过程是制造企业在生产活动中所经历的(　　)。

A. 最后一阶段　　B. 第一阶段　　C. 中间阶段　　D. 第二阶段

6. 已知某企业商品销售利润480万元，管理费用120万元，财务费用8万元，销售费用42万元，营业外收入12万元，则营业利润是(　　)。

A. 310万元　　B. 350万元　　C. 322万元　　D. 298万元

7. 月末对“制造费用”进行分配并结转，应转入(　　)账户。

A. 生产成本　　B. 管理费用　　C. 主营业务成本　　D. 财务费用

8. 购买单位购进材料时暂不付款，从而形成企业对供应单位的一项(　　)。

A. 债权　　B. 暂收款　　C. 债务　　D. 暂付款

9.“制造费用”账户是专门用以归集和分配(　　)范围内产品生产和提供服务而发生的各项(　　)。

A. 车间　直接费用　　B. 全厂　间接费用
C. 全厂　直接费用　　D. 车间　间接费用

10. 企业在产品销售过程中所发生的费用是(　　)。
A. 管理费用　B. 制造费用　C. 销售费用　D. 财务费用

11. 某企业购入丙材料,增值税专用发票上注明货款 20 000 元,增值税 3 400 元,发生包装费、运杂费共计 300 元,丙材料的采购成本为(　　)。
A. 20 000 元　B. 23 400 元　C. 20 300 元　D. 23 700 元

12. 一般纳税人企业,不构成材料采购成本的是(　　)。
A. 材料买价　B. 进项税额　C. 运杂费　D. 其他采购费用

13. 下列不应计入营业利润的是(　　)。
A. 管理费用　B. 财务费用　C. 制造费用　D. 营业外支出

14. 企业结转全年利润时,借记“本年利润”账户,贷记(　　)。
A. 利润分配——未分配利润　　B. 管理费用
C. 主营业务收入　　D. 投资收益

15. 某企业甲车间月初在产品成本为 1 000 元,本月耗用材料 20 000 元,生产工人工资及福利费 4 000 元,甲车间管理人员工资及福利费 2 000 元,甲车间水电等费用 2 000 元,月末在产品成本为 2 200 元,厂部预付下半年报刊费 600 元(含本月)。甲车间本月完工产品生产成本总额为(　　)。
A. 28 100 元　B. 29 100 元　C. 26 800 元　D. 26 900 元

二、多项选择题

1. 接受投资入股时,可能借(　　)账户。
A. 银行存款　B. 固定资产　C. 无形资产　D. 生产成本

2、下列账户可能会与“本年利润”账户借方发生对应关系的是(　　)。
A. 主营业务成本　B. 销售费用　C. 管理费用　D. 营业税金及附加

3. 下列项目不计入产品成本,直接计入当期损益的是(　　)。
A. 其他应收款　B. 管理费用　C. 财务费用　D. 制造费用

4. 外购材料取得的成本包括(　　)。
A. 买价　B. 定额内的途中损耗　C. 运杂费　D. 非正常损耗

5. 制造企业是产品的生产单位,其完整的生产经营过程由(　　)所构成。
A. 物资采购过程　B. 生产过程　C. 买卖过程　D. 销售过程

6. 产品生产成本包括(　　)。
A. 人工成本　B. 制造费用　C. 材料成本　D. 成本费用

7. 企业实现的净利润应进行下列分配:(　　)。
A. 计算缴纳所得税　　B. 提取法定盈余公积
C. 向投资者分配利润　　D. 提取公益金

8. 物资采购过程的业务有(　　)。
A. 支付采购材料的货款　　B. 支付购货时应付的增值税进项税额
C. 支付采购材料的各种运杂费　　D. 生产领用材料

9. 企业生产过程中的业务包括(　　)。
A. 计提和支付生产工人的工资　　B. 生产领用材料
C. 计提生产用固定资产的折旧费　　D. 支付广告费用

10. 产品销售过程中的业务有(　　)。
A. 支付广告费　　B. 销售商品,未收到款
C. 计算销售商品应缴纳的税金　　D. 计算并结转销售商品的成本

11. 固定资产应按取得时的实际成本入账，其实际成本包括固定资产的（　　）。

A. 买价　　B. 运杂费　　C. 调试成本　　D. 安装成本

12. 下列项目中，属于制造费用的有（　　）。

A. 厂部业务招待费　　B. 车间一般耗用的材料物资

C. 车间发生的办公费　　D. 车间管理人员的工资和福利

13. 需通过"营业税金及附加"账户核算的税费有（　　）。

A. 所得税　　B. 城市维护建设税　　C. 教育费附加　　D. 增值税

14. 我国企业用于弥补经营亏损的一般途径有（　　）。

A. 用法定盈余公积补亏　　B. 用资本公积补亏

C. 用以后盈利年度的税后利润补亏　　D. 用以后盈利年度的税前利润补亏

15. 下列项目应计入"营业外支出"账户借方的有（　　）。

A. 非常损失　　B. 固定资产盘亏净损失

C. 罚款支出　　D. 捐赠支出

三、判断题

1. 车间领用一般性消耗的材料，在会计处理上应属于增加管理费用。（　　）

2. 企业无法支付的应付款项、出租固定资产的收入、销售材料的收入都属于营业外收入。（　　）

3."生产成本"账户按用途和结构分类，应属于盘存或成本计算账户。（　　）

4. 当调整账户和被调整账户的余额、记账方向相同时，调整账户属于备抵账户。（　　）

5. 制造企业的生产经营过程包括物资采购过程、产品生产过程和销售过程，而商业企业只包括前后两个过程，没有生产过程。（　　）

6. 材料采购过程是制造企业再生产经营的起点。（　　）

7. 一般纳税人企业，采购材料时支付的进项税额应构成材料的成本。（　　）

8. 管理费用是企业行政管理部门为组织和管理生产经营活动而发生的各项费用，包括行政人员的工资和福利费、办公费、折旧费、借款利息等。（　　）

9. 构成产品制造成本的是"直接材料"、"直接人工"两个项目，"制造费用"属于管理费用，不构成产品成本。（　　）

10. 财务成果是企业生产经营活动的最终成果，即利润或亏损。（　　）

11. 核算企业向银行或其他金融机构借入的款项，应计入"短期借款"或"长期借款"账户的借方。（　　）

12."直接材料"和"直接人工"都是直接计入产品成本，不需要分配计入。（　　）

13."在途物资"账户是一个计算材料采购成本的成本计算账户。（　　）

14. 企业长期借款的利息支出均应通过"财务费用"账户核算。（　　）

15. 企业销售产品时未收到款，但收到了收取货款的凭据，也应作为产品销售收入的实现处理。（　　）

四、业务题

1. 筹资业务和购入固定资产业务的核算。

(1)1 月 1 日，向工商银行借入期限为 3 个月的借款 50 000 元，存入银行。年利率 6%，季度末一次还本付息，完成 1、2、3 月会计分录。

(2)1 月 2 日，收到国家投入资金 300 000 元，存入银行。

(3)1 月 4 日，收到 A 工厂投入资金 100 000 元，存入银行。

(4)1 月 10 日，向建设银行借入期限为 2 年的借款 200 000 元，存入银行。

(5)1 月 15 日，收到某外商投入新设备一套，价值 280 000 元，双方商定按 200 000 元享有公司股份。

(6)1 月 20 日，购入不需要安装的机械设备一套，款项 350 000 元，以银行转账支付。

要求：编制相关会计分录。

2. 材料采购业务的核算。

(1)6 日，向东方工厂购进原材料，未验收入库，货款尚未支付。取得增值税专用发票，增值税率 17%。其中甲材料 1 600 千克，单价 10 元，共计 16 000 元；乙材料 800 千克，单价 16 元，共计 12 800 元。合计 28 800 元。

(2)以现金支付上述材料运费 480 元，运达仓库的装卸费 240 元，费用按重量比例分配。

(3)验收后，材料按实际成本转账。

(4)15 日，以银行存款归还前欠东方工厂货款。

(5)17 日，从外地光明工厂购入乙材料 13 000 元，企业签发并承兑一张商业汇票以抵付货款(包括增值税)，材料未入库(取得增值税专用发票，增值税率 17%)。

(6)20 日，上述光明工厂乙材料运到，以现金支付运费 180 元，以银行存款支付装卸搬运费 540 元。

(7)从光明工厂购入的材料验收入库，按实际成本转账。

(8)21 日，用银行转账方式向供货商大地公司预付货款 15 000 元，准备用于购买甲材料。

(9)25 日，收到大地公司发来的甲材料，验收入库。随货收到增值税发票，发票注明价款 10 000 元，增值税 1 700 元。余款退回。

要求：编制相关会计分录。

3. 生产业务的核算。

新华工厂一车间 5 月份生产 A、B 两种产品，发生下列经济业务：

(1)本月投产 A 产品 100 件、B 产品 50 件，生产 A 产品领用甲材料 10 000 元，生产 B 产品领用乙材料 8 000元；两种产品生产共同领用丙材料 4 500 元，共同领用材料按产品投产量比例分配。

(2)用现金购买办公用品 450 元，其中车间办公用品 200 元，企业管理部门办公用品 250 元。

(3)以银行存款支付水电费 1 000 元，其中车间水电费 700 元，企业管理部门水电费 300 元。

(4)计算分配职工薪酬，车间生产工人工资 7 500 元，管理人员工资 4 000 元，其中车间管理人员工资 2 500元，企业管理部门人员工资 1 500 元。车间生产工人工资按 A、B 两种产品生产工时比例进行分配，已知 A、B 两种产品所耗工时分别是1 000小时、500 小时。

(5)按工资总额的 14%提取职工福利费。

(6)领用丙材料 6 000 元，其中车间一般消耗 5 500 元，企业管理部门消耗 500 元。

(7)提取本月固定资产折旧 12 000 元，其中车间使用固定资产应提折旧 7 000 元，企业管理部门使用固定资产应计提折旧 5 000 元。

(8)假定上述车间发生的间接费用是为了管理和组织 A、B 两种产品生产而发生的。将本月发生的制造费用按 A、B 两种产品生产工时比例进行分配。

(9)本月投产的两种产品全部完工验收入库，结转入库产品成本。

要求：编制相关会计分录。

4. 销售业务的核算。

(1)4 日，向甲工厂出售 A 产品 500 件，每件售价 60 元，增值税率 17%。货款已收到，存入银行。

(2)7 日，向乙公司出售 B 产品 300 件，每件售价 150 元，增值税率 17%。货款尚未收到。

(3)15 日，收到乙公司支付的 B 产品的货款和增值税款，存入银行。

(4)17 日，预收购货单位丙工厂货款 30 000 元，预收丁工厂货款 60 000 元，预收货款均存入银行。

(5)20 日，向丙工厂提供 A 产品 400 件，每件售价 60 元，增值税税率 17%，货款抵付前预收的款项，多收的款项用现金退回。

(6)22 日，向丁工厂提供 B 产品 400 件，每件售价 150 元，增值税税率 17%，货款抵付前预收的款项，不足的款项丁工厂用银行存款转账支付。

(7)25 日，向戊公司出售 A 产品 100 件，每件售价 60 元，增值税率 17%。戊公司签发一张商业汇票以支付货款和增值税。

(8)30 日，按出售的两种产品的实际成本结转销售成本(A 产品每件 40 元，B 产品每件 115 元)。

(9)30 日，计提应交城市维护建设税为 6 050 元，应交教育费附加 960 元。

要求：根据资料编制会计分录。

5. 财务成果的核算。

企业 12 月份发生的部分经济业务如下：

(1)发生确实无法偿还的应付账款一笔，金额 3 000 元，经批准转作营业外收入。

(2)出售多余甲材料一批，取得价款收入 1 500 元，收取销项税 255 元，存入银行。

(3)结转甲材料的销售成本，其账面价值为 1 000 元。

(4)企业支付银行手续费 600 元。

(5)以现金支付出售甲材料的搬运费 120 元。

(6)企业因火灾造成乙材料净损失 7 200 元。

(7)以银行存款支付违约罚款 500 元。

(8)31 日，结转本月实现的有关收入及费用。假设 12 月末，各有关损益类账户的本月发生额如下：

账户名称	借方发生额	贷方发生额
主营业务收入		85 000
其他业务收入		4 200
投资收益		2 000
营业外收入		3 600
主营业务成本	48 000	
营业税金及附加	1 500	
其他业务成本	3 000	
管理费用	1 300	
财务费用	800	
销售费用	4 200	
营业外支出	9 000	

(9)假设 12 月初，“本年利润”账户的贷方余额为250 000元。按 25%的所得税税率计算结转全年应纳所得税。

(10)31 日，按当年净利润的 10%比例提取法定盈余公积金。

(11)31 日，按当年净利润的 50%比例向投资者分配利润。

要求：

(1)根据资料编制会计分录。

(2)分别计算 12 月份的营业利润、利润总额、净利润以及未分配利润。

6. 资料：某企业 12 月份发生下列经济业务：

(1)企业从三丰工厂购入材料一批，买价 50 000 元，增值税进项税额 8 500 元，款项以银行存款支付，但材料尚在运输途中。

(2)企业从长安工厂购入材料一批，买价 7 500 元，增值税进项税额 1 275 元，对方代垫运费 200 元，材料尚未验收入库，货款、税金及运费尚未支付。

(3)以银行存款预付光明工厂购材料款 60 000 元。

(4)从长安工厂购入的材料已验收入库，按实际采购成本结转。

(5)仓库发出材料一批,价值 45 000 元,其中制造甲产品领用 25 000 元,制造乙产品领用 15 000 元,车间一般消耗 3 000 元,行政管理部门一般消耗 2 000 元。

(6)结算本月份应付职工的工资 12 000 元。其中:甲产品的生产工人工资 5 000 元,乙产品的生产工人工资 3 000 元,车间管理人员的工资 3 000 元,行政管理人员的工资 1 000 元。

(7)按本月份工资总额的 14%,提取职工福利费。

(8)从银行提取现金 12 000 元,并支付职工工资。

(9)收到国家对该企业投资 200 000 元,款项存入银行。

(10)企业以银行存款 59 000 元,偿还短期借款 50 000 元,并支付季度借款利息 9 000 元。

(11)企业购入一台需要安装的设备,买价 50 000 元,运输、包装费等 5 00 元,已用银行存款支付。

(12)本月计提固定资产折旧,其中:车间提取的折旧 8 000 元,行政管理部门提取的折旧 2 000 元。

(13)月末,结转本月发生的全部制造费用总额(按甲、乙两种产品的生产工人工资分摊)。

(14)月末,企业生产的乙产品 100 件全部完工并验收入库,结转完工产品的实际生产成本(甲产品尚未完工)。

(15)本月销售乙产品 60 件,每件售价 5 000 元,销项税额 51 000 元,已通过银行收讫。

(16)本月售给经光工厂乙产品 40 件,每件售价 5 000 元,销项税额 34 000 元,款项尚未收到。

(17)根据合同预收汇友公司购买产品款 60 000 元,存入银行。

(18)按规定,本月计算出应纳城市维护建设税 2 000 元。

(19)以银行存款支付销售乙产品 100 件的运输费 590 元。

(20)月末,结转已销售 100 件乙产品的实际生产成本 400 000 元。

(21)企业出售材料 20 吨,单位售价 250 元,销项税额 850 元,款项已存入银行。

(22)厂长外出预借差旅费 835 元,以现金收讫。

(23)企业接受捐赠人民币 50 000 元,款项收到并存入银行。

(24)企业出售一台不需要的旧设备,该设备的账面原值 200 000 元,已提折旧81 000元,净值 119 000 元,收取价款 135 000 元,已存入银行。另外,以银行存款支付拆卸费 5 000 元。

(25)月末,结转已售出材料的实际成本 4 000 元。

(26)月末,将本月发生的全部收入与费用转入"本年利润"账户。

(27)按本年实现利润的 25%,计算应缴纳的所得税(1~11 月份本年利润贷方余额 760 000 元)。

(28)按本年税后利润的 10%,提取法定盈余公积金。

(29)企业决定向投资者分配利润 27 888 元。

(30)将本年已分配的利润转入"利润分配——未分配利润"明细账户。

要求:根据资料编制会计分录。

项 目 六

会计凭证

【知识目标】

1. 了解会计凭证的概念与作用，了解会计凭证的传递；
2. 熟悉原始凭证与记账凭证的种类，熟悉会计凭证的保管；
3. 掌握原始凭证的填制，掌握记账凭证的填制，掌握凭证的审核。

【技能目标】

1. 能够识别相关的原始凭证；
2. 经济业务发生时，能够正确地填制和审核原始凭证；
3. 依据原始凭证，能够正确填制和审核记账凭证。

【案例导入】

武汉铸机厂是一家国有企业，会计专业学生小路在该厂进行毕业实习。有一天，小路在翻阅以往会计凭证时，发现该厂一张记账凭证上的会计分录为：

借：原材料——生铁　　150 000

　　贷：应收账款——东风汽车有限公司　　150 000

但是，购进生铁没有发票，也没有收料单，只是在记账凭证下面附了一张由该厂开具给东风汽车有限公司的收款收据，而东风汽车有限公司并不对外经销生铁。后来，小路从一位老会计那里了解到真实情况。原来是该厂以购生铁为名，行购车抵债之实。东风汽车有限公司以一台自产小轿车抵偿了欠该厂的货款。看到小路一脸的疑惑，老会计并不以为然，认为这在企业都是正常的，没什么大不了，并劝小路多学点实际的东西。

问题思考：

1. 以上案例中的会计处理存在什么问题？
2. 发票的作用是什么？什么是原始凭证？什么是记账凭证？
3. 记账凭证的填制依据是什么？记账凭证的填制要求有哪些？

任务一　会计凭证概述

一、会计凭证的概念与作用

（一）会计凭证的概念

会计凭证是指记录经济业务发生或完成情况的书面证明，是登记账簿的依据。例如，购买材料时，销货方开具的发票；材料入库时，保管员填制的入库单；发出材料时，领用人填制的领料单等。发票、入库单、领料单等都是会计凭证。会计人员将收到的发票、入库单、领料单等单据进行归类、整理后填制的记账凭证也是会计凭证。

任何一个企事业单位，为了有效地核算和监督其经济业务的发生和完成情况，确保会计信息的真实、准确、完整、合法、合理，都必须按照规定的要求填制并审核会计凭证。因此填制和审核会计凭证是会计核算工作的起点和基本环节。

（二）会计凭证的作用

会计凭证的存在可以提供会计信息，会计人员通过会计凭证，对日常大量、分散的各种经济业务，进行整理、分类、汇总，并经过会计处理，为经济管理提供有用的会计信息。

1. 记录经济业务，提供记账依据

任何单位对所发生的每一项经济业务都必须按照规定的程序和要求，由经办经济业务的有关人员填制或者取得会计凭证，在会计凭证上写明经济业务的内容。一切会计凭证都应由专人进行审核，合理、合法、真实的会计凭证为账簿记录提供了真实、可靠的依据。

2. 明确经济责任，强化内部控制

任何会计凭证除记录有关经济业务的基本内容外，还必须由有关部门和人员签章，这样可以对会计凭证所记录经济业务的合法性和真实性等负责，防止舞弊行为，强化内部控制。

3. 监督经济活动，控制经济运行

审核会计凭证可以发挥会计的监督作用。通过会计凭证的审核，可以查明每一项经济业务是否真实发生、是否符合国家有关法律、法规、制度的规定，是否符合计划、预算进度，是否有违法乱纪、铺张浪费行为等。对查出的问题，应积极采取措施予以纠正，实现对经济活动的事中控制，保证经济活动健康进行。

二、会计凭证的种类

会计凭证按照填制的程序和用途不同，分为原始凭证和记账凭证两类。

（一）原始凭证

原始凭证又称单据，是在经济业务发生或完成时取得或填制的，用以记录或证明经济业务的发生或完成情况的文字凭据。它不仅能用来记录经济业务发生或完成情况，还可以明确经济责任，是进行会计核算工作的原始资料和重要依据，是会计资料中最具有法律效力的一种文件。常用的原始凭证有发票、材料入库单、借款单、支票、银行进账单等。如表6－1购货发票示例。

表 6—1

湖北省增值税专用发票

No 10 682 190

开票日期:2016年 12 月 01 日

购货单位	名　　称:中百商场 纳税人识别号:1550048815657 地 址 、电 话:武汉市幸福路 231 号2011456 开户行及账号:工商银行武汉市分行770186588				密码区	6+—〈2〉6〉927+296+/ 加密版本:01 446〈600375〈35〉〈4/37009931410 2—2〈2051+24+2618〈7 0445/3—15〉〉09/5/—1〉〉〉+2	
货物或应税劳务名称	规格型号	单位	数量	单　价	金　额	税率	税　额
男套装		套	50	700	35 000.00	17%	5 950.00
合　计					¥35 000.00		¥5 950.00
价税合计(大写)	⊗肆万零玖佰伍拾元整						(小写)¥40 950.00
销货单位	名　　称:武汉大华服装公司 纳税人识别号:1501178845678 地 址 、电 话: 武汉市文化路 100 号 430023 开户行及账号:建设银行江夏支行06635698				备注		

第二联:发票联 购买方记账凭证

收款人:　　复核:　　开票人:　　销货单位:(章)

原始凭证主要发挥会计凭证记录经济业务、明确经济责任的作用。不能证明经济业务已发生或完成情况的各种单证不能作为原始凭证,比如请购单、购销合同、银行对账单、盘点单等,这些单据只能当做主要原始凭证的附件。

【例 6—1】 企业在与外单位发生的任何经济业务中,取得的各种书面证明都是原始凭证。(　　)

【答案】 ×

【解析】 比如购销合同、购货申请单等书面凭证,并不是原始凭证。

(二)记账凭证

记账凭证又称记账凭单,是会计人员根据审核无误的原始凭证按照经济业务事项的内容加以分类,并据以确定会计分录后所填制的会计凭证。它是登记账簿的直接依据。常用的记账凭证有收款凭证、付款凭证、转账凭证和通用记账凭证。通用记账凭证如表 6—2。

表 6—2

记 账 凭 证

2016年 12 月 15 日　　记字 1 号

摘要	总账科目	明细科目	借方金额								贷方金额								记账符号
			十	万	千	百	十	元	角	分	十	万	千	百	十	元	角	分	
销售产品	应收账款			4	0	9	5	0	0	0									
	主营业务收入											3	5	0	0	0	0	0	
	应交税费												5	9	5	0	0	0	
附件　张	合　计		¥	4	0	9	5	0	0	0	¥	4	0	9	5	0	0	0	

附单据1张

会计主管:　　记账:　　审核:　　出纳:　　制单:

记账凭证主要发挥会计凭证作为记账依据的作用。

【例 6－2】 会计凭证按其(　　)不同，分为原始凭证和记账凭证。

A. 填制人员和程序　　B. 填制程序和方法

C. 填制格式和手续　　D. 填制程序和用途

【答案】 D

【解析】 会计凭证按照填制的程序和用途不同，分为原始凭证和记账凭证两类。

任务二　原始凭证

一、原始凭证的种类

(一)按取得的来源分类

原始凭证按其取得的来源不同，可分为自制原始凭证和外来原始凭证两类。

1. 自制原始凭证

是指在经济业务事项发生或完成时，由本单位内部经办部门或人员填制的凭证。如收料单、领料单、开工单、成本计算单、出库单等。

2. 外来原始凭证

是指在同外单位发生经济往来事项时，从外单位取得的凭证。如发票、飞机票、火车票、银行收付款通知单、从供货单位取得的发货票等。

(二)按照格式分类

原始凭证按其格式不同分为通用原始凭证和专用原始凭证。

1. 通用原始凭证

由有关部门统一印制、在一定范围内使用的具有统一格式和使用方法的原始凭证。如全国通用的增值税发票、银行转账结算凭证等。

2. 专用原始凭证

由单位自行印制、仅在本单位内部使用的原始凭证。如收料单、领料单、工资费用分配单、折旧计算表等。

(三)按填制的手续和内容分类

原始凭证按其填制的手续和内容不同分为一次原始凭证、累计原始凭证和汇总原始凭证。

1. 一次原始凭证

一次凭证应在经济业务发生或完成时，由相关业务人员一次填制完成。该凭证往往只能反映一项经济业务，或者同时反映若干项同一性质的经济业务。如收料单、领料单、报销凭单等。

2. 累计原始凭证

累计凭证应在每次经济业务完成后，由相关人员在同一张凭证上重复填制完成。该凭证能在一定时期内不断重复地反映同类经济业务的完成情况。如表 6－3 所示的限额领料单。

表 6—3 **限额领料单**

材料名称及规格		计量单位	领用限额		实际领用	单价	金额
A 材料		千克	50 千克			10 元	5 000 元
日期	领用				限额结余		
	请领数量	实发数量	发料签章	领料签章			
4 月 1 日	10 千克	10 千克	李华	王红	40 千克		
4 月 2 日	10 千克	10 千克	李华	王红	30 千克		
4 月 3 日	10 千克	10 千克	李华	王红	20 千克		

3. 汇总原始凭证

汇总凭证应由相关人员在汇总一定时期内反映同类经济业务的原始凭证后填制完成。该凭证只能将类型相同的经济业务进行汇总，不能汇总两类或两类以上的经济业务。如发出材料汇总表、工资结算汇总表、差旅费报销单，见表 6—4。

表 6—4 **发出材料汇总表**

项目	甲材料		乙材料		丙材料		金额合计
	数量(千克)	金额(元)	数量(千克)	金额(元)	数量(千克)	金额(元)	
生产 A 产品耗用	1 000	6 000	600	1 200	2 000	16 000	23 200
生产 B 产品耗用	1 000	6 000	300	600	1 000	8 000	14 600
小计	2 000	12 000	900	1 800	3 000	24 000	3 800
车间一般耗用							3 800
行政管理部门耗用	500	3 000	100	200	100	800	200
合计	2 500	15 000	1 000	2 100	3 100	24 800	41 800

二、原始凭证的基本内容

任何一张原始凭证都必须同时具备一些相同的内容，这些内容被称为原始凭证的基本内容或基本要素。原始凭证的基本内容包括以下几个方面：

(1)原始凭证的名称；

(2)填制凭证的日期；

(3)填制凭证单位名称或者填制人姓名；

(4)接受凭证单位名称；

(5)经济业务内容；

(6)数量、单价和金额；

(7)经办人员的签名或者盖章。

除应当具备原始凭证的上述内容外，还应当有以下的附加条件：

(1)从外单位取得的原始凭证，应使用统一发票，发票上应印有税务专用章；必须加盖填制单位的公章。

(2)自制的原始凭证,必须要有经办单位负责人或者由单位负责人指定的人员签名或者盖章。

(3)支付款项的原始凭证,必须要有收款单位和收款人的收款证明,不能仅以支付款项的有关凭证代替。

(4)购买实物的原始凭证,必须有验收证明。

(5)销售货物发生退回并退还货款时,必须以退货发票、退货验收证明和对方的收款收据作为原始凭证。

(6)职工公出借款填制的借款凭证,必须附在记账凭证之后。

(7)经上级有关部门批准的经济业务事项,应当将批准文件作为原始凭证的附件。

三、原始凭证的填制要求

(一)原始凭证填制的基本要求

原始凭证是具有法律效力的证明文件,是进行会计核算的原始依据,必须认真填制。为了保证原始凭证能清晰地反映各项经济业务的真实情况,原始凭证的填制必须符合以下要求:

1. 记录要真实

原始凭证中应填写的项目和内容必须真实、正确地反映经济业务的原貌。无论日期、内容、数量和金额都必须如实填写,不能以估算和匡算的数字填列,更不能弄虚作假,改变事实的真相。

2. 内容要完整

原始凭证中应填列的项目必须逐项填列齐全,不得遗漏和省略。年、月、日要按照填制原始凭证的实际日期填写;名称要齐全,不能简化;品名或用途要填写明确,不能含糊不清;有关人员的签章必须齐全。

3. 手续要完备

单位自制的原始凭证必须有经办单位领导人或者指定的人员签名或者盖章;对外开出的原始凭证必须加盖本单位公章;从外部取得的原始凭证,必须盖有填制单位的公章;从个人取得的原始凭证,必须有填制人员的签名盖章。

4. 编号要连续

各种凭证应当连续编号,以便查考。如果原始凭证已预先印定编号(如发票、支票等重要凭证),在写坏作废时,应加盖“作废”戳记,妥善保管,不得撕毁。

5. 书写要清楚、规范

原始凭证要用蓝色或黑色笔书写,字迹清楚、规范,不得使用未经国务院公布的简化汉字。填写支票必须使用碳素笔。一式几联的原始凭证必须一次套写清楚,做到不串行、不串格、不模糊,并注明各联的用途。数字金额的书写要符合下列要求:

(1)汉字大写金额的书写要求:零、壹、贰、叁、肆、伍、陆、柒、捌、玖、拾、佰、仟、万、亿。用正楷或者行书体书写,不得随意使用简化字或非上述大写写法;大写金额前未印有“人民币”字样的,应加写“人民币”三个字,“人民币”字样和大写金额之间不得留有空白;大写金额到元或角为止的,后面要写“整”或“正”字;有分的,不写“整”或“正”字。如小写金额为¥1 008.00,大写金额应写成“人民币壹仟零捌元整”;小写金额为¥1 008.50,大写金额应写成“人民币壹仟零捌元伍角整”;小写金额为¥1 008.55,大写金额应写成“人民币壹仟零捌元伍角伍分”。

阿拉伯金额数字之间有“0”时,汉字大写金额应写“零”字;阿拉伯金额数字中间连续有几个“0”时，大写金额中可以只有一个“零”字；阿拉伯金额数字元位为“0”或者数字中间连续有几个“0”，元位也是“0”，但角位不是“0”时，汉字大写金额可以只写一个“零”字，也可以不写“零”字。

(2)小写数字金额的书写要求：小写金额用阿拉伯数字逐个地填写，不得连笔写。在金额前要填写人民币符号“¥”，人民币符号“¥”与阿拉伯数字之间不得留有空白，如¥2 000.00。凡阿拉伯金额数字前写有货币币种符号的，数字后面不再写货币单位。金额数字一律填写到角、分；无角、分的，写“00”或符号“—”；有角无分的，分位写“0”，不得用符号“—”。

凡填有大写和小写金额的原始凭证，大写与小写的金额必须相符。大小写必须符合规范。

【例 6—3】 填制原始凭证时，符合书写要求的有(　　)。

A. 阿拉伯金额数字前面应当填写货币币种符号

B. 币种符号与阿拉伯金额之间不得留有空白

C. 大写金额有分的，分字后面要写“整”或“正”字

D. 汉字大写金额可以用简化字代替

【答案】 AB

【解析】 选项C大写金额有分的，分字后不用写“整”或“正”；选项D汉字大写金额不可以用简化字代替。

6. 填制要及时

原始凭证应在经济业务发生或完成时及时填制，并按规定的程序和手续传递至有关业务部门和会计部门，以便及时办理后续业务，并进行审核和记账。

7. 不得涂改、刮擦和挖补

原始凭证发现错误或无法辨认的，不得涂改、刮擦和挖补。正确的处理方法如下：未入账的原始凭证，应退回填制单位或填制人员补填或更正，更正处应当加盖开出单位的公章；原始凭证金额有错误的，应当由出具单位重开，不得在原始凭证上更正。已经入账的原始凭证，不能抽出，应另外以正确原始凭证进行更正。

(二)常见原始凭证的填制

1. 填制增值税专用发票

增值税专用发票是一般纳税人于销售货物或者提供劳务时开具的销货发票，基本联次为三联：记账联、抵扣联和发票联。第一联为记账联，销售方的记账凭证；第二联为抵扣联，购买方税款抵扣凭证；第三联为发票联，购买方的结算凭证。增值税发票填写注意事项：

(1)增值税专用发票必须由计算机填开，手写无效。

(2)按照增值税纳税义务的发生时间开具。

(3)“购货单位”相关信息根据购货方提供的相关资料填写。

(4)“密码区”由开票系统自动生成，无需输入。

(5)发票上内容项目填写齐全，与实际交易相符，字迹清楚，不得压线、错格。

(6)“销货单位”相关信息由计算机自动生成。

(7)发票联和抵扣联加盖财务专用章或销货单位发票专用章。

【例 6—4】 武汉大华服装公司于2016年12月1日向中百商场销售成衣，其中男套装50套，每套700元，裙装30套，每套600元(不含增值税)，增值税税率17%，所开增值税专用发票如表6—5所示。

表 6-5 **湖北省增值税专用发票** No 10 682 190

开票日期:2016年 12 月 1 日

购货单位	名　　称:中百商场 纳税人识别号:1 550 048 815 657 地 址 、电 话:武汉市幸福路 231 号2 011 456 开户行及账号:工商银行武汉市分行770 186 588				密码区	6＋－〈2〉6〉927＋296＋/ 加密版本:01 446〈600 375〈35〉〈4/ 37 009 931 410 2－2〈2 051＋24＋2 618〈7 0 445 /3－15〉〉09/5/－1〉〉〉＋2	
货物或应税劳务名称	规格型号	单位	数量	单　价	金　额	税率	税　额
男套装		套	50	700	35 000.00	17%	5950.00
裙装		套	30	600	18 000.00	17%	3060.00
合　计					53 000.00		9 010.00
价税合计(大写)	⊗陆万贰仟零壹拾元整				(小写)￥62 010.00		
销货单位	名　　称:武汉大华服装公司 纳税人识别号:1501178845678 地 址 、电 话: 武汉市文化路 100 号 430023 开户行及账号:建设银行江夏支行06635698				备注		

第二联:发票联 购货方记账凭证

收款人:　　　　复核:　　　　开票人:王宁　　　　销货单位:(章)

2. 填制支票

支票是出票人签发,委托办理支票存款业务的银行或者其他金融机构在见票时无条件支付确定的金额给收款人或持票人的票据。按照支付票款的方式不同,支票分为现金支票、转账支票和普通支票。现金支票只能用于提取现金,转账支票只能用于转账,普通支票既可以用于支取现金,也可以用于转账。签发支票的注意事项:

(1)应用黑色墨水(碳素墨水)笔填写支票。

(2)支票正联的出票日期应大写。为防止变造票据的出票日期,在填写月份时,拾月、拾壹月和拾贰月前须加"壹",壹月、贰月和壹拾月前必须加"零"字;在填写日时,壹日至玖日、壹拾日、贰拾日、叁拾日前须加"零",拾壹日至拾玖日前须加"壹"。如,2016年 12 月 5 日应写成:贰零壹陆年壹拾贰月零伍日。又如,2016年 2 月 10 日应写成:贰零壹陆年零贰月零壹拾日。

(3)收款人。当现金支票收款人为本单位时,须在现金支票背面"被背书人"栏内加盖本单位的财务专用章和法人章;当现金支票收款人为个人时,收款人须在现金支票背面填上身份证号码和发证机关名称,凭身份证和现金支票签字领款。转账支票收款人应填写为对方单位名称,收款单位取得转账支票后,在支票背面被背书栏内加盖单位财务专用章和法人章,填写好银行进账单后连同该支票交给收款单位的开户银行,委托银行收款。

(4)付款行名称、出票人账号应填写本单位开户银行名称及银行账号。

(5)金额。阿拉伯小写金额数字前均应填写人民币符号"￥",支票大小写金额应当保持一致。

(6)用途。现金支票有一定限制,一般填写"备用金"、"差旅费"、"工资"、"劳务费"等。转账支票没有具体规定。

(7)盖章。支票正面盖财务专用章和法人章,缺一不可,印泥为红色,印章必须清晰。

(8)收款人、出票日期与金额不得更改,否则无效,填写错误时只能作废重开。受票人如果发现支票填写不全,可以补记,但不能够涂改。

【例 6—5】 武汉大华服装公司于2016年 12 月 5 日开出现金支票从银行提取2 000元现金备用，所填现金支票如图 6—1 所示。

中国建设银行 现金支票存根 No.33306451	中国建设银行现金支票 No. 33306451
附加信息	出票日期(大写)贰零壹陆年壹拾贰月零伍日 付款行名称：建设银行江夏支行 收款人：武汉大华服装公司 出票人账号：6220960000216234I
出票日期 2016 年 12 月 5 日	本支票付款期限十天
收款人：武汉大华服装公司	人民币(大写) 贰仟元整
金　额：￥2 000.00	百 十 万 千 百 十 元 角 分：￥ 2 0 0 0 0 0
用　途：备用金	用途 备用金　　密码： 上列款项请从我账户内支付 武汉大华服装公司财务专用章 陈晓印　　行号： 出票人签章
单位主管　　会计	复核　　记账

图 6—1 现金支票填写示例

3. 填制银行进账单

银行进账单是持票人或收款人将票据款项存入银行账户的凭证，也是银行将票据款项记入收款人账户的凭证。银行进账单分为三联式进账单和二联式进账单。二联式进账单的第一联为给持票人的收账通知，第二联为银行的贷方凭证。银行进账单填写注意事项：

(1)根据转账支票填写。

(2)出票人为转账支票的出票人。

(3)票据种类为转账支票。

【例 6—6】 武汉大华服装公司2016年 12 月 7 日收到中百集团为支付货款开出的转账支票，请填写进账单。如表 5—6 进账单填写示例。

表 6—6 **中国建设银行进账单(收账通知)**

2016年 12 月 7 日

出票人	全称	中百集团	收款人	全称	武汉大华服装公司
	账号	4300520000116451		账号	6220960000216234I
	开户银行	工商银行江夏支行		开户银行	建设银行江夏支行
金额	人民币伍万元整 (大写)		千 百 十 万 千 百 十 元 角 分	￥ 5 0 0 0 0 0 0	
票据种类	转账支票	票据张数	1		
票据号码					
复核　　记账			收款人开户行盖章		

四、原始凭证的审核

为了如实核算经济业务的发生和完成情况，充分发挥会计的监督职能，保证核算资料的真实、正确和合法，会计机构、会计人员必须对原始凭证进行严格认真的审核。只有经过严格审核无误后的原始凭证，才能作为记账的依据。

（一）原始凭证审核的内容

原始凭证的审核主要包括以下几个方面的内容：

1.真实性审核

原始凭证作为会计核算最直接的原始依据，其真实性对会计信息的质量具有决定性的影响。真实性审核即审核凭证所反映的内容是否符合所发生的实际情况，数字、文字有无伪造、涂改、重复使用和大头小尾、各联之间数字不符等情况。特别要注意的是：

（1）内容记载是否清晰，有无掩盖事情真相的现象。

（2）凭证抬头不是本单位。

（3）数量、单价与金额是否相符。

（4）认真核对笔迹，有无模仿领导笔迹签字冒领现象。

（5）有无涂改，有无添加内容和金额。

（6）有无移花接木的凭证。

2.合法性审核

审核原始凭证的合法性，这是对原始凭证进行实质性的审核，也是重要的审核。审核所发生的经济业务是否符合国家有关规定的要求，有否违反财经制度的现象；原始凭证中所列的经济业务事项是否真实，有无弄虚作假情况。如在审核原始凭证中发现有多计或少计收入、费用，擅自扩大开支范围、提高开支标准，巧立名目、虚报冒领、滥发奖金、津贴等违反财经制度和财经纪律的情况，不仅不能作为合法真实的原始凭证，而且要按规定进行处理。

3.合理性审核

审核所发生的经济业务是否符合厉行节约、反对浪费、有利于提高经济效益的原则，有否违反该原则的现象。如经审核原始凭证后确定有突击使用预算结余购买不需要的物品，有对陈旧过时设备进行大修理等违反上述原则的情况，不能作为合理的原始凭证。

4.正确性审核

审核原始凭证在计算方面是否存在失误。如经审核凭证后确定有业务内容摘要与数量、金额不相对应，业务所涉及的数量与单价的乘积与金额不符，金额合计错误等情况，不能作为正确的原始凭证。

5.完整性审核

主要是审核原始凭证各个项目是否填写齐全，凭证中应有的印章、签名是否齐全，审批手续是否健全等。特别应注意的是：

（1）购买商品、实物的各种原始凭证，必须附有保管人的验单或其他领用者签名才能受理。

（2）对外支付款项的凭证应附有收款人的收款手续方能转账注销。

（3）自制的原始凭证附有原始单据的，要审核金额是否相符；无原始单据的是否有部门负责人的批准、签章。

6.及时性审核

审核经济业务发生或完成时是否及时填制了有关原始凭证，是否及时进行了凭证的传递。

审核时应注意审查凭证的填制日期，尤其是支票、银行汇票、银行本票等时效性较强的原始凭证，更应仔细验证其签发日期。

(二)原始凭证审核结果的处理

(1)对于完全符合要求的原始凭证，应及时编制记账凭证入账。

(2)对于真实、合理、合法但不完整的会计原始凭证，应退回有关经办人，由其负责将有关凭证补充完整，更正错误或重开后，再办理会计手续。但原始凭证金额出现错误的不得更正，只能由原始凭证开具单位重新开具。

(3)对于不真实、不合法的原始凭证，会计机构、会计人员有权不予接受，并向单位负责人报告，请求查明原因，追究有关当事人的责任。

【例 6—7】 会计机构和会计人员对不真实、不合法的原始凭证和违法收支，应当(　　)。

A. 予以退回　　B. 予以纠正

C. 不予接受　　D. 不予接受，并向单位负责人报告

【答案】 D

【解析】 对于不真实、不合法的原始凭证，会计机构、会计人员有权不予接受，并向单位负责人报告。

(三)原始凭证错误的更正

(1)原始凭证记载的各项内容均不得涂改，随意涂改原始凭证即为无效凭证，不能作为填制记账凭证或登记会计账簿的依据。

(2)原始凭证所记载的内容有错误的，应当由出具单位重开或更正，更正工作必须由原始凭证出具单位进行，并在更正处加盖出具单位印章；重新开具原始凭证也应当由原始凭证出具单位进行。

(3)原始凭证金额有错误的不得更正，只能由原始凭证出具单位重开，以防有关人员利用职权进行舞弊。

【例 6—8】 发现金额有错误的原始凭证，正确的做法是(　　)。

A. 由出具单位在原始凭证上更正

B. 由出具单位在原始凭证上更正，并加盖出具单位印章

C. 由出具单位重开

D. 本单位代替出具单位进行更正

【答案】 C

【解析】 发现金额有错误的原始凭证，应由出具单位重开。

任务三　记账凭证

一、记账凭证的种类

记账凭证可以按不同的标准进行分类，按照用途可分为专用记账凭证和通用记账凭证；按照填列方式可分为单式记账凭证和复式记账凭证。

(一)按凭证的用途分类

1. 专用记账凭证

专用记账凭证是指分类反映经济业务的记账凭证，按其反映的经济业务内容，可分为收款凭证、付款凭证和转账凭证。

(1)收款凭证。收款凭证进一步分为现金收款凭证和银行存款收款凭证，是专门用于记录库存现金和银行存款收款业务的记账凭证。收款凭证根据有关现金和银行存款收入业务的原始凭证填制的，是登记现金日记账、银行存款日记账以及有关明细账和总账账簿的依据，收款凭证的格式如表6—7所示。

表6—7

收款凭证

借方科目：库存现金　　　　2016年12月1日　　　　收字第1号

摘　要	贷方科目		金　额										记账符号
	总账科目	明细科目	千	百	十	万	千	百	十	元	角	分	
收回员工欠款	其他应收款	李明					1	0	0	0	0	0	
合　计						¥	1	0	0	0	0	0	

附单据1张

会计主管：王×　　记账：　　出纳：李×　　审核：　　制单：张×

(2)付款凭证。付款凭证进一步分为现金付款凭证和银行存款付款凭证，是专门用于记录现金和银行存款付款业务的记账凭证。付款凭证根据有关库存现金和银行存款支付业务的原始凭证填制，是登记现金日记账、银行存款日记账以及有关明细账和总账账簿的依据，付款凭证的格式如表6—8所示。

表6—8

付款凭证

贷方科目：库存现金　　　　2016年12月2日　　　　付字第1号

摘　要	借方科目		金　额										记账符号
	总账科目	明细科目	千	百	十	万	千	百	十	元	角	分	
员工借款	其他应收款	王东					2	0	0	0	0	0	
合　计						¥	2	0	0	0	0	0	

附单据1张

会计主管：王×　　记账：　　出纳：李×　　审核：　　制单：张×

(3)转账凭证。转账凭证是指用于记录不涉及现金和银行存款业务的记账凭证。转账凭证根据有关转账业务的原始凭证填制，是登记有关明细账和总账账簿的依据。转账业务是指不涉及库存现金和银行存款收付的业务，如领用材料、分配制造费用、计提利息等。转账凭证的格式如表6—9所示。

表 6—9

转账凭证

2016 年 12 月 5 日　　　　转字第 1 号

摘　要	总账科目	明细科目	借方金额								贷方金额								记账符号
			十	万	千	百	十	元	角	分	十	万	千	百	十	元	角	分	
领用材料	生产成本	A 产品			1	2	3	0	0	0									
领用材料	原材料	甲材料											1	2	3	0	0	0	
合　计				¥	1	2	3	0	0	0		¥	1	2	3	0	0	0	

附单据 1 张

会计主管：王×　　记账：　　审核：　　制单：张×

2. 通用记账凭证

通用记账凭证是指用来反映所有经济业务的记账凭证，为各类经济业务所共同使用，其格式与转账凭证基本相同。通用记账凭证的格式如表 6—10 所示。

表 6—10

记账凭证

2016 年 12 月 1 日　　　　记字第 1 号

摘　要	总账科目	明细科目	借方金额								贷方金额								记账符号
			十	万	千	百	十	元	角	分	十	万	千	百	十	元	角	分	
取现	库存现金				2	0	0	0	0	0									
取现	银行存款												2	0	0	0	0	0	
合　计				¥	2	0	0	0	0	0		¥	2	0	0	0	0	0	

附单据 1 张

会计主管：王×　　记账：　　出纳：李×　　审核：　　制单：张×

收款凭证、付款凭证、转账凭证的划分，工作量较大，适用于规模较大、收付款业务较多的单位。对于经济业务较简单、规模较小、收付款业务较少的单位，可采用通用记账凭证来记录所有经济业务。

（二）按凭证的填列方式分类

1. 单式记账凭证

单式记账凭证是指只填列经济业务所涉及的一个会计科目及其金额的记账凭证。

单式记账凭证反映的内容单一，便于会计分工记账，方便了记账凭证汇总表的编制，但不便于反映经济业务的全貌以及账户的对应关系，不便于查账。

2. 复式记账凭证

复式记账凭证是将每一笔经济业务所涉及的全部科目及其发生额均在同一张记账凭证中反映的一种凭证。上述收款凭证、付款凭证和转账凭证，以及通用记账凭证均为复式凭证。

复式记账凭证能够反映账户之间的对应关系，便于了解有关经济业务的全貌，但不便于会计分工记账。

二、记账凭证的基本内容

记账凭证是登记账簿的直接依据，因其所反映经济业务的内容不同、各单位规模大小及其对会计核算繁简程度的要求不同，其内容有所差异，但应当具备以下基本内容：

(1)填制凭证的日期。

(2)凭证编号。

(3)经济业务摘要。

(4)会计科目。

(5)金额。

(6)所附原始凭证张数。

(7)会计主管、记账、审核、制单等有关人员签章。收款凭证和付款凭证还应当有出纳人员签章。

记账凭证的基本内容如图 6－2。

记账凭证

2016 年 12 月 1 日　　　　记字第 1 号

摘　要	总账科目	明细科目	借方金额								贷方金额								记账符号
			十	万	千	百	十	元	角	分	十	万	千	百	十	元	角	分	
取现	库存现金				2	0	0	0	0	0									
取现	银行存款												2	0	0	0	0	0	
合　计				¥	2	0	0	0	0	0		¥	2	0	0	0	0	0	

附单据 1 张

会计主管：王×　　记账：　　出纳：李×　　审核：　　制单：张×

图 6－2　记账凭证基本内容

三、记账凭证的填制要求

(一)记账凭证要选择正确

根据经济业务的内容，区别不同类型的原始凭证，正确选择记账凭证。如采用专用记账凭证的单位，应根据业务内容选择收款凭证、付款凭证或转账凭证。

(二)依据要无误

除结账和更正错误，记账凭证均应根据审核无误的原始凭证填制，可以根据每一张原始凭证填制，或根据若干张同类原始凭证汇总编制，也可以根据原始凭证汇总表填制。但不得将不同内容和类别的原始凭证汇总填制在一张记账凭证上。

(三)日期要准确

日期栏，一般应按填制记账凭证当天的日期，不得提前或推后。月末转账业务的日期应写月末日期。

(四)编号要连续

记账凭证的编号方法有总字编号法、三类编号法、五类编号法。会计人员要根据不同的记账凭证采用相应的编号方法。

总字编号法，即将所有的记账凭证不分业务内容顺序编号。适用于采用通用记账凭证格式，经济业务较少的单位。三类编号法，即按照收款业务、付款业务和转账业务分别顺序编号，如收字 1 号、付字 1 号、转字 1 号，适用于采用专用记账凭证的单位。五类编号法，即按照现金收款、现金付款、银行存款收款、银行存款付款业务分别顺序编号，如现收字第××号、银收字第××号、现付字第××号、银付字第××号、转字第××号。适用于采用专用记账凭证且收付款业务较多的单位。无论采用哪一种编号方法，都应该按月顺序编号，即每月都从 1 号编起，按自然数 1、2、3、4、5……顺序编制到月末，不得跳号、重号。

如果一笔经济业务需要填制一张以上的记账凭证时，记账凭证的编号采用分数连续编号，如“转字 $5\frac{1}{3}$”、“转字第 $5\frac{2}{3}$”、“转字第 $5\frac{3}{3}$”，表示第五笔转账业务需连续编三张记账凭证。

（五）摘要要简明、清晰

记账凭证的摘要栏是填写经济业务简要说明的，摘要应与原始凭证内容一致，能正确反映经济业务的主要内容，既要防止简而不明，又要防止过于烦琐。

（六）会计分录要正确

会计分录是会计凭证中重要的组成部分，在记账凭证中，要正确编制会计分录并保持借贷平衡。会计分录的编制包括科目和金额的填制。

关于会计科目的填制，首先，正确使用会计科目，不得任意简化或改动；其次，应同时填写总账科目和明细科目，以便于登记总分类账和明细分类账；最后，会计科目的对应关系要填写清楚，应先借后贷，一般填制一借一贷、一借多贷或者多借一贷的会计分录。但如果经济业务本身就需要编制一个多借多贷的会计分录，也可以填制多借多贷的会计分录，以集中反映该项经济业务的全过程。

关于金额的填制，首先，金额要与其对应的科目填制在同一行，不得错行；其次，在合计行填列合计金额，阿拉伯数字的填写要规范，合计数字前应填写￥符号，不是合计数字前不应填写￥符号；最后，借贷合计金额应相等。

（七）空行要注销

填制记账凭证时，应按行次逐行填写，不得跳行或留有空行。记账凭证填完会计分录后，如有空行，应当划线注销。如图 6—3 所示。

划线注销

记账凭证

2016 年 12 月 1 日　　　　记字第 1 号

摘　要	总账科目	明细科目	借方金额								贷方金额								记账符号
			十	万	千	百	十	元	角	分	十	万	千	百	十	元	角	分	
取现	库存现金				2	0	0	0	0	0									
取现	银行存款												2	0	0	0	0	0	
合　计				￥	2	0	0	0	0	0		￥	2	0	0	0	0	0	

附单据 1 张

会计主管：王×　　记账：　　出纳：李×　　审核：　　制单：张×

图 6—3　空行要注销

(八)单据张数要清楚

除结账和更正错误,记账凭证必须附有原始凭证并注明所附原始凭证的张数。所附原始凭证张数的计算,一般以原始凭证的自然张数为准。一张原始凭证如涉及到几张记账凭证的,可以将该原始凭证附在一张主要的记账凭证后面,在该主要记账凭证摘要栏注明“本凭证附件包括××号记账凭证业务”字样,并在其他记账凭证上注明该主要记账凭证的编号或者附上该原始凭证的复印件,以便复核查阅。

(九)签章要完整

制单、审核、出纳、记账、复核、会计主管等相关人员应签名或盖章。

四、记账凭证的审核

所有填制好的记账凭证,都必须经过其他会计人员认真审核。只有经过审核无误后的记账凭证,才能作为登记账簿的依据。

(一)记账凭证的审核内容

1. 内容是否真实

审核记账凭证是否附有原始凭证,所附原始凭证的内容是否与记账凭证记录的内容一致,记账凭证汇总表与记账凭证的内容是否一致。

2. 项目是否齐全

审核记账凭证各项目的填写是否齐全,如日期、凭证编号、摘要、会计科目、金额、所附原始凭证张数及有关人员签章等。

3. 科目是否正确

审核记账凭证的应借、应贷科目是否正确,是否有明确的账户对应关系等。

4. 金额是否正确

审核记账凭证所记录的金额与原始凭证的有关金额是否一致,记账凭证汇总表的金额与记账凭证的金额合计是否相符等。

5. 书写是否正确

审核记账凭证中的记录是否文字工整、数字清晰,是否按规定使用蓝黑墨水或碳素墨水等。

(二)记账凭证审核后的处理

在审核记账凭证的过程中,如发现记账凭证填制有误,应当按照规定的方法及时加以更正。填制记账凭证时若发生错误,应当重新填制。

已登记入账的记账凭证发现错误,应采用规定的更正方法。在当年内发现填写错误时,如果是使用的会计科目或记账凭证方向有错误,可以用红字金额填制一张与原始凭证内容相同的记账凭证,在摘要栏注明“注销×月×日×号凭证”字样,同时再用蓝字重新填制一张正确的凭证,在摘要栏注明“更正×月×日×号凭证”字样;如果会计科目和记账方向都没有错误,只是金额错误,可以按正确数字和错误数字之间的差额,另编一张调整的记账凭证,调增用蓝字,调减用红字。

在当年发现以前年度记账凭证有错误的,应当用蓝字填制一张更正的记账凭证。

五、记账凭证与原始凭证的区别

1. 填制人员不同

原始凭证大多是由经办人员填制的;记账凭证则一律是由会计人员填制的。

2. 填制依据不同

原始凭证是根据已经发生或者完成的经济业务事项填制的；记账凭证则是根据经审核无误的原始凭证填制的。

3. 填制方式不同

原始凭证只是记录、证明经济业务已经发生或者完成；记账凭证则是对已经发生或者完成的经济业务进行归类、整理。

4. 作用不同

原始凭证是填制记账凭证和登记明细账的依据；记账凭证则是登记会计账簿的依据。

任务四　会计凭证的传递与保管

一、会计凭证的传递

（一）会计凭证传递的概念

会计凭证的传递是指从会计凭证的取得或填制时起至归档保管过程中，在单位内部有关部门和人员之间的传送程序。

会计凭证的传递，应当满足内部控制制度的要求，使传递程序合理有效，同时尽量节约传递时间，减少传递的工作量。

各单位应根据具体情况确定每一种会计凭证的传递程序和方法。

（二）会计凭证传递的三要素

会计凭证的传递具体包括传递程序、传递时间和传递手续。

1. 传递程序

各单位应根据经济业务的特点，结合内部机构和人员分工情况以及满足经营管理和会计核算的需要，规定会计凭证的传递程序，并据此规定会计凭证的份数，使经办业务的部门和人员能够及时地办理各种凭证手续，既符合内部牵制原则，又能加速业务处理过程，提高工作效率。

2. 传递时间

会计凭证的传递时间是指各种凭证在各经办部门、环节所停留的最长时间。它应考虑各部门和有关人员在正常情况下办理经济业务所需时间来合理确定。明确会计凭证的传递时间，能防止拖延处理和积压凭证，保证会计工作的正常秩序，提高工作效率。一切会计凭证的传递和处理，都应在报告期内完成。否则，将会影响会计核算的及时性。

3. 传递手续

会计凭证的传递手续是指在凭证传递过程中的衔接手续。应该做到既完备严密，又简便易行。凭证的收发、交接都应按一定的手续制度办理，以保证会计凭证的安全和完整。

会计凭证的传递路线、传递时间和传递手续，还应根据实际情况的变化及时加以修改，以确保会计凭证传递的科学化、制度化。

二、会计凭证的保管

会计凭证的保管是指会计凭证记账后的整理、装订、归档和存查工作。如图6－4所示。

图6—4 会计凭证归档

(1)会计凭证应定期装订成册,防止散失。会计部门在依据会计凭证记账以后,应定期(每天、每旬或每月)对各种会计凭证进行分类整理,将各种记账凭证按照编号顺序,连同所附的原始凭证一起加具封面和封底,装订成册,并在装订线上加贴封签,由装订人员在装订线封签处签名或盖章。

从外单位取得的原始凭证遗失时,应取得原签发单位盖有公章的证明,并注明原始凭证的号码、金额、内容等,由经办单位会计机构负责人(会计主管人员)和单位负责人批准后,才能代作原始凭证。

若确实无法取得证明的,如车票丢失,则应由当事人写明详细情况,由经办单位会计机构负责人(会计主管人员)和单位负责人批准后,代作原始凭证。

(2)会计凭证封面应注明单位名称、凭证种类、凭证张数、起止号数、年度、月份、会计主管人员和装订人员等有关事项,会计主管人员和保管人员应在封面上签章。

(3)会计凭证应加贴封条,防止抽换凭证。原始凭证不得外借,其他单位如有特殊原因确实需要使用时,经本单位会计机构负责人(会计主管人员)批准,可以复制。向外单位提供的原始凭证复制件,应在专设的登记簿上登记,并由提供人员和收取人员共同签名、盖章。

(4)原始凭证较多时,可单独装订,但应在凭证封面注明所属记账凭证的日期、编号和种类,同时在所属的记账凭证上应注明“附件另订”及原始凭证的名称和编号,以便查阅。

对各种重要的原始凭证,如押金收据、提货单等,以及各种需要随时查阅和退回的单据,应另编目录,单独保管,并在有关的记账凭证和原始凭证上分别注明日期和编号。

(5)每年装订成册的会计凭证,在年度终了时可暂由单位会计机构保管一年,期满后应当移交本单位档案机构统一保管;未设立档案机构的,应当在会计机构内部指定专人保管。出纳人员不得兼管会计档案。

(6)严格遵守会计凭证的保管期限要求,期满前不得任意销毁。

项目训练

一、单项选择题

1. 原始凭证中(　　)出现错误的,不得更正,只能由原始凭证开具单位重新开具。

A. 金额　　B. 汉字　　C. 计量单位　　D. 会计科目

2. (　　)一般由税务局等部门统一印制,或经税务部门批准由经营单位印制。

A. 外来原始凭证　　B. 自制原始凭证　　C. 限额领料单　　D. 收料单

3. 下列各项中，不属于原始凭证的基本内容的是(　　)。

A. 接受凭证单位名称

B. 交易或事项的内容、数量、单价和金额

C. 经办人员签名或盖章

D. 应记会计科目名称和记账方向

4. 会计凭证的传递，是指(　　)在单位内部有关部门和人员之间的传递程序。

A. 会计凭证的取得或填制时起至归档保管过程中

B. 会计凭证的填制到登记账簿止

C. 会计凭证审核后到归档止

D. 会计凭证的填制或取得到汇总登记账簿止

5. 下列各项中，不属于记账凭证审核内容的是(　　)。

A. 所使用的会计科目是否符合企业会计准则等规定

B. 记账凭证汇总表的内容与其所依据的记账凭证的内容是否一致

C. 审核所记录的经济业务是否符合生产经营活动的需要

D. 审核记账凭证各项目填写是否齐全

6. 下列关于记账凭证填制基本要求的表述中，错误的是(　　)。

A. 记账凭证可以根据若干张同类原始凭证汇总编制

B. 记账凭证的书写应清楚、规范

C. 所有记账凭证都必须附有原始凭证

D. 发现以前年度记账凭证有误的，应当用蓝字填制一张更正的记账凭证

7. 记账凭证的填制是由(　　)完成的。

A. 出纳人员　B. 会计人员　C. 经办人员　D. 主管人员

8. 下列关于收款凭证左上角的会计科目性质的表述中，正确的是(　　)。

A. 库存商品　B. 固定资产　C. 借方　D. 贷方

9. (　　)是用来记录现金和银行存款收款业务的记账凭证。

A. 收款凭证　B. 付款凭证　C. 转账凭证　D. 复式记账

10. 下面属于审核原始凭证真实性的是(　　)。

A. 凭证日期是否真实、业务内容是否真实

B. 审核原始凭证所记录经济业务是否有违反国家法律法规的情况

C. 审核原始凭证各项基本要素是否齐全，是否有漏项情况

D. 审核原始凭证各项金额的计算及填写是否正确

11. 其他单位如果因特殊原因需要使用原始凭证时，经本单位会计机构负责人批准，下列行为中，正确的是(　　)。

A. 只可以查阅不能复制　B. 可以外借

C. 可以复制　D. 不可查阅或复制

12. 出差人员预借差旅费应当填写借款单，下列表述中，正确的是(　　)。

A. 借款单是一种自制的原始凭证　B. 借款单是一种外出原始凭证

C. 借款单是一种付款凭证　D. 借款单是一种单式凭证

13. 下列内容属于原始凭证必须具备而记账凭证不具备的是(　　)。

A. 填制单位签章　B. 经济业务内容　C. 有关人员签章　D. 金额

14. 关于会计凭证的保管，下列说法不正确的是(　　)。

A. 会计凭证应定期装订成册，防止散失

B. 会计主管人员和保管人员应在封面上签章

C. 原始凭证不得外借，其他单位如有特殊原因确实需要使用时，经本单位会计机构负责人(会计主管人

员)批准,可以复制

D. 经单位领导批准,会计凭证在保管期满前可以销毁

15. 可以不附原始凭证的记账凭证是(　　)。

A. 更正错误的记账凭证　　B. 从银行提取现金的记账凭证

C. 以现金发放工资的记账凭证　　D. 职工临时性借款的记账凭证

16. 从银行提取现金或把现金存入银行的经济业务,一般(　　)。

A. 只填制付款凭证,不填制收款凭证　　B. 只填制收款凭证,不填制付款凭证

C. 既填制付款凭证,又填制收款凭证　　D. 填制付款凭证或填制收款凭证

17. 记账凭证按凭证的用途可分为(　　)。

A. 收款凭证、付款凭证和转账凭证　　B. 一次凭证、累计凭证和汇总凭证

C. 复式记账凭证和单式记账凭证　　D. 通用记账凭证和专用记账凭证

18. 某公司出纳将公司现金交存开户银行,应编制(　　)。

A. 现金收款凭证　　B. 现金付款凭证

C. 银行存款收款凭证　　D. 银行存款付款凭证

19. 原始凭证所记录的经济业务是否符合有关的计划、预算,这属于审核原始凭证的(　　)。

A. 合法性　　B. 真实性　　C. 完整性　　D. 合理性

二、多项选择题

1. 记账凭证与原始凭证的区别有(　　)。

A. 填制人员不同　　B. 填制方式不同　　C. 填制依据不同　　D. 发挥作用不同

2. 下列人员中,(　　)需要在自制原始凭证上签名或盖章。

A. 经办单位领导人指定的人员　　B. 出纳人员

C. 记账人员　　D. 经办单位的领导人

3. 在会计凭证的封面中,(　　)是应该注明的。

A. 年度　　B. 会计主管人员

C. 装订人员　　D. 月份

4. 在制定会计凭证传递程序和方法时,应当注意考虑(　　)。

A. 会计凭证的传递程序　　B. 会计凭证在每个传递环节上停留的时间

C. 会计凭证交接的签收制度　　D. 会计凭证的整理、归类和装订成册

5. 记账凭证审核的主要内容有(　　)。

A. 内容是否真实　　B. 项目是否齐全

C. 科目、金额、书写是否正确　　D. 填制是否及时

6. 除(　　)的记账凭证可以不附原始凭证外,其他记账凭证必须附有原始凭证。

A. 成本结转　　B. 结账　　C. 更正错误　　D. 提取现金

7. 下列属于记账凭证基本内容的有(　　)。

A. 经济业务事项所涉及的会计科目　　B. 记账凭证日期、编号

C. 经济业务事项的摘要和金额　　D. 所附原始凭证的张数

8. 下列各项中,(　　)属于记账凭证按照用途不同所分的类别。

A. 通用记账凭证　　B. 专用记账凭证

C. 复式记账凭证　　D. 单式记账凭证

9. 收款凭证左上方的“借方科目”中可以填写的会计科目有(　　)。

A. 库存现金　　B. 产品销售收入　　C. 材料　　D. 银行存款

10. 原始凭证的审核内容包括:审核原始凭证(　　)等方面。

A. 真实性　　B. 合法性、合理性　　C. 正确性、及时性　　D. 完整性

11. 下列金额表示方法中，正确的是（　　）。

A. ￥86.00　　B. 人民币柒拾陆元整

C. 人民币伍拾陆元捌角伍分整　　D. ￥508.00

12. 下列关于原始凭证汇总表的说法中，正确的有（　　）。

A. 汇总凭证也称原始凭证汇总表，是指对一定时期内反映经济业务内容相同的若干张原始凭证，按照一定标准综合填制的原始凭证

B. 合并了同类型经济业务，简化了记账工作量

C. 发料凭证汇总表属于原始凭证汇总表

D. 汇总凭证可以将经济业务内容不同的业务汇总在一起，填列在一张汇总原始凭证上

13. 会计凭证在会计核算中的作用有（　　）。

A. 记录经济业务，提供记账依据　　B. 明确经济责任，强化内部控制

C. 监督经济活动，控制经济运行　　D. 预测经济前景，提高经济效益

14. 下列关于收料单，说法正确的是（　　）。

A. 企业购进材料验收入库时，由仓库保管人员根据购入材料的实际验收情况来填制

B. 一式三联

C. 一联留仓库，一联随发票账单到会计处报账，一联交采购人员存查

D. 是一次填制完成的

15. 原始凭证的基本内容包括原始凭证的名称、（　　）、接受凭证单位名称、数量、单价和金额等。

A. 经办人员的签名或盖章　　B. 填制凭证的日期

C. 经济业务的内容　　D. 填制单位名称或填制人员姓名

16. 会计凭证封面应注明（　　）等事项。

A. 单位名称　　B. 单位负责人　　C. 会计主管人员　　D. 凭证种类和张数

17. 审核记账凭证的科目是否正确，包括（　　）。

A. 记账凭证的应借、应贷科目是否正确

B. 计算是否正确

C. 账户对应关系是否清晰

D. 所使用的会计科目及其核算内容是否符合会计制度的规定

18. 下列说法中，正确的有（　　）。

A. 已经登记入账的记账凭证，在当年内发现填写错误时，直接用蓝字重新填写一张正确的记账凭证即可

B. 已经登记入账的记账凭证，在当年内发现填写错误时，可以用红字填写一张与原内容相同的记账凭证，再用蓝字重新填写一张正确的记账凭证

C. 如果会计科目没有错误只是金额错误，可以将正确数字与错误数字之间的差额，另填制一张调整的记账凭证，调增金额用蓝字，调减金额用红字

D. 发现以前年度记账凭证有错误的，应当用蓝字填制一张更正的记账凭证

19. 下列各项中，属于记账凭证的基本内容的有（　　）。

A. 填制凭证的日期和凭证编号

B. 会计科目的名称和金额

C. 所附原始凭证的张数

D. 填制凭证人员、稽核人员、记账人员、会计机构负责人、会计主管人员的签名或盖章

20. 下列各项中，（　　）属于专用记账凭证按其所记录的经济业务是否与库存现金和银行存款的收付有关所分的类别。

A. 收款凭证　　B. 付款凭证　　C. 通用凭证　　D. 转账凭证

21. 下列各项中，属于审核原始凭证时应当注意的事项的有（　　）。

A. 从外单位取得的原始凭证，必须盖有填制单位的公章和填制人员的签章

B. 自制的原始凭证，必须有经办部门和经办人员的签名或者盖章

C. 经济业务应当符合国家有关政策、法令、制度的规定

D. 原始凭证所记录的经济业务应当符合会计主体经济活动的需要

三、判断题

1. 记账凭证与原始凭证发挥的作用不同是因为原始凭证是记账凭证的附件，是填制记账凭证的依据，而记账凭证是登记账簿的直接依据。 ( )

2. 汇总凭证只能将类型相同的经济业务进行汇总，不能汇总两类或两类以上的经济业务。汇总原始凭证是有关责任者根据经济管理的需要定期编制的。 ( )

3. 支付款项的原始凭证，要有收款单位和收款人的收款证明，或者已支付款项的有关凭证如银行汇款凭证等代替。 ( )

4. 制定会计凭证传递程序和方法时，应着重考虑会计凭证的整理、归类和装订成册。 ( )

5. 记账凭证是否附有原始凭证，及其所附原始凭证的张数是否相符，是审核记账凭证的一项重要内容。 ( )

6. 若一笔经济业务涉及的会计科目较多，需填制多张记账凭证的，可采用“分数编号法”。 ( )

7. 收、付款凭证的日期应按照货币收、付的日期填写，转账凭证的日期应按照原始凭证记录的日期填写。 ( )

8. 会计分录应编制在记账凭证上。 ( )

9. 通用记账凭证和专用记账凭证由于均用以记录经济业务，故二者的格式无差别。 ( )

10. 对于真实、合法、合理但内容不够完整、填写有错误的原始凭证，会计机构和会计人员不予以接受。 ( )

11. 其他单位如有特殊原因确实需要使用原始凭证时，经本单位会计机构负责人(会计主管人员)批准，可以向外单位提供原始凭证复印件。 ( )

12. 企业在与外单位发生的任何经济业务中，取得的各种书面证明都是原始凭证。 ( )

13. 会计凭证是记录经济业务事项发生或完成情况的书面证明，通过填制或取得会计凭证，可以明确经济责任。 ( )

14. 原始凭证用以记录、证明经济业务已经发生或完成，而记账凭证则依据会计科目对已经发生或完成的经济业务进行归类、整理编制。 ( )

15. 原始凭证记载内容有错误的，应当由出具单位重开或更正，不需要盖任何的印章。 ( )

16. 会计凭证的保管是指从会计凭证的取得或填制时起至归档保管过程中，在单位内部有关部门和人员之间的传送程序。 ( )

17. 除财产清查、结账和更正错误外，记账凭证必须附有原始凭证。 ( )

18. 记账凭证中必须列明会计科目名称、记账金额、填制凭证的日期等内容。 ( )

项目七

会计账簿

【知识目标】

1. 了解账簿的意义及其设置原则；

2. 熟悉账簿的一般格式及其登记规则，熟悉对账和结账的目的与方法；

3. 掌握更正错账的方法。

【技能目标】

1. 能够根据记账凭证登记日记账、总账和明细账；

2. 能够进行错账的查找、更正和结账工作。

【案例导入】

小张是会计专业应届毕业生，经历了几次面试失败后，重新学习了会计的一些基本知识，再次来到某招聘现场。招聘人员问是否会做账时，答：会。又问：公司财务部经理根据总经理批示，调整了财务人员的工作分工，安排主管会计兼任出纳员，财务部经理自己保管并登记银行存款日记账，同时为了减少记账工作量，正式账簿中不设现金日记账和材料日记账，只作为备查簿设置，这样的调整是否科学合理可行？小张仔细想了想，既是公司老总的意思，又是财务部经理的安排，这样的做法肯定错不了，于是回答：当然合理。招聘人员听完后告诉他，我们不敢用你。

问题思考：

1. 为什么招聘人员说不敢用小张？

2. 上述问题中财务部经理的安排是否合法？如不合法错在哪里？会造成什么后果和影响？

任务一　会计账簿的概念

一、会计账簿的概念与作用

（一）会计账簿的概念

会计账簿是指由一定格式的账页组成的，以经过审核的会计凭证为依据，全面、系统、连续地记录各项经济业务的簿籍。设置和登记账簿，既是填制和审核会计凭证的延伸，也是编制财务报表的基础，是连接会计凭证和财务报表的中间环节。

（二）会计账簿的作用

在实际工作中，各单位每发生一笔经济业务，都必须取得、填制并审核会计凭证，对经济业务的详细内容加以记录，以反映和监督各项经济业务的发生和完成情况。但是由于会计凭证的数量多，其所提供的会计资料比较分散，缺乏系统性，每张凭证一般只能反映个别经济业务的内容。为了连续、系统、全面地反映各单位在一定时期内同类和全部资金增减变化情况，给经济管理提供完整而系统的会计核算资料，并为编制会计报表提供依据，有必要设置账簿。会计账簿的作用主要表现在以下四个方面：

1.记载、储存会计信息

在形式上，会计账簿是若干账页的组合；在实质上，由于会计账簿是依据会计凭证编制的，所以会计账簿记录了企业资金增减变动和结存情况，是会计信息形成的重要环节，是会计资料的主要载体之一，也是会计资料的重要组成部分。

2.分类、汇总会计信息

会计账簿将会计凭证上零散的会计信息进行整理、归类和汇总，能分门别类地反映企业各种资产、负债、所有者权益、收入和费用的增减变动情况，为经营管理提供系统、完整的会计信息。

3.检查、校正会计信息

会计账簿是连接会计凭证和会计报表的中间桥梁，通过账证核对、账表核对、账实核对，可以检查会计信息的真实性，有利于确保财产物资和资金安全、完整和合理使用。

4.编报、输出会计信息

会计报表是企业会计信息输出的主要形式。设置和登记会计账簿是编制会计报表的基础，会计账簿是编制会计报表的主要依据。

二、会计账簿的基本内容

在实际工作中，由于各种会计账簿所记录的经济业务不同，账簿的格式也多种多样，但各种账簿都应具备以下基本内容：

1.封面

封面主要用来标明账簿的名称，如总分类账、各种明细分类账、现金日记账、银行存款日记账等。

2.扉页

会计扉页主要是列明科目索引（账户目录）（见表7－1）、账簿启用和经管人员一览表（见

表 7—2)。

账户目录是由记账人员在账簿中开设账页户头后,按顺序登记每个账户的名称和页数,以便于查阅账簿中登记的内容。如果是活页账簿,在账簿启用时无法确定页数,可先将账户名称填写好,待年终装订归档时,再填写页数。

账簿启用和经管人员一览表主要记载单位名称、账簿名称、起止页数、册数;启用日期和截止日期;经管账簿单位会计机构负责人(会计主管人员)、经管人员、移交人和移交日期、接管人和接管日期等。

表 7—1　　**目　录**

编号	科目	起讫页数	编号	科目	起讫页数	编号	科目	起讫页数

表 7—2　　**账簿启用和经管人员一览表**

<table>
<tr><td colspan="2">用户名称</td><td colspan="2"></td><td>印鉴</td></tr>
<tr><td colspan="2">账簿名称</td><td colspan="2"></td><td rowspan="4"></td></tr>
<tr><td colspan="2">账簿号码</td><td colspan="2"></td></tr>
<tr><td colspan="2">账簿页数</td><td colspan="2">本账簿共计　页</td></tr>
<tr><td colspan="2">启用日期</td><td colspan="2">年　月　日</td></tr>
<tr><td rowspan="2">经管人员</td><td>单位主管</td><td>财务主管</td><td>复核</td><td>记账</td></tr>
<tr><td></td><td></td><td></td><td></td></tr>
<tr><td rowspan="5">交接记录</td><td colspan="2">经管人员</td><td>接管</td><td>交出</td></tr>
<tr><td>职务</td><td>姓名</td><td>日期/盖章</td><td>日期/盖章</td></tr>
<tr><td></td><td></td><td></td><td></td></tr>
<tr><td></td><td></td><td></td><td></td></tr>
<tr><td></td><td></td><td></td><td></td></tr>
<tr><td>备注</td><td colspan="4"></td></tr>
</table>

3. 账页

账页是账簿用来记录经济业务事项的载体,包括账户的名称、登记账户的日期栏、凭证种类和号码栏、摘要栏、金额栏、总页次、分户页次等基本内容(如表 7—3)。

表 7—3 总分类账

账户名称________________

年		凭证号		摘　要	借　方	核对	贷方	核对	借或贷	余额	核对
月	日	字	号								

三、会计账簿与账户的关系

账户存在于账簿之中，账簿中的每一账页就是账户的存在形式和载体，没有账簿，账户就无法存在；账簿序时、分类地记载经济业务，是在个别账户中完成的。因此，账簿只是一个外在形式，账户才是它的真实内容。账簿与账户的关系是形式和内容的关系。

四、会计账簿的种类

会计账簿的种类很多，不同类别的会计账簿可以提供不同的信息，满足不同的需要。

（一）按用途分类

1. 序时账簿

序时账簿也称日记账，在古代会计中也称为“流水账”，是根据经济业务发生或完成时间的先后顺序逐日逐笔连续登记的账簿。日记账按记录经济业务的范围不同，又可分为普通日记账和特种日记账。

普通日记账又称为“会计分录簿”或“原始分类簿”。经济业务发生时，应按先后顺序逐日记入普通日记账，再根据日记账过入分类账，然后在“过账”栏内注明“√”符号，表示已经过账。这样就可使记账的错误和遗漏减到最少限度，并便于事后根据业务发生的时间次序进行查账。

普通日记账的优点是可以将每天发生的经济业务逐笔加以反映，但是不便于分工记账，而且不能将经济业务加以分类归集，过账的工作量又比较大。因此，目前已较少使用普通日记账（如表 7—4）。

表 7—4 普通日记账

2016年		凭证		摘要	会计科目	金额		过账
月	日	字	号			借方	贷方	
12	2	记	5	交房租	管理费用	10 000		

续表

2016年		凭证		摘要	会计科目	金额		过账
月	日	字	号			借方	贷方	
					银行存款		10 000	

特种日记账是按时间先后顺序专门登记某类经济业务发生情况的日记账，通常用来记录某一类比较重要的经济业务。我国的会计制度规定，那些发生频繁，要求严格管理和控制的业务，应设置特种日记账。企业都必须设置现金和银行存款日记账(如表 7—5)。

表 7—5　现金日记账

2016年		凭证		摘　要	对方科目	借方	贷方	金额	核对
月	日	字	号						
12	1			期初余额				1 000	
12	2	付	1	购买办公用品	管理费用		500	500	
12	2	收	1	取现	银行存款	1 000		1 500	

2. 分类账簿

分类账簿是按照账户的类别进行分类登记的账簿。分类账簿是必须设置的主要账簿，它所提供的核算资料是编制会计报表的主要依据。

分类账簿按其反映经济业务的详略程度，可分为总分类账簿和明细分类账簿。总分类账簿(如表 7—6)，又称总账，是根据总分类账户开设的，能够全面地反映企业的经济活动；明细分类账簿，又称明细账，是根据明细分类账户开设的，用来提供明细的核算资料。总账对所属的明细账起统驭作用，明细账对总账进行补充和说明。

表 7—6　总分类账

账户名称＿＿＿＿＿＿＿＿

年		凭证号		摘　要	借　方	核对	贷方	核对	借或贷	余额	核对
月	日	字	号								

3. 备查账簿

备查账簿，又称辅助登记簿或补充登记簿，是指对某些在序时账簿和分类账簿中未能记载或记载不全的经济业务进行补充登记的账簿。相对于序时账簿和分类账簿这两种主要账簿而言，备查账簿属于辅助性账簿，它可以为经营管理提供参考资料，如委托加工材料登记簿、租入固定资产登记簿等。

备查账簿只是对其他账簿记录的一种补充，与其他账簿之间不存在严密的依存和勾稽关系。备查账簿与其他账簿的不同之处：

(1)不是根据会计凭证登记，依据表外科目来登记；

(2)账簿的格式和登记方法不同，备查账簿的主要栏目不记录金额，它更注重用文字来表述某项经济业务的发生情况。

备查账簿根据企业的实际需要设置，没有固定的格式要求。

(二)按账页格式分类

1. 两栏式账簿

两栏式账簿是指只有借方和贷方两个基本金额栏目的账簿。普通日记账和转账日记账一般采用两栏式。

2. 三栏式账簿

三栏式账簿是设有借方、贷方和余额三个基本栏目的账簿。各种日记账、总分类账以及资本、债权、债务明细账都可采用三栏式账簿(如表 7—7)。

表 7—7 **应收账款明细账**

子账户 长江公司

2016年		凭证号		摘　要	借　方	贷　方	借或贷	余额
月	日	字	号					
12	1			期初余额			借	100 000
12	2	记	1	销售 A 产品	500 000		借	600 000
				……				

3. 多栏式账簿

多栏式账簿是指在账簿的两个金额栏目(借方和贷方)按需要分设若干专栏的账簿。收入明细账、成本明细账、费用明细账、利润以及利润分配明细账一般均采用这种格式的账簿(如表 7—8)。

表 7—8 **管理费用明细账**

2016年		凭证号		摘　要	办公费	水电费	折旧费	……
月	日	字	号					
12	3	记	3	购买办公用品	500			
12	4	记	4	缴纳本月水电费		5 000		

续表

2016年		凭证号		摘 要	办公费	水电费	折旧费	……
月	日	字	号					
12	15	记	20	计提管理用设备折旧			200	
				……				

4. 数量金额式账簿

数量金额式账簿是指在账簿的借方、贷方和余额三个栏目内，每个栏目再分设数量、单价和金额三小栏，借以反映财产物资的实物数量和价值量的账簿。原材料、库存商品、产成品等存货明细账一般采用数量金额式账簿(如表7—9)。

表7—9 **数量金额式明细账**

2016年		凭证号		摘 要	借方			贷方			借或贷	余额		
月	日	字	号		数量	单价	金额	数量	单价	金额		数量	单价	金额

5. 横线登记式账簿

横线登记式账簿，又称平行式账簿，是指将前后密切相关的经济业务登记在同一行上，以便检查每笔业务的发生和完成情况的账簿。

(三)按外形特征分类

1. 订本式账簿

订本式账簿，简称订本账，是在启用前将编有顺序页码的一定数量账页装订成册的账簿。订本式账簿的账页固定，既可以防止散失，又可以防止抽换账页，较为安全；但若分类账采用这种账簿，要为每一账户预留若干空白账页，若留页不够会影响账户的连续记录，留页过多又会造成浪费；而且这种账簿在同一时间内只能由一人登记，不便于记账人员分工，使用起来欠灵活。因此，订本式账簿，一般适用于具有统驭性、重要性，且只应该或只需要一个人登记的账簿。现金日记账、银行存款日记账以及总分类账必须使用订本式账簿。

2. 活页式账簿

活页式账簿(见图7—1)，简称活页账，是将一定数量的账页置于活页夹内，可根据记账内容的变化而随时增加或减少部分账页的账簿。采用这种账簿，可以根据实际增添账页，不会造成浪费，使用比较灵活，便于分工记账。但是，这种账簿的账页容易散失和被抽换。因此，在采用这种账簿时，空白账页在使用时必须连续编号，并由有关人员在账页上盖章，并应定期装订成册，以防止弊端的产生，活页式账簿一般适应于明细分类账。

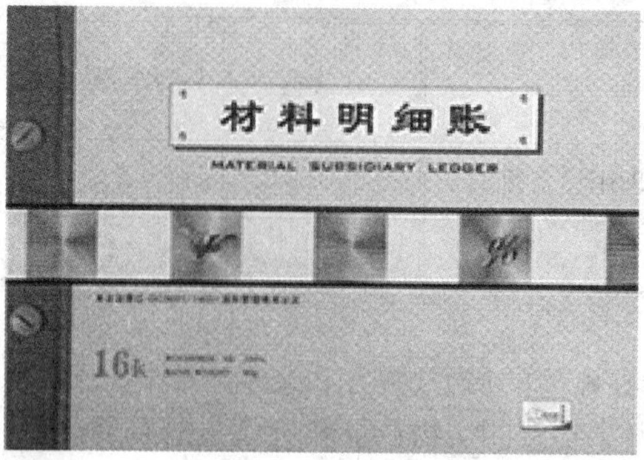

图7—1 活页式账簿

3. 卡片式账簿

卡片式账簿，简称卡片账，是将一定数量的卡片式账页存放于专设的卡片箱中，可以根据需要随时增添账页的账簿。严格说，卡片账也是一种活页账，只不过它不是装在活页账夹中，而是装在卡片箱内。在我国，企业一般只对固定资产的核算采用卡片账形式。因为固定资产在长期使用中其实物形态不变，又可能经常转移使用部门，设置卡片账便于随同实物转移。

任务二　会计账簿的启用与登记规则

一、会计账簿的启用

启用会计账簿，包括新开业时的账簿的启用和每年年初对新的账簿的启用。启用时，在账簿封面上写明单位名称和账簿名称。在扉页上填制“账簿启用表”和“经管人员一览表”。内容包括：启用日期、账簿页数、记账人员和会计机构负责人、会计主管人员姓名，并加盖名章和单位公章。

启用订本式账簿，应当从第一页到最后一页顺序编定页数，不得跳页、缺号；活页式，应当按账户顺序编号，并须定期装订成册，装订后再按实际使用的账页顺序编订页码，另加目录以便于记明每个账户的名称和页次。在第一页前面，附会计科目目录及每个会计科目在账簿中的起止页数。

二、会计账簿的登记要求

设置和登记会计账簿是会计核算工作的一个重要环节，对加强经济管理有十分重要意义。为了保证会计账簿记录的真实、准确，会计人员在登记会计账簿时，必须严格遵守下列规则：

1. 准确完整

登记会计账簿时，应当将会计凭证日期、编号、业务内容摘要、金额和其他有关资料逐项记入账内，做到数字准确、摘要清楚、登记及时、字迹工整。账簿记录中的日期，应该填写记账凭证上的日期；以自制的原始凭证，如收料单、领料单等，作为记账依据的，账簿记录中的日期应按有关自制凭证上的日期填列。

每一项会计事项，一方面要记入有关的总账，另一方面要记入该总账所属的明细账。

2. 注明记账符号

登记完毕后，要在记账凭证上签名或者盖章，并注明已经登账的符号，表示已经记账。在记账凭证上设有专门的栏目供注明记账的符号，以免发生重记或漏记（如表 7－10）。

表 7-10

记 账 凭 证

2016 年 12 月 15 日　　　　记字 1 号

摘 要	总账科目	明细科目	借方金额								贷方金额								记账符号
			十	万	千	百	十	元	角	分	十	万	千	百	十	元	角	分	
销售产品	应收账款			4	0	9	5	0	0	0									√
	主营业务收入											3	5	0	0	0	0	0	√
	应交税费												5	9	5	0	0	0	√
附件 张	合 计		¥	4	0	9	5	0	0	0	¥	4	0	9	5	0	0	0	

附单据 1 张

会计主管：　　记账：张某　　审核：　　出纳：　　制单：

3. 文字和数字必须整洁清晰，准确无误

在登记书写时，不要滥造简化字，不得使用同音异义字，不得写怪字体；摘要文字紧靠左线；数字要写在金额栏内，不得越格错位、参差不齐；文字、数字字体大小适中，紧靠下线书写，上面要留有适当空距，一般应占格宽的 1/2，以备按规定的方法改错。

4. 正常记账使用蓝黑墨水

登记账簿要用蓝黑墨水或者碳素墨水书写，不得使用圆珠笔（银行的复写账簿除外）或者铅笔书写。在会计的记账书写中，数字的颜色是重要的语素之一，它同数字和文字一起传达出会计信息。如同数字和文字错误会表达错误的信息，书写墨水的颜色用错了，其导致的概念混乱也不亚于数字和文字错误。

5. 特殊记账使用红墨水

下列情况，可以用红色墨水记账：

（1）按照红字冲账的记账凭证，冲销错误记录。

（2）在不设借贷等栏的多栏式账页中，登记减少数。在多栏式账页中，只设借方（或贷方）栏目登记增加数，若需要登记减少数时，则用红字在表示增加栏目中登记。

（3）在三栏式账户的余额栏前，如未印明余额方向的，在余额栏内登记负数余额。

（4）划更正线、结账线和注销线。

（5）冲销银行存款日记账时，用红字登记支票号码，进行冲销。

（6）当销售货物退回时，则用红字冲减已入账的该笔货物销售收入和销售成本。

（7）根据国家统一会计制度的规定可以用红字登记的其他会计记录。

6. 顺序连续登记

各种账簿按页次顺序连续登记，不得跳行、隔页。如果发生跳行、隔页，不得随意涂改，应在空行空页的金额栏由右上角向左下角划红线注销，同时在摘要栏注明“此行空白”或“此页空白”字样，并由记账人员签名或者压线盖章（如表 7－11）。订本式账簿，不得任意撕毁。

表 7—11　　　　**应收账款明细账**

子账户长江公司

2016年		凭证号		摘　要	借方	贷方	借或贷	余额
月	日	字	号					
12	1			期初余额			借	100 000
12	2	记	1	销售 A 产品	500 000		借	600 000
					此行空白	张某		
12	3	记	2	收回应收账款		100 000	借	500 000
				……				

2016年		凭证号		摘　要	借　方	贷方	借或贷	余额
月	日	字	号					
						张某		
					此页空白			

7. 结出余额

凡需要结出余额的账户，结出余额后，应当在“借或贷”余额方向栏内写明“借”或者“贷”等字样。没有余额的账户，应当在“借或贷”余额方向栏内写“平”字，并在余额栏内“元”位写“θ”，如表 7—12。

表 7—12　　　　**应收账款明细账**

子账户长江公司

2016年		凭证号		摘　要	借方	贷方	借或贷	余额
月	日	字	号					
12	1			期初余额			借	100 000
12	2	记	1	销售 A 产品	500 000		借	600 000
				……				
12	31	记	100	收回应收账款		600 000	平	θ

8. 连续账页内容之间的衔接

每一账页登记完毕结转下页时，应当结出本页合计数及余额，写在本页最后一行和下页第一行有关栏内，并在摘要栏内注明“过次页”和“承前页”字样；也可以将本页合计数及金额只写在下页第一行有关栏内，并在摘要栏内注明承前页字样。

对需要结计本月发生额的账户，结计过次页的本页合计数应当为自本月初起至本页末止的发生额合计数。这样做，便于根据“过次页”的合计数，随时了解本月初到本页末止的发生额，也便于月末结账时，加计“本月合计”数。

对需要结计本年累计发生额的账户，结计过次页的本页合计数应当为自年初起至本页末止的累计数。这样做，便于根据“过次页”的合计数，随时了解本年初到本页末止的累计发生额，也便于年终结账时，加计“本年累计”数。

对既不需要结计本月发生额也不需要结计本年累计发生额的账户，可以只将每页末的余额结转次页，如某些材料明细账户就没有必要将每页的发生额结转次页。

9.账簿记录错误应按照规定的方法予以更正

如果会计账簿记录发生错误，不允许用涂改、挖补、刮擦或者用药水消除字迹等方法更正错误，应当根据错误情况，按照规定的方法进行更正。

10.定期打印

实行会计电算化的单位，总账和明细账应当定期打印，发生收款和付款业务的，在输入收款凭证和付款凭证的当天必须打印出现金日记账和银行存款日记账，并与库存现金核对无误。

任务三　会计账簿的格式与登记方法

一、日记账的格式与登记方法

日记账是按照经济业务发生或完成的时间先后顺序逐日逐笔进行登记的账簿。在我国，大多数企业一般只设库存现金日记账和银行存款日记账。

（一）库存现金日记账的格式与登记方法

库存现金日记账是用来核算和监督库存现金日常收、付和结存情况的序时账簿。库存现金日记账的格式主要有三栏式和多栏式两种，库存现金日记账必须使用订本账。下面介绍三栏式现金日记账的登记方法，如表7—13。

表7—13　　现金日记账

2016年		凭证		摘　要	对方科目	借方	贷方	金额	核对
月	日	字	号						
12	1			期初余额				1 000	
12	2	付	1	购买办公用品	管理费用		500	500	
12	2	收	1	取现	银行存款	1 000		1 500	
				本日合计		1 000	500	1 500	
12	3	付	2	支付车间修理费	制造费用		400	1 100	
				本日合计			400	1 100	
				……					
12	31	收	10	员工还款	其他应收款	200		……	
				本日合计		200		……	
				本月合计		……	……	……	

三栏式库存现金日记账是由出纳人员根据库存现金收款凭证、库存现金付款凭证以及从

银行取现的银行存款付款凭证，按照业务发生时间的先后顺序逐日逐笔登记。具体方法如下：

(1)日期栏：系指记账凭证的日期，应与现金实际收付日期一致。

(2)凭证栏：系指登记入账的收付款凭证的种类和编号。

(3)摘要栏：收付款凭证上的摘要。

(4)对方科目栏：系指现金收入的来源科目或支出的用途科目。如银行提取现金，其来源科目(即对方科目)为"银行存款"。其作用在于了解经济业务的来龙去脉。

(5)收入、支出（或借方、贷方）、余额：系指现金实际收付的金额。

本日余额＝上一日余额＋本日现金增加发生额－本日现金减少发生额

(6)现金日记账要做到日清月结。每日终了，应分别计算现金收入和付出的合计数，结出余额，同时将余额与出纳员的库存现金核对，即通常说的"日清"。如账款不符应查明原因，并记录备案。月终同样要计算现金收、付和结存的合计数，通常称为"月结"。

(二)银行存款日记账的格式与登记方法

银行存款日记账是用来核算和监督银行存款每日的收入、支出和结余情况的账簿。银行存款日记账应按企业在银行开立的账户和币种分别设置，每个银行账户设置一本日记账。银行日记账一般采用三栏式订本账，如表7－14。

表7－14 **银行存款日记账**

2016年		凭证		支票		摘要	对方科目	借方	贷方	金额	核对
月	日	字	号	字	号						
12	1					期初余额				1 000 000	
12	4	付	3			取现	库存现金		10 000	990 000	
12	4	付	4			购买材料	原材料		200 000	790 000	
						本日合计			210 000	790 000	
12	5	收	2			销售产品	主营业务收入	500 000		1 290 000	
						本日合计		500 000		1 290 000	
						……					
12	31	付	10			发工资	应付职工薪酬		400 000	……	
						本日合计		……	400 000	……	
						本月合计		……	……	……	

银行日记账是由出纳人员根据银行存款收款凭证、银行存款付款凭证以及将现金存入银行的库存现金付款凭证，按照业务发生时间的先后顺序逐日逐笔登记。具体方法如下：

(1)日期栏：系指记账凭证的日期。

(2)凭证栏：系指登记入账的收付款凭证的种类和编号。

(3)对方科目：系指银行存款收入的来源科目或支出的用途科目。

(4)摘要栏：收付款凭证上的摘要。

(5)现金支票号数和转账支票号数栏：如果所记录的经济业务是以支票付款结算的，应在这两栏内填写支票号数，以便于开户银行对账。

(6)收入、支出（或借方、贷方）、余额栏：系指银行存款实际收付的金额。

本日余额＝上一日余额＋本日银行存款增加发生额－本日银行存款减少发生额

每日终了，应分别计算银行存款收入和支出的合计数，结算出余额，做到日清；月终应计算出银行存款全月收入、支出的合计数，做到月结。

二、总分类账的格式与登记方法

(一)总分类账的格式

总分类账是指按照总分类账户分类登记以提供总括会计信息的账簿。总分类账最常用的格式为三栏式，设有借方、贷方和余额三个金额栏目。

(二)总分类账的登记方法

总分类账的登记方法因登记的依据不同而有所不同。经济业务少的小型单位的总分类账可以根据记账凭证逐笔登记；经济业务多的大中型单位的总分类账可以根据记账凭证汇总表(又称科目汇总表)或汇总记账凭证等定期登记。

三、明细分类账的格式与登记方法

明细分类账是根据有关明细分类账户设置并登记的账簿。它能提供交易或事项比较详细、具体的核算资料，以补充总账所提供核算资料的不足。因此，各企业单位在设置总账的同时，还应设置必要的明细账。明细分类账一般采用活页式账簿、卡片式账簿。明细分类账一般根据记账凭证和相应的原始凭证来登记。

四、总分类账户与明细分类账户的平行登记

(一)总分类账户与明细分类账户的关系

总分类账户是所属明细分类账户的统驭账户，对所属明细分类账户起着控制作用；明细分类账户则是总分类账户的从属账户，对其所隶属的总分类账户起着辅助作用。总分类账户及其所属明细分类账户的核算对象是相同的，它们所提供的核算资料互相补充，只有把二者结合起来，才能既总括又详细地反映同一核算内容。因此，总分类账户和明细分类账户必须平行登记。

(二)总分类账户与明细分类账户平行登记的要点

平行登记是指对所发生的每项经济业务都要以会计凭证为依据，一方面记入有关总分类账户，另一方面记入所属明细分类账户的方法。总分类账户与明细分类账户平行登记的要点是：

(1)方向相同。将经济业务记入某一总分类账户及其所属的明细分类账户时，必须记在相同的方向。

(2)期间一致。对每项经济业务，应在同一会计期间内依据相同的会计凭证，在记入总分类账户的同时，应分别记入它所属的一个或几个明细分类账户。

(3)金额相等。记入某一总分类账户的金额必须与记入其所属的一个或几个明细分类账户的金额合计相等。总分类账户记入的是总括数字，明细分类账户记入的是明细数字。

任务四　对账与结账

一、对账

(一)对账的概念

对账就是核对账目，是对账簿记录所进行的核对工作。账簿是会计报表编制的直接依据，

会计报表的可靠性依赖于账簿的可靠性。因此，在登账之后，编报之前，需要对账簿记录进行核对。

(二)对账的内容

对账一般可以分为账证核对、账账核对和账实核对。

1. 账证核对

账证核对，是指将会计账簿与会计凭证有关内容进行核对。账簿是根据经过审核之后的会计凭证登记的，但实际工作中仍有可能发生账证不符的情况，记账后，应将账簿记录与会计凭证核对，核对账簿记录与原始凭证、记账凭证的时间、凭证字号、内容、金额等是否一致，记账方向是否相符。如有不符，应当查明原因，予以纠正。保证账证相符，是会计核算的基本要求之一，也是账账相符、账实相符的基础。

会计期末，如果发现账账不符，也可以再将账簿记录与有关会计凭证进行核对，以保证账证相符。

2. 账账核对

账账核对，是指将各种会计账簿之间相对应的记录进行核对。账账核对的主要内容如下：

(1)总分类账簿之间的核对。总分类账户中，全部账户本期借方发生额合计与全部账户本期贷方发生额合计应相等；全部账户借方期初余额合计与全部账户贷方期初余额合计应相等；全部账户借方期末余额合计与全部账户贷方期末余额合计应相等。

(2)总分类账簿与所属明细分类账簿之间的核对。由于在登账的过程中，总分类账簿与所属明细分类账簿是平行登记的，所以总分类账户与其所属明细分类账户之间存在一定的关联关系：总分类账户的期初余额等于所属的明细分类账户的期初余额之和；总分类账户的本期借方发生额等于所属的明细分类账户的本期借方发生额之和；总分类账户的本期贷方发生额等于所属的明细分类账户的本期贷方发生额之和；总分类账户的期末余额等于所属的明细分类账户的期末余额之和。

(3)总分类账簿与序时账簿之间的核对。现金日记账和银行存款日记账期末余额应分别同有关总分类账户的期末余额核对相符。

(4)明细分类账簿之间的核对。会计部门各种财产物资明细分类账的期末余额应与财产物资保管或使用部门有关明细账的期末余额核对相符。

3. 账实核对

账实核对是指各项财产物资、债权债务等账面余额与实有数额之间的核对。账实核对的内容主要如下：

(1)库存现金日记账账面余额与库存现金实际库存数逐日核对是否相符。

(2)银行存款日记账账面余额与银行对账单的余额定期核对是否相符。

(3)各项财产物资明细账账面余额与财产物资的实有数额定期核对是否相符。

(4)有关债权债务明细账账面余额与对方单位的账面记录核对是否相符等。

以上各种账实核对，一般是通过财产清查的方法进行的。

二、结账

(一)结账的概念

结账是一项将账簿记录定期结算清楚的账务工作。在一定时期结束时(如月末、季末或年末)，为了编制财务报表，需要进行结账，具体包括月结、季结和年结。结账的内容通常包括两个方面：一是结清各种损益类账户，并据以计算确定本期利润；二是结出各资产、负债和所有者权益账户的本期发生额合计和期末余额。

（二）结账的程序

（1）结账前，将本期发生的经济业务全部登记入账，并保证其正确性。对于发现的错误，应采用适当的方法进行更正。

（2）在本期经济业务全面入账的基础上，根据权责发生制的要求，调整有关账项，合理确定应计入本期的收入和费用。

（3）将各损益类账户余额全部转入"本年利润"账户，结平所有损益类账户。

（4）结出资产、负债和所有者权益账户的本期发生额和余额，并转入下期。

上述工作完成后，就可以根据总分类账和明细分类账的本期发生额和期末余额，分别进行试算平衡。

（三）结账的方法

结账方法的要点主要有：

（1）对不需按月结计本期发生额的账户，每次记账以后，都要随时结出余额，每月最后一笔余额是月末余额，即月末余额就是本月最后一笔经济业务记录的同一行内余额。月末结账时，只需要在最后一笔经济业务记录之下通栏划单红线，不需要再次结计余额。

（2）库存现金、银行存款日记账和需要按月结计发生额的收入、费用等明细账，每月结账时，要在最后一笔经济业务记录下面通栏划单红线，结出本月发生额和余额，在摘要栏内注明"本月合计"字样，并在下面通栏划单红线。

（3）对于需要结计本年累计发生额的明细账户，每月结账时，应在"本月合计"行下结出自年初起至本月末止的累计发生额，登记在月份发生额下面，在摘要栏内注明"本年累计"字样，并在下面通栏划单红线。12 月末的"本年累计"就是全年累计发生额，全年累计发生额下通栏划双红线。

（4）总账账户平时只需结出月末余额。年终结账时，为了总括地反映全年各项资金运动情况的全貌，核对账目，要将所有总账账户结出全年发生额和年末余额，在摘要栏内注明"本年合计"字样，并在合计数下通栏划双红线。

（5）年度终了结账时，有余额的账户，应将其余额结转下年，并在摘要栏注明"结转下年"字样；在下一会计年度新建有关账户的第一行余额栏内填写上年结转的余额，并在摘要栏注明"上年结转"字样，使年末有余额账户的余额如实地在账户中加以反映，以免混淆有余额的账户和无余额的账户。

任务五　错账查找与更正方法

通过对账，会计人员可能会发现一些不相符的情况。这些不相符的情况表明账簿记录可能存在错误的内容，即存在错账。其中有些错账比较容易发现，另外一些错账却不那么显而易见。所以，当对账结果不相符的时候，首先需要查到错账所在，然后采用规定的方法进行更正。

一、错账查找方法

1. 差数法

差数法是指按照错账的差数查找错账的方法，即查找账簿中的各个金额有无与错账的差额相同的数字。适用情况：借方金额漏记，会使该金额在贷方超出；贷方金额漏记，会使该金额在借方超出。对于这样的错误，可由会计人员通过回忆相关金额的记账凭证进行查找。

2. 尾数法

尾数法是指对于发生的差错只查找末位数，以提高查错效率的方法。这种方法适合于借贷方金额其他位数都一致，而只有末位数出现差错的情况。比如只差0.1元，只需看一下尾数有0.1的金额，看是否已将其登记入账。

3. 除 2 法

除 2 法是指以差数除以 2 来查找错账的方法。这种方法适合于查找记错方向而产生的记账错误。如果某一数字记反了方向，就会使一方发生额增大，另一方发生额减少，差错数一定是记反方向数字的 2 倍，所以将其差错数除以 2 之后，如能整除，其商数即可能是记反方向的数字，再据此数字查找具体的记反方向的错账。

4. 除 9 法

除 9 法是指以差数除以 9 来查找错账的方法，适用于将数字写小(1 000 写成 100)、将数字写大(100 写成 1 000)和邻数颠倒(58 写成 85)而产生的错账。多记 1 位使原来数字增加 9 倍，多记 2 位使原来数字增加 99 倍，多记 3 位使原来数字增加 999 倍，都能被 9 整除；邻数颠倒而产生的差额也是 9 的倍数，能被 9 整除。所以，如果将出现的错账差除以 9，如能整除，说明错账可能是由于将数字写小、将数字写大或邻数颠倒引起的，以此为线索去查找错账。

二、错账更正方法

(一)划线更正法(红线更正法)

在结账前发现账簿记录有文字或数字错误，而记账凭证没有错误，采用划线更正法。具体做法：先在错误的文字或数字(整个数字)上划一条红线，表示注销，划线时必须使原有字迹仍可辨认，以备查验；然后用蓝字在红线的上方填写正确的文字或数字，并由记账在更正处盖章，以明确责任。对于错误的数字，应全部划红线更正，不得只更正其中的错误数字；对于文字错误，可只划去错误的部分。例如，把“2 465”元误记为“2 495”元，更正方法如图 7—2。

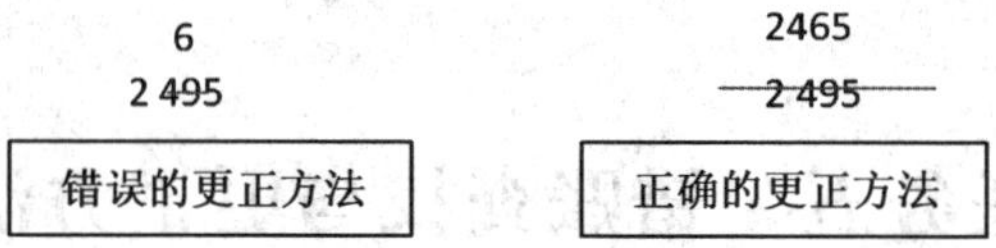

图 7—2 划线更正法

(二)红字更正法

红字更正法，适用于以下两种情形：

1. 记账后发现记账凭证中的应借、应贷会计科目有错误所引起的记账错误

记账凭证会计科目错误时，先用红字填写一张与记账凭证完全相同的记账凭证，在“摘要”中注明“注销××××年××月××日号凭证”，并用红字登记入账，以示注销原记账凭证；然

后再用蓝字重新编制一张正确的记账凭证，在“摘要”栏注明“更正××××年××月××日号凭证”，并登记入账，以更正错误记录。

【例 7－1】 4 月 6 日，企业购入材料 5 000 元，货款尚未支付。错误记录：原记账凭证写错账户名称并已登记入账。

借：原材料　　5 000

　　贷：应收账款　　5 000

原材料	
5 000	

应收账款	
	5 000

更正：

(1)4 月 18 日编制红字记账凭证并记入账内：

借：原材料　　[5 000]

　　贷：应收账款　　[5 000]

（注意：摘要栏是“冲销 4 月 6 日 X 号凭证错账”）

原材料	
5 000	
[5 000]	

应收账款	
	5 000
	[5 000]

(2)用蓝字编制正确记账凭证并登记入账：

借：原材料　　5 000

　　贷：应付账款　　5 000

（注意：摘要栏是“订正 4 月 6 日 X 号凭证错账”）

原材料	
5 000	
[5 000]	
5 000	
5 000	

应收账款	
	5 000
	[5 000]
	0

应付账款	
	5 000
	5 000

2. 记账后发现记账凭证和账簿记录中应借、应贷会计科目无误，只是所记金额大于应记金额所引起的记账错误

更正时，按多记金额用红字编制一张与原记账凭证应借、应贷科目完全相同的记账凭证，然后据此用红字记入账内，在摘要栏注明“冲销××××年××月××日号凭证多记金额”。

【例 7－2】 企业提取本月固定资产折旧费2 000元，编制记账凭证时误记为20 000元。错误记账凭证和错账为：

借：管理费用　　20 000

　　贷：累计折旧　　20 000

管理费用		累计折旧	
20 000			20 000

更正方法：

将多记金额用红字编制记账凭证，并记入账内：

借：管理费用　　18 000

　　贷：累计折旧　　18 000

（注意：摘要栏是“冲销××××年××月××日号凭证错账”）

管理费用		累计折旧	
20 000			20 000
18 000			18 000
2 000			2 000

（三）补充登记法

记账后发现记账凭证和账簿记录中应借、应贷会计科目无误，只是所记金额小于应记金额时，采用补充登记法。

进行更正时，将少记金额用蓝字编制一张与原记账凭证应借、应贷科目完全相同的记账凭证，然后用蓝字记入账内，并在摘要栏注明：“补记××××年××月××日号凭证少记金额”。

【例 7—3】 为生产产品领用材料6 300元。

错误凭证：

借：生产成本　　3 600

　　贷：原材料　　3 600

生产成本		原材料	
3 600			3 600

更正：

将少记金额编制记账凭证并过入账内：

借：生产成本　　2 700

　　贷：原材料　　2 700

（注意：摘要栏是“补记××××年××月××日号凭证少记金额”）

生产成本		原材料	
3 600			3 600
2 700			2 700
6 300			6 300

任务六　会计账簿的更换与保管

一、会计账簿的更换

会计账簿的更换通常在新会计年度建账时进行。总账、日记账和多数明细账应每年更换一次，备查账簿可以连续使用。不同类型账簿的更换要求如表7－14。

表7－15

种类	适用范围
每年更换一次	总账 日记账 多数明细账
跨年度使用，不必每年更换	变动较小的明细账 备查账簿可以连续使用

二、会计账簿的保管

年度终了，各种账户在结转下年、建立新账后，一般应将旧账集中统一管理。会计账簿暂由本单位财务会计部门保管一年，期满后，由本单位财务会计部门编造清册移交本单位的档案部门保管。

各种账簿应当按年度分类归档，编造目录，妥善保管。既保证在需要时迅速查阅，又保证各种账簿的安全和完整。保管期满后，还要按照规定的审批程序经批准后才能销毁。

项目训练

一、单项选择题

1. 主要用以查明是否有重记或漏记的错账查找方法是（　　）。

A. 差数法　　B. 尾数法　　C. 除2法　　D. 除9法

2. 下列关于总账和明细账的表述中，正确的是（　　）。

A. 明细账根据明细分类科目设置

B. 总账的余额不一定等于其所属明细账的余额的合计数

C. 所有资产类总账的余额合计数应等于所有负债类总账的余额合计数

D. 现金日记账实质上就是现金的总账

3. 会计账簿暂由本单位财务会计部门保管（　　），期满之后，由财务会计部门编造清册移交本单位的档案部门保管。

A. 1年　　B. 3年　　C. 5年　　D. 10年

4. 下列账簿中，不需要每年进行更换的账簿是（　　）。

A. 现金日记账　　B. 银行存款日记账　　C. 总账　　D. 固定资产明细账

5. 需要结计本年累计发生额的账户，结计"过次页"的合计数为（　　）。

A. 自年初起至本日止累计数　　B. 自年初起至本页末止累计数

C. 自月初至本页末止累计数　　D. 自本页初至本页末止累计数

6. 下列各种方法中，（　　）适用于记账后发现账簿错误是由于记账凭证中会计科目运用错误引起的情况。

A. 划线更正法　　B. 红字更正法　　C. 补充登记法　　D. 平行登记法

7. 收回货款1 500元存入银行，填制记账凭证时，会计科目无误，金额误填为15 000元，并已入账。正确的更正方法是(　　)。

A. 采用划线更正法　　B. 用蓝字借记"银行存款"，贷记"应收账款"

C. 用蓝字借记"应收账款"，贷记"银行存款"　　D. 用红字借记"银行存款"，贷记"应收账款"

8. 更正错账时，划线更正法的适用范围是(　　)。

A. 记账凭证上会计科目或记账方向错误，导致账簿记录错误

B. 记账凭证正确，在记账时发生错误，导致账簿记录错误

C. 记账凭证上会计科目或记账方向正确，所记金额大于应记金额，导致账簿记录错误

D. 记账凭证上会计科目或记账方向正确，所记金额小于应记金额，导致账簿记录错误

9. (　　)就是核对账目，是指对账簿记录所进行的核对工作。

A. 对账　　B. 结账　　C. 错账更正　　D. 试算平衡

10. 银行存款日记账与银行对账单之间的核对属于(　　)。

A. 账证核对　　B. 账账核对　　C. 账实核对　　D. 余额核对

11. 下列关于银行存款账实核对的表述中，正确的是(　　)。

A. 将银行存款日记账的余额与银行存款的收付款凭证核对

B. 将银行存款日记账的余额与总账中的银行存款账核对

C. 将银行存款日记账的余额与银行对账单核对

D. 将银行存款日记账的余额与银行金库中存款的实有数核对

12. 对账就是核对账目，其主要内容包括(　　)。

A. 账实核对、账表核对、账账核对　　B. 账账核对、账证核对、账表核对

C. 账账核对、账证核对、表表核对　　D. 账证核对、账账核对、账实核对

13. 下列关于对账的表述，不正确的是(　　)。

A. 对账工作一般在月末进行，即在记账之后结账之前进行

B. 对账的内容包括账证核对、账账核对、账实核对、证表核对

C. 账证核对是指账簿记录与原始凭证、记账凭证的核对

D. 账实核对是指各项财产物资、债权债务等账面余额与实有数额之间的核对

14. 对总分类账格式和登记方法的错误要求是(　　)。

A. 总分类账的账页格式有三栏式和多栏式两种

B. 总分类账一般不采用订本账

C. 总分类账应该按照总分类账户分类登记

D. 总分类账的登记方法取决于单位、企业采用的账务处理程序

15. 下面关于账页格式的选择，表述错误的是(　　)。

A. 库存现金日记账的格式主要有三栏式和多栏式

B. 总分类账以及资本、债权、债务明细账一般采用三栏式

C. 收入、成本、费用明细账一般采用三栏式

D. 原材料、库存商品等存货明细账一般采用数量金额式

16. 对所发生的每项经济业务事项，都要以会计凭证为依据，一方面记入有关总分类账户，另一方面记入总账所属明细分类账户。下列选项中，正确表明该方法的是(　　)。

A. 复式记账法　　B. 平行登记法　　C. 借贷记账法　　D. 同时登记法

17. 下列账簿形式中，(　　)适用于原材料、库存商品等存货类明细账。

A. 三栏式　　B. 多栏式　　C. 数量金额式　　D. 横线登记式

18. 不能作为明细分类账的记账依据的是(　　)。

A. 原始凭证　　B. 原始凭证汇总表　　C. 科目汇总表　　D. 记账凭证

19. 三栏式银行存款日记账属于(　　)。

A. 序时账　　B. 明细账　　C. 总分类账　　D. 备查账

20. 下列关于库存现金日记账的表述中，正确的是(　　)。

A. 库存现金日记账应当每月结出发生额和余额

B. 库存现金日记账应当每 15 天结出发生额

C. 库存现金日记账应当每隔 3～5 天结出余额

D. 库存现金日记账应当每日结出发生额和余额

21. 多栏式现金日记账(　　)登记的是现金实际收付的金额。

A. 收入、支出栏　　B. 凭证栏　　C. 摘要栏　　D. 对方科目栏

22. 下列各账簿中，必须逐日逐笔登记的是(　　)。

A. 库存现金总账　　B. 银行存款日记账

C. 库存商品明细账　　D. 原材料明细账

23. 关于会计账簿的登记要求，错误的是(　　)。

A. 账簿记录中的日期，应该填写原始凭证上的日期

B. 在不设借贷等栏的多栏式账页中，登记减少数可以使用红色墨水

C. 在登记各种账簿时，应按页次顺序连续登记，不得隔页、跳行

D. 对于没有余额的账户，应在“借或贷”栏内写“平”字，并在“余额”栏用“θ”表示

24. 下列关于会计账簿的登记要求，不正确的是(　　)。

A. 账簿中书写的文字和数字一般应占格距的 1/2

B. 凡需结出余额的账户，若没有余额应该在“借或贷”栏目内写“平”字，并在“余额”栏用“θ”表示

C. 在不设借贷等栏的多栏式账页中，登记减少数可以用红字表示

D. 为了使账簿记录清晰，防止涂改，记账时可以采用蓝色或者黑色的圆珠笔

25. 下列账簿组成部分中，(　　)作为记录经济业务事项的载体。

A. 封面　　B. 扉页　　C. 账页　　D. 说明

26. 下列关于订本账的表述，错误的是(　　)。

A. 订本账是启用之前就已将账页装订在一起，并对账页进行了连续编号的账簿

B. 订本账的优点是能避免账页散失和防止抽换账页；其缺点是不能准确为各账户预留账页

C. 这种账簿一般适用于总分类账、现金日记账、银行存款日记账

D. 所有的账簿都必须采用订本账

27. 下列明细分类账中，(　　)可以采用多栏式账簿。

A. 应付账款明细分类账　　B. 实收资本明细分类账

C. 库存商品明细分类账　　D. 管理费用明细分类账

28. 关于三栏式账簿，错误的是(　　)。

A. 三栏式账簿是设有借方、贷方和余额三个基本栏目的账簿

B. 各种收入、费用类明细账都采用三栏式账簿

C. 三栏式账簿又分为设对方科目和不设对方科目两种

D. 有“对方科目”栏的，称为设对方科目的三栏式账簿

29. (　　)提供的核算信息是编制会计报表的主要依据。

A. 会计凭证　　B. 序时账簿　　C. 分类账簿　　D. 总分类账

30. 下列账簿中可以采用卡片账的是(　　)。

A. 原材料总分类账　　B. 现金日记账

C. 固定资产明细分类账　　D. 固定资产总分类账

31. 会计账簿可按不同的标准进行分类，下列属于按用途划分的账簿类别是(　　)。

A. 数量金额式明细账　　B. 活页账　　C. 订本账　　D. 序时账

32. 订本式账簿主要适用于(　　)。

A. 债权、债务明细账　　B. 收入、费用明细账

C. 材料、商品明细账　　D. 总账、日记账

33. 由具有一定格式账页组成的,以审核无误的会计凭证为依据,全面、系统、连续地记录各项经济业务的簿籍称为(　　)。

A. 会计账簿　　B. 会计账户　　C. 序时账簿　　D. 分类账簿

34. 会计账簿是指由一定格式账页组成的,以经过审核的(　　)为依据,全面、系统、连续地记录各项经济业务的簿籍。

A. 原始凭证　　B. 记账凭证　　C. 会计凭证　　D. 账页

35. 下列情况不可以用红色墨水记账的是(　　)。

A. 冲账的记账凭证,冲销错误记录

B. 在不设借贷等栏的多栏式账页中,登记减少数

C. 在三栏式账户的余额栏前,印明余额方向的,在余额栏内登记负数余额

D. 在三栏式账户的余额栏前,未印明余额方向的,在余额栏内登记负数余额

36. 会计报表中各个项目的数字,其直接来源是(　　)。

A. 原始凭证　　B. 记账凭证　　C. 日记账　　D. 账簿记录

二、多项选择题

1. 下列属于错账产生的原因的有(　　)。

A. 重记　　B. 漏记　　C. 数字颠倒　　D. 数字记错

2. 账簿与账户的关系是(　　)。

A. 账户存在于账簿之中,账簿中的每一账页就是账户的存在形式和载体

B. 没有账簿,账户就无法存在

C. 账簿序时、分类地记载经济业务,是在个别账户中完成的

D. 账簿只是一个外在形式,账户才是它的真实内容

3. 下列关于会计账簿与账户关系的说法中,正确的有(　　)。

A. 账户存在于账簿之中,账簿中的每一账页就是账户的存在形式和载体

B. 没有账簿,账户就无法存在

C. 账簿只是一个外在形式,账户才是其真实内容

D. 账簿与账户的关系是形式和内容的关系

4. 关于会计账簿的更换,正确的说法有(　　)。

A. 会计账簿的更换通常在新会计年度建账时进行

B. 总账、日记账和多数明细账应每年更换一次

C. 变动较小的明细账可以连续使用

D. 各种备查账簿可以连续使用

5. 下列结账方法中,正确的有(　　)。

A. 现金、银行存款日记账,每月要结出本月发生额和余额,在摘要栏内注明"本月合计"字样,并在下面通栏划单红线

B. 需要结计本年累计发生额的明细账,每月结账时,应在"本月合计"行下结出自年初起至本月末的累计发生额

C. 总账账户平时只需结出月末余额。年终结账时,将所有总账账户结出全年发生额和年末余额,在摘要栏内注明"本年合计"字样,并在合计数下通栏划双红线

D. 年度终了时,对有余额的账户,要将其余额结转下年,并在摘要栏注明"结转下年"字样

6. 账簿记录发生错误,不准涂改、挖补、刮擦或者用药水消除字迹,不准重新抄写,而是应该按(　　)更正。

A. 全冲全入法　B. 补充登记法　C. 红字更正法　D. 划线更正法

7. 下列各项中，(　　)属于错账更正方法。

A. 划线更正法　B. 红字更正法　C. 补充登记法　D. 平行登记法

8. 对账的主要内容包括(　　)。

A. 账证核对　B. 账账核对　C. 账实核对　D. 证表核对

9. 关于明细分类账，正确的说法是(　　)。

A. 明细分类账是根据二级账户或明细账户开设账页，分类、连续地登记经济业务以提供明细核算资料的账簿

B. 明细分类账所提供的资料也是编制会计报表的依据之一

C. 明细分类账一般采用订本式账簿

D. 有的明细分类账可以采用卡片式账簿

10. 总分类账可以根据(　　)登记。

A. 记账凭证　B. 科目汇总表　C. 汇总记账凭证　D. 试算平衡表

11. 下列各项中，(　　)属于平行登记要点。

A. 同一期间

B. 同向

C. 同时登记

D. 计入总分类账的金额与计入明细账的合计金额相等

12. 根据明细分类账的登记方法，下列明细账中应该逐日逐笔登记的是(　　)。

A. 收入明细账　B. 原材料明细账

C. 固定资产明细账　D. 债权、债务明细账

13. 下列(　　)明细账既可逐日逐笔登记，也可定期汇总登记。

A. 固定资产　B. 库存商品　C. 应收账款　D. 管理费用

14. 下列各项中，(　　)可以作为银行存款日记账的记账依据。

A. 库存现金收款凭证　B. 库存现金付款凭证

C. 银行存款收款凭证　D. 银行存款付款凭证

15. 常见的特种日记账主要是指(　　)。

A. 现金日记账　B. 银行存款日记账　C. 收入日记账　D. 固定资产日记账

16. 银行存款日记账通常是由出纳人员根据审核后的(　　)逐日逐笔按照先后顺序进行登记。

A. 银行存款收款凭证　B. 银行存款付款凭证

C. 现金收款凭证　D. 现金付款凭证

17. 关于会计账簿的登记要求，表述正确的有(　　)。

A. 账簿记录中的日期，应该填写记账凭证上的日期

B. 在三栏式账户的余额栏前，如未印明余额方向的，在余额栏内登记负数余额可以使用红色墨水

C. 如无意发生隔页、跳行现象，应在空页、空行处用红色墨水划对角线注销，或者注明“此页空白”或“此行空白”字样，并由记账人员签名或者签章

D. 对于没有余额的账户，应在“借或贷”栏内写“平”字，并在“余额”栏用“θ”表示

18. 下列各项中，属于登记会计账簿应当注意事项的有(　　)。

A. 特殊记账使用红墨水

B. 各种账簿应按页次顺序连续登记，不得跳行、隔页

C. 如果发生跳行、隔页，应当将空行、空页划线注销，或者注明“此行空白”、“此页空白”字样，并由记账人员签章

D. 每一账页登记完毕结转下页时，应当结出本页合计数及余额

19. 登记会计账簿时，下列说法正确的有(　　)。

A. 要使用蓝黑墨水钢笔书写　B. 月末结账划线可用红色墨水笔
C. 在某些特定条件下可使用铅笔　D. 在规定范围内可以使用红色墨水

20. 下列关于会计账簿启用的说法中，正确的有(　　)。
A. 启用会计账簿时，应在账簿封面上写明单位名称和账簿名称
B. 启用会计账簿时，应在账簿扉页上附启用表
C. 启用订本式账簿时应当从第一页到最后一页顺序编定页数，不得跳页、缺号
D. 在年度开始，启用新账簿时，应把上年度的年末余额记入新账的第一行

21. 下列应采用多栏式账页格式的是(　　)。
A. 原材料明细分类账　B. 主营业务收入明细分类账
C. 管理费用明细分类账　D. 制造费用明细分类账

22. 下列各项中，(　　)属于会计账簿的主要分类标准。
A. 用途　B. 账页格式　C. 外形特征　D. 金额

23. 活页式账簿的主要缺点有(　　)。
A. 使用不灵活，不便于分工　B. 账页易散失
C. 账页容易被抽换　D. 不能有效防止记账差错

24. 下列一般采用两栏式的有(　　)。
A. 现金日记账　B. 普通日记账　C. 银行存款日记账　D. 转账日记账

25. 下列账簿中，属于按照账页格式的不同分类的有(　　)。
A. 横线登记式账簿　B. 三栏式账簿　C. 数量金额式账簿　D. 多栏式账簿

26. 备查账簿与序时账簿、分类账簿的不同在于(　　)。
A. 登记依据不同　B. 账簿格式不同　C. 登记方法不同　D. 账簿种类不同

三、判断题

1. 错账查找方法中的逆查法有利于全面检查账簿记录的正确性，但是查找工作量大。(　　)

2. 错账查找方法中的逆查法属于局部抽查方法。(　　)

3. 账簿只是一个外在形式，账户才是它的真实内容。账簿与账户的关系，是形式和内容的关系。(　　)

4. 在记账过程中，可能由于种种原因会使账簿记录发生错误。对于发生的账簿记录错误，应采用正确、规范的方法予以更正，不得涂改、挖补、刮擦或者用药水消除字迹，不得重新抄写。(　　)

5. 总分类账和明细分类账平行登记要求做到方向相同、期间一致、金额相等。(　　)

6. 各种账簿必须按照国家统一规定的保存年限妥善保管，保管期满后可以销毁。(　　)

7. 所有的账簿每年都要更换新账。(　　)

8. 对既不要需要结计本月发生额也不需要结计本年累计发生额的账户，可以只将每页末的余额结转次页。(　　)

9. 月结时，收入、费用类账户需要结出本月发生额和余额，记入最后一笔记录下的借方和贷方栏内，并在摘要栏内注明“本月合计”字样，同时在该行下划双红线，以完成月结工作。(　　)

10. 如果在结账前发现账簿记录有文字或数字错误，而记账凭证没有错误，则可采用划线更正法，不可以采用红字更正法。(　　)

11. 现金日记账和银行存款日记账期末余额应分别同有关总分类账户的期末余额核对，属于账账核对。(　　)

12. 对账就是在会计期末(月末、季末、年末)将本期内所有发生的经济业务全部登记入账以后，计算出本期发生额和期末发生额。(　　)

13. 银行存款日记账的账面余额，应同开户银行寄送企业的银行对账单相核对，一般至少一年核对一次。(　　)

14. 期末进行试算平衡时，发现所有总分类科目的本期借方发生额合计数与所有总分类科目的本期贷方

发生额合计数不相等，则说明科目记录不正确。（　）

15. 费用明细账一般均采用三栏式账簿。（　）

16. 总分类账户计入借方，明细分类账户也计入借方；总分类账户计入贷方，明细分类账户也计入贷方。（　）

17. 明细账一般是逐笔登记，也可以定期汇总登记。（　）

18. 明细分类账可以根据原始凭证直接登记，也可以根据汇总原始凭证登记，还可以根据记账凭证登记。（　）

19. 三栏式或多栏式现金日记账，可以使用活页账。（　）

20. 现金日记账是由出纳人员根据审核无误的现金收、付款凭证和转账凭证按照经济业务的发生顺序，逐日、逐笔序时登记。（　）

21. 在登记各种账簿时，可以根据需要隔页、跳行。（　）

22. 启用订本式账簿时应当从第一页到最后一页顺序编定页数，可以跳页，不得缺号。（　）

23. 三栏式明细分类账是设有数量、单价和金额三个栏目，用以分类核算各项经济业务，提供详细核算资料的账簿。（　）

24. 有些企业可以不设置总分类账。（　）

25. 三栏式账簿是指具有日期、摘要、金额三个金额栏目格式的账簿。（　）

26. 订本账在同一时间只能由一人登记，这样不便于记账人员分工记账。（　）

27. 为便于管理，“应收账款”、“应付账款”的明细账必须采用多栏式明细分类账格式。（　）

28. 在明细账的核算中，只需要进行金额核算的，必须使用三栏式明细账。（　）

四、业务处理

1. 2015 年 5 月 1 日，车间生产乙产品领用直径 5 圆钢3 500元。会计人员根据领料单编制记账凭证如下：

转 12 号：

借：制造费用　　3 500

　　贷：原材料——原料及主要材料　　3 500

会计人员审核时，没有发现问题并据以登记入账。2015 年 5 月 31 日查账，请指出错误之处，并更正。

2. 办公室李明购买办公用品，到财务科报销432.00元，以现金支付。记账凭证记作：

借：管理费用　　423

　　贷：库存现金　　423

会计人员审核时，没有发现问题并据以登记入账。2007年 6 月 30 日查账，请指出错误之处，并更正。

项 目 八

财产清查

【知识目标】

1. 了解财产清查的意义与种类；

2. 熟悉财产清查的一般程序以及货币资金、实物资产、往来款项的清查方法；

3. 掌握银行存款余额调节表的编制，掌握财产清查结果的账务处理。

【技能目标】

1. 通过对银行日记账和银行对账单的核对，能够找到未达账项，并编制银行存款余额调节表；

2. 在实际工作中，能够对货币资金、实物资产和往来款项进行清查。

【案例导入】

张某是武汉大华服装有限公司的出纳员，2016年年初私自将企业的 2 000 元现金借给其亲属使用，但未办理任何手续。在一次不定期的财产清查中，清查人员经盘点发现库存现金实有数比日记账账面数少了 2 000 元。经调查得知是张某所为，于是要求张某向其亲属索要。

问题思考：

1. 财产清查有什么意义？

2. 如果 2 000 元现金无法收回，企业应怎么处理？

任务一 财产清查概述

一、财产清查的概念与意义

（一）财产清查的概念

财产清查是指通过对货币资金、实物资产和往来款项等财产物资进行盘点或核对，确定其实存数，查明账存数与实存数是否相符的一种专门方法。

在实际工作中，由于种种原因，各项财产物资的实存数常常出现与账存数不相符的情况。例如：

(1)在收发财产物资时，由于计量、检验不准确而发生品种、数量或质量上的差错；

(2)账务处理中出现漏记、重记、错记或计算上的错误；

(3)财产物资在保管过程中发生自然损耗；

(4)未达账项；

(5)由于管理不善、工作人员失职，以及不法分子的营私舞弊、贪污失职；

(6)发生自然灾害和意外事故，导致财产物资毁损。

(二)财产清查的意义

为保证财产物资核算的真实性和完整性，企业应当建立健全财产物资清查制度。财产清查的主要意义有：

(1)通过财产清查，可以查明各项财产物资的实有数量，确定实有数量与账面数量之间的差异，查明原因和责任，以便采取有效措施，消除差异，改进工作，从而保证账实相符，提高会计资料的准确性；

(2)通过财产清查，可以查明各项财产物资的保管情况是否良好，有无因管理不善，造成霉烂、变质、损失浪费，或者被非法挪用、贪污盗窃的情况，以便采取有效措施，改善管理，切实保障各项财产物资的安全完整；

(3)通过财产清查，可以查明各项财产物资的库存和使用情况，合理安排生产经营活动，充分利用各项财产物资，加速资金周转，提高资金使用效果。

二、财产清查的种类

财产清查可以按照不同的标准进行分类。

(一)按照清查的范围分类

1. 全面清查

全面清查是对属于本单位或存放在本单位的全部财产物资进行的清查。

全面清查的对象包括：固定资产、材料、在产品、半成品、产成品、库存商品、在建工程和其他物资；现金、银行存款及各种有价证券；在途货币资金、在途材料、在途商品、委托加工物资；各项往来款项、银行借款、缴拨款项和其他结算账项。

由于全面清查具体内容多、范围广、工作量大等特点，不可能经常进行。需要进行全面清查的情况有：年终决算之前，为确保年终决算会计信息的真实和准确；单位合并、撤销、改变原来隶属关系或中外合资、国内联营以及股份制改制时；开展资产评估、清产核资等活动时；单位主要负责人调离工作前。

2. 局部清查

局部清查是指根据需要对部分财产物资进行盘点与核对。局部清查的对象主要是货币资金、存货等流动性较大的财产物资。

局部清查的相关要求：现金，每日终了，应由出纳人员自行盘点；银行存款，每月至少要同银行核对一次；存货年内轮流盘点或重点抽查，各种贵重物资、每月都应清查盘点一次；债权债务，每年至少要核对一至二次。

(二)按照清查的时间分类

1.定期清查

定期清查是指按照预先计划安排的时间对财产进行的盘点和核对。定期清查一般在年末、季末、月末进行。定期清查的形式可以是全面清查,也可以是局部清查。例如,年终决算前的财产清查属于全面清查,每日的现金清查属于局部清查。

2.不定期清查

不定期清查是指事前不规定清查日期,而是根据特殊需要临时进行的盘点和核对。

不定期清查的情况有:更换财产物资保管人员和现金出纳人员时;发生自然灾害和意外损失时;进行临时性的清产核资时;财政、税务、银行以及审计等部门,对本单位进行临时检查时。

不定期清查的形式可以是全面清查,也可以是局部清查。例如,更换财产物资保管人员时的清查为局部清查,进行临时性的清产核资为全面清查。

(三)按照清查的执行系统分类

1.内部清查

内部清查是指由本单位内部自行组织清查工作小组所进行的财产清查工作。大多数财产清查都是内部清查。

2.外部清查

外部清查是指由上级主管部门、审计机关、司法部门、注册会计师根据国家有关规定或情况需要对本单位进行财产清查。一般来讲,进行外部清查时应有本单位相关人员参加。

三、财产清查的一般程序

财产清查是一项时间紧、范围广、工作量大的工作,为保证财产清查工作有条不紊地进行,一般按以下程序进行:

(1)建立财产清查组织;

(2)组织清查人员学习有关政策规定,掌握有关法律、法规和相关业务知识,以提高财产清查工作的质量;

(3)确定清查对象、范围,明确清查任务;

(4)制定清查方案,具体安排清查内容、时间、步骤、方法,以及必要的清查前准备;

(5)清查时本着先清查数量、核对有关账簿记录等,后认定质量的原则进行;

(6)填制盘存清单;

(7)根据盘存清单,填制实物、往来账项清查结果报告表。

项目二　财产清查的方法

由于货币资金、实物资产、往来款项的特点各有不同,财产清查时,应采用与其特点和管理要求相适应的方法。

一、货币资金的清查方法

(一)库存现金的清查

库存现金的清查是采用实地盘点法确定库存现金的实存数,然后与库存现金日记账的账面余额相核对，确定账实是否相符。

由于现金的收支业务十分频繁，容易出现差错，因此每日终了，出纳人员应清点现金实有数，并与现金日记账进行核对，做到账实相符；同时，还应成立清查小组，对库存现金进行定期或不定期清查。在进行现金清查时，为了明确经济责任，出纳员和财产清查人员都必须在场，出纳员负责清点现金，清查人员负责监督。在检查现金数量的同时，还要注意有无违反财经纪律的情况，如不能用白条抵库。

现金盘点后，盘点人员应编制“库存现金盘点报告表”（见表8—1），并由盘点人员和出纳人员共同签章，并据以调整现金日记账的账面记录。

表8—1　　**库存现金盘点报告表**

年　月　日

实存金额	账存金额	实存与账存对比		备注
		盘盈	盘亏	

负责人签章：　　盘点人签章：　　出纳员签章：

（二）银行存款的清查

银行存款的清查是采用与开户银行核对账目的方法进行的，即将本单位银行日记账的账簿记录与开户银行转来的对账单逐笔进行核对，来查明银行存款的实有数额。银行存款的清查一般在月末进行。

1.银行存款日记账与银行对账单不一致的原因

将截止到清查日所有银行存款的收付业务都登记入账后，对发生的错账、漏账应及时查清更正，再与银行的对账单逐笔核对。如果二者余额相符，通常说明没有错误；如果二者余额不相符，则可能是企业或银行一方或双方记账过程有错误或者存在未达账项。未达账项，是指企业和银行之间，由于记账时间不一致而发生的一方已经入账，而另一方尚未入账的事项。未达账项一般分为以下四种情况：

(1)企业已收，银行未收，即企业已收款记账，银行未收款未记账的款项。如企业销售产品收到转账支票，企业日记账已登记入账，而银行尚未收到支票，未入账的款项。

(2)企业已付，银行未付，即企业已付款记账，银行未付款未记账的款项。如企业开出转账支票，根据支票存根已登记银行存款减少，而银行尚未收到支票，未入账的款项。

(3)银行已收，企业未收，即银行已收款记账，企业未收款未记账的款项。如银行收到外单位采用托收承付结算方式购货所支付的款项，已登记入账，而企业未收到银行通知未入账的款项。

(4)银行已付，企业未付，即银行已付款记账，企业未付款未记账的款项。如银行代企业支付了电费，已登记企业银行存款的减少，而企业因未收到付款凭证尚未记账的款项。

上述任何一种未达账项的存在，都会使企业银行存款日记账的余额与银行开出的对账单的余额不符。所以，在与银行对账时首先应查明是否存在未达账项，如果存在未达账项，就应该编制“银行存款余额调节表”，据以调节双方的账面余额，确定企业银行存款实有数。

2.银行存款清查的步骤

银行存款的清查按以下四个步骤进行。

(1)根据经济业务、结算凭证的种类、号码和金额等资料逐日逐笔核对银行存款日记账与银行对账单。凡双方都有记录的,用铅笔在金额旁打上记号“√”。

(2)找出未达账项(即银行存款日记账和银行对账单中没有打“√”的款项)。

(3)将日记账和对账单的月末余额及找出的未达账项填入“银行存款余额调节表”(见表8—2),并计算出调整后的余额。

(4)将调整平衡的“银行存款余额调节表”,经主管会计签章后,呈报开户银行。

银行存款余额调节表的编制,是以双方账面余额为基础,各自分别加上对方已收款入账而己方尚未入账的数额,减去对方已付款入账而己方尚未入账的数额。其计算公式如下:

企业银行存款日记账余额+银行已收企业未收款—银行已付企业未付款=银行对账单存款余额+企业已收银行未收款—企业已付银行未付款

【例8—1】 武汉大华服装有限公司(简称大华公司)收到开户银行转来的对账单,余额为67 000元,该公司银行存款日记账余额为59 650元,经逐笔核对,发现几笔未达账项:

(1)12月27日,公司购买设备一台,开出转账支票8 200元,持票人尚未到银行兑现;

(2)12月27日,银行收到外地汇款7 900元,已存入公司账户,公司尚未收到收款通知;

(3)12月28日,银行代公司支付本月电话费1 200元,公司尚未收到付款通知;

(4)12月29日公司预收货款,收到转账支票5 000元,送存银行,银行尚未入账;

(5)12月30日,银行已从公司存款账户中扣掉公司应付的短期借款利息3 600元,公司尚未收到付息通知;

(6)12月30日,发生银行存款收入1 050元,银行已入账公司尚未收到利息清单。

要求:编制银行存款余额调节表。

表8—2 **银行存款余额调节表**

年 月 日

单位:元

项目	金额	项目	金额
企业银行日记账余额	59 650	银行对账单余额	67 000
加:银行已收、企业未收	8 950	加:企业已收、银行未收	5 000
减:银行已付、企业未付	4 800	减:企业已付、银行未付	8 200
调节后的存款余额	63 800	调节后的存款余额	63 800

3. 银行存款余额调节表的作用

(1)银行存款余额调节表是一种对账记录或对账工具,不能作为调整账面记录的依据,即不能根据银行存款余额调节表中的未达账项来调整银行存款账面记录,未达账项只有在收到有关凭证后才能进行有关的账务处理。

(2)调节后的余额如果相等,通常说明企业和银行的账面记录一般没有错误,该余额通常为企业可以动用的银行存款实有数。

(3)调节后的余额如果不相等,通常说明一方或双方记账有误,需进一步追查,查明原因后予以更正和处理。

二、实物资产的清查方法

实物资产主要包括固定资产、存货(原材料、在产品、半成品、产成品)等。实物资产的清查就是对实物资产在数量和质量上所进行的清查。不同品种的实物资产，由于其实物形态、体积、重量以及堆放方式不同，可采用不同的清查方法。一般可采用实地盘点法和技术推算法两种方法。

1. 实地盘点法

实地盘点法就是运用度、量、衡等工具，通过点数，逐一确定被清查实物实有数的一种方法。这种方法适应范围较广，大多数财产物资都可采取这种方法，并且这种方法数字准确可靠，但工作量较大。

2. 技术推算法

技术推算法是通过量方、计尺等技术标准推算出实物资产实有数的一种方法。这种方法适用于堆垛量很大，不便一一清点，单位价值又比较低的实物的清查。如露天堆放的燃料用煤，就可以用技术推算法。

为了明确经济责任，无论采用哪种方法，盘点仓库物资时，物资保管人员必须在场；盘点正在使用中物资时，有关的物资管理人员和使用人员应当参加盘点。

在盘点的过程中，盘点人员首先应查明实物的名称、规格和型号；其次清点其数量，避免重复清点或漏点；接着检验其质量，从中发现有无腐烂、变质、毁损等情况，以确定实物的完好程度；最后根据实际清查结果填写盘存单（见表 8－3）。盘存单既是记录盘点结果的书面证明，也是反映实物资产实存数的原始凭证。

表 8－3 **盘存单**

单位名称： 盘点时间： 编号：

财产类别： 存放地点：

编号	名称	规格型号	计量单位	实存数量	单价	金额	备注

为了进一步查明盘点结果同账簿余额是否一致，在填制了盘存清单后，还应根据“盘存单”和账簿记录编制“实存账存对比表”（见表 8－4）也称“盘点盈亏对照表”，以便对账实不一致的情况进行分析和确定经济责任，同时，据此进行账务调整。

表 8－4 **实存账存对比表**

单位名称： 年 月 日

序号	名称	规格	计量单位	单价	实存		账存		盘盈		盘亏		备注
					数量	金额	数量	金额	数量	金额	数量	金额	

三、往来款项的清查方法

往来款项主要包括应收、应付款项和预收、预付款项等。往来款项的清查一般采用发函询证的方法进行核对。

单位应按每一个经济往来单位编制“往来款项对账单”一式两份，送往给经济往来单位。对方经过核对后，在回联单上加盖公章后退回，表示已核对；如果经核对数字不相符，对方应在回单上注明情况，作为进一步核对的依据。“往来款项对账单”例示如下。

往来款对账单

×××单位：

你单位于××××年××月××日从我单位购入甲产品2 000件，已付货款40 000元，尚有60 000元货款尚未支付，请核对后将回联单寄回。

清查单位：(盖章)

年 月 日

沿此虚线剪下，将回联单寄回！

往来款对账单(回联)

×××清查单位：

(1)你单位寄来的“往来款对账单”已收到，经核对相符无误。

(2)经核对，我单位的往来款项与你单位送达的对账单金额不符，我单位账面余额如下：

×××单位(盖章)

年 月 日

往来款项清查以后，将清查结果编制“往来款项清查报告单”(见表8－5)，填列各项债权、债务的余额。对于有争执的款项以及无法收回的款项，应在报告单上详细列明情况，以便及时采取措施进行处理，避免或减少坏账损失。

表8－5 **往来款项清查报告单**

总分类账户名称： 年 月 日

明细分类账户		清查结果		核对不符原因分析			备注
名称	账面余额	核对相符金额	核对不符金额	未达账项金额	有争议款项金额	其他	

项目三 财产清查结果的处理

一、财产清查结果处理的要求

财产清查后会出现两种情况：一是实存数与账存数一致，不必进行账务处理。二是实存数与账存数存在差异：实存数小于账存数，即财产物资发生盘亏；实存数大于账存数，即财产物资发生盘盈；实存数等于账存数，但是实存的财产物资，由于种种原因，发生毁损。对于财产清查中发现的差异，不管是财产物资的盘盈、盘亏还是毁损或其他各种损失，应核实情况，调查分析产生的原因，按照国家有关法律法规的规定，进行相应的处理。财产清查结果处理的具体要求有：

(一)分析产生差异的原因和性质,提出处理建议

通过清查发现的账实不符的差异,需查明原因,明确经济责任,提出处理意见。其中,因个人工作失误造成的损失,应由个人负责赔偿;因经营管理不善造成的损失,应计入管理费用;因自然灾害造成的损失,可列入营业外支出。

(二)积极处理多余积压财产,清理往来款项

对清查过程中发现的超储积压物资,除本单位内部设法利用、改制、代用外,应积极组织推销,做到物尽其用,以提高资金的周转率和财产物资的使用效率。对长期拖欠不清的债权、债务,指定专人负责,及时清偿。

(三)总结经验教训,建立和健全各项管理制度

财产清查以后,针对发现的问题,认真加以总结、分析,并查明原因,确定经济责任,提出改进措施,进一步健全相应的财产物资管理制度,特别是岗位责任制和内部控制制度。

(四)及时调整账簿记录,保证账实相符

对于财产清查中发现的盘盈与盘亏,应及时上报并进行账务处理,调整账面记录,做到账实相符。

二、财产清查结果处理的步骤与方法

对于财产清查结果的处理可分为以下两种情况:

1. 审批之前的处理

根据"清查结果报告表"、"盘点报告表"等已经查实的数据资料,填制记账凭证,记入有关账簿,使账簿记录与实际盘存数相符,同时根据权限,将处理建议报股东大会或董事会,或经理(厂长)会议或类似机构批准。

2. 审批之后的处理

企业清查的各种财产的损溢,应于期末前查明原因,并根据企业的管理权限,经股东大会或董事会,或经理(厂长)会议或类似机构批准后,在期末结账前处理完毕。企业应严格按照有关部门关于财产清查结果提出的处理意见填制有关记账凭证,登记有关账簿,并追回由于责任者原因造成的财产损失。

期末结账前,如果企业清查的各种财产的损溢尚未经批准,在对外提供财务报表时,先按上述规定进行处理,并在附注中作出说明;其后批准处理的金额与已处理金额不一致的,调整财务报表相关项目的年初数。

三、财产清查结果的账务处理

(一)设置"待处理财产损溢"账户

为了反映和监督企业在财产清查过程中查明的各种财产物资的盘盈、盘亏、毁损及其处理情况,应设置"待处理财产损溢"账户(但固定资产盘盈和毁损分别通过"以前年度损益调整"、"固定资产清理"账户核算)。该账户属于双重性质的资产类账户,下设"待处理流动资产损溢"和"待处理非流动资产损溢"两个明细分类账户进行明细分类核算。

该账户的借方登记财产物资的盘亏数、毁损数和批准转销的财产物资盘盈数;贷方登记财产物资的盘盈数和批准转销的财产物资盘亏及毁损数。企业清查的各种财产的盘盈、盘亏和毁损应在期末结账前处理完毕,所以"待处理财产损溢"账户在期末结账后没有余额。其基本结构如下:

待处理财产损溢

借	贷
财产物资的盘亏数、毁损数	财产物资的盘盈数
批准转销的财产物资盘盈数	批准转销的财产物资盘亏及毁损数

（二）库存现金清查结果的账务处理

1. 库存现金盘盈的账务处理

库存现金盘盈（长款）时，应及时办理库存现金的入账手续，调整库存现金账簿记录，即按盘盈的金额借记“库存现金”科目，贷记“待处理财产损溢——待处理流动资产损溢”科目。

对于盘盈的库存现金，应及时查明原因，按管理权限报经批准后，按盘盈的金额借记“待处理财产损溢——待处理流动资产损溢”科目，按需要支付或退还他人的金额贷记“其他应付款”科目，按无法查明原因的金额贷记“营业外收入”科目。

【例 8—2】 2016年12月20日，大华公司库存现金清查结果见表8—6。

表 8—6 **库存现金盘点报告表**

2016年12月20日

实存金额	账存金额	实存与账存对比		备注
		盘盈	盘亏	
1 250	1 200	50		

负责人签章： 盘点人签章： 出纳员签章：

借：库存现金 50

　　贷：待处理财产损溢——待处理流动资产损溢 50

2. 库存现金盘亏的账务处理

库存现金盘亏（短款）时，应及时办理盘亏的确认手续，调整库存现金账簿记录，即按盘亏的金额借记“待处理财产损溢——待处理流动资产损溢”科目，贷记“库存现金”科目。

对于盘亏的库存现金，应及时查明原因，按管理权限报经批准后，按可收回的保险赔偿和过失人赔偿的金额借记“其他应收款”科目，按管理不善等原因造成净损失的金额借记“管理费用”科目，按自然灾害等原因造成净损失的金额借记“营业外支出”科目，按原记入“待处理财产损溢——待处理流动资产损溢”科目借方的金额贷记该科目。

【例 8—3】 2016年12月31日，大华公司库存现金清查结果见表8—7。

表 8—7 **库存现金盘点报告表**

2016年12月31日

实存金额	账存金额	实存与账存对比		备注
		盘盈	盘亏	
640	840		200	

负责人签章： 盘点人签章： 出纳员签章：

借:待处理财产损溢——待处理流动资产损溢　200
　　贷:库存现金　200

【例 8—4】 承例 8—2 和例 8—3,2016年 12 月 31 日,大华公司经反复核查,下达财产清查结果处理决定:库存现金长款转作营业外收入,库存现金短缺中 100 元应由出纳李红赔偿,另外 100 元计入管理费用。

借:待处理财产损溢——待处理流动资产损溢　50
　　贷:营业外收入　50
借:其他应收款　100
　管理费用　100
　　贷:待处理财产损溢——待处理流动资产损溢　200

(三)存货清查结果的账务处理

1. 存货盘盈的账务处理

存货盘盈时,应及时办理存货入账手续,调整存货账簿的实存数。盘盈的存货应按其重置成本作为入账价值借记"原材料"、"库存商品"等科目,贷记"待处理财产损溢——待处理流动资产损溢"科目。

对于盘盈的存货,应及时查明原因,按管理权限报经批准后,冲减管理费用,即按其入账价值,借记"待处理财产损溢——待处理流动资产损溢"科目,贷记"管理费用"科目。

【例 8—5】 大华公司在财产清查中,发现盘盈甲材料 2 000 元,经查明是由于收发计量上的错误所致。

(1)审批前:

借:原材料——甲材料　2 000
　　贷:待处理财产损溢——待处理流动资产损溢　2 000

(2)审批后:

借:待处理财产损溢——待处理流动资产损溢　2 000
　　贷:管理费用　2 000

2. 存货盘亏的账务处理

存货盘亏时,应按盘亏的金额借记"待处理财产损溢——待处理流动资产损溢"科目,贷记"原材料"、"库存商品"等科目。材料、产成品、商品采用计划成本(或售价)核算的,还应同时结转成本差异(或商品进销差价)。涉及增值税的,还应进行相应处理。

对于盘亏的存货,应及时查明原因,按管理权限报经批准后,按可收回的保险赔偿和过失人赔偿的金额借记"其他应收款"科目,按管理不善等原因造成净损失的金额借记"管理费用"科目,按自然灾害等原因造成净损失的金额借记"营业外支出"科目,按原记入"待处理财产损溢——待处理流动资产损溢"科目借方的金额贷记该科目。

【例 8—6】 大华公司盘亏乙材料 2 000 元,经查明部分是由于保管人员过失造成的材料毁损,应由过失人赔偿 1 500 元,其余为自然灾害造成,假设不考虑增值税因素。

(1)审批前:

借:待处理财产损溢——待处理流动资产损溢　2 000
　　贷:原材料——乙材料　2 000

(2)审批后:

借:其他应收款　　1 500

　营业外支出　　500

　　贷:待处理财产损溢——待处理流动资产损溢　　2 000

(四)固定资产清查结果的账务处理

1. 固定资产盘盈的账务处理

企业在财产清查过程中盘盈的固定资产,经查明确属企业所有,按管理权限报经批准后,应根据盘存凭证填制固定资产交接凭证,经有关人员签字后送交企业会计部门,填写固定资产卡片账,并作为前期差错处理。盘盈的固定资产通常按其重置成本作为入账价值借记"固定资产"科目,贷记"以前年度损益调整"科目。涉及增值税、所得税和盈余公积的,还应按相关规定处理。

【例 8－7】 大华公司在财产清查中,盘盈账外机器一台,估计价值3 000元,已提折旧2 000元。

借:固定资产　　3 000

　　贷:累计折旧　　2 000

　　　以前年度损益调整　　1 000

2. 固定资产盘亏的账务处理

固定资产盘亏时,应及时办理固定资产注销手续,按盘亏固定资产的账面价值,借记"待处理财产损溢——待处理非流动资产损溢"科目,按已提折旧额,借记"累计折旧"科目,按其原价,贷记"固定资产"科目。涉及增值税和递延所得税的,还应按相关规定处理。

对于盘亏的固定资产,应及时查明原因,按管理权限报经批准后,按过失人及保险公司应赔偿额,借记"其他应收款"科目,按盘亏固定资产的原价扣除累计折旧和过失人及保险公司赔偿后的差额,借记"营业外支出"科目,按盘亏固定资产的账面价值,贷记"待处理财产损溢——待处理非流动资产损溢"科目。

【例 8－8】 大华公司盘亏旧 A 型设备一台,账面原值1 700元,已提折旧 920 元。经审批,属于意外损失。

(1)审批前:

借:待处理财产损溢——待处理固定资产损溢　　780

　累计折旧　　920

　　贷: 固定资产 ——A 型设备　　1 700

(2)审批后:

借:营业外支出　　780

　　贷:待处理财产损溢——待处理固定资产损溢　　780

(五)结算往来款项盘存的账务处理

在财产清查过程中发现的长期未结算的往来款项,应及时清查。对于经查明确实无法支付的应付款项可按规定程序报经批准后,转作营业外收入,借记"应付账款",贷记"营业外收入"。

对于无法收回的应收款项则作为坏账损失冲减坏账准备。坏账是指企业无法收回或收回的可能性极小的应收款项。由于发生坏账而产生的损失,称为坏账损失。

企业通常应将符合下列条件之一的应收款项确认为坏账:①债务人死亡,以其遗产清偿后仍然无法收回;②债务人破产,以其破产财产清偿后仍然无法收回;③债务人较长时间内未履行其偿债义务，并有足够的证据表明无法收回或者收回的可能性极小。企业对有确凿证据表明确实无法收回的应收款项，经批准后作为坏账损失。对于已确认为坏账的应收款项，并不意味着企业放弃了追索权，一旦重新收回，应及时入账。

项目训练

一、单项选择题

1. 无法查明原因的现金盘盈应该记入(　　)科目。

A. 管理费用　　B. 营业外收入　　C. 销售费用　　D. 其他业务收入

2、某企业仓库本期期末盘亏原材料，原因已经查明，属于自然损耗，经批准后，会计人员应编制的会计分录为(　　)。

A. 借：待处理财产损溢
　　贷：原材料

B. 借：待处理财产损溢
　　贷：管理费用

C. 借：管理费用
　　贷：待处理财产损溢

D. 借：营业外支出
　　贷：待处理财产损溢

3. 企业的存货由于计量、收发错误导致的盘亏，由企业承担的部分应作为(　　)处理。

A. 营业外支出　　B. 其他业务支出　　C. 坏账损失　　D. 管理费用

4. 盘亏的固定资产应该通过(　　)科目核算。

A. 固定资产清理　　B. 待处理财产损溢　　C. 以前年度损益调整　　D. 材料成本差异

5. 下列记录可以作为调整账面数字的原始凭证的是(　　)。

A. 盘存单　　B. 实存账存对比表

C. 银行存款余额调节表　　D. 往来款项对账单

6. 企业进行盘点，发现账实不符。下列会计处理中，正确的是(　　)。

A. 直接作损益处理　　B. 先调整账面结存数

C. 不作任何调整，继续查明原因　　D. 按账面数进行调整

7. 固定资产盘盈可通过(　　)科目核算。

A.“投资收益”　　B.“以前年度损益调整”　　C.“营业外收入”　　D.“固定资产清理”

8. 对于财产清查结果处理的要求不包括(　　)。

A. 分析产生差异的原因和性质，提出处理建议

B. 向税务部门报告清查结果

C. 总结经验教训，建立健全各项规章制度

D. 及时调整账簿记录，保证账实相符

9. 对往来款项进行清查，应该采用的方法是(　　)。

A. 技术推算法　　B. 与银行核对账目法　　C. 实地盘存法　　D. 发函询证法

10. 下列资产中，(　　)不应采用实地盘点法或技术推算法进行清查。

A. 库存现金　　B. 原材料　　C. 银行存款　　D. 固定资产

11. 技术推算法一般适用于(　　)的清查。

A. 货币资金　　B. 往来款项　　C. 机器设备　　D. 露天堆放的沙石

12. 下列关于库存现金在盘点后应编制的原始凭证的各项中，正确的是(　　)。

A. 实存账存对比表　　B. 库存现金盘点报告表

C. 银行存款余额调节表　　D. 银行对账单

13. 企业开出支票一张，银行尚未入账，属于(　　)情况的未达账项。

A. 银行已收，企业未收　　B. 银行已付，企业未付

C. 企业已收，银行未付　　D. 企业已付，银行未付

14、友谊公司2013年 10 月 31 日的银行存款核对中发现，银行对账单余额为2 518.60元，银行存款日记账账面余额为2 500元，经逐笔核查，发现有如下未达账项：(1)10 月 29 日，外地某购货单位汇来一笔预付款3 400元，银行已收妥入账，而企业尚未入账；(2)10 月 30 日，银行支付承兑货款2 000元，企业尚未记账；(3)10 月 30 日，企业开出现金支票一张计1 000元，但持票人尚未到银行提现；(4)银行代扣电话费2 381.4元，但企业尚未收到有关凭证。调整后银行存款的余额应是(　　)。

A. 3 900 元　　B. 1 518.6元　　C. 3 381.4元　　D. 3 100元

15. 银行存款常用的清查方法是(　　)。

A. 实地盘点法　　B. 账单核对法　　C. 技术推算法　　D. 发函询证法

16. 库存现金的清查是通过(　　)进行的。

A. 实地盘点法　　B. 账账核对法　　C. 技术分析法　　D. 征询法

17. (　　)企业不需对其财产进行全面清查。

A. 年终决算前　　B. 企业进行股份制改制前

C. 更换仓库保管员　　D. 企业破产

18. 按清查时间划分，单位发生贪污盗窃、营私舞弊等事件时所进行的清查属于(　　)。

A. 全面清查　　B. 局部清查　　C. 定期清查　　D. 不定期清查

19. 按清查时间划分，单位发生撤销、合并、重组等事项时所进行的清查属于(　　)。

A. 定期清查　　B. 不定期清查　　C. 全面清查　　D. 局部清查

20. 财产清查的一般程序不包括(　　)。

A. 建立财产清查组织

B. 制定清查方案

C. 编制复查报告

D. 根据盘存清单，填制实物、往来账项清查结果报告表

21. 一般来说，单位撤销、合并、改变隶属关系时，要进行(　　)。

A. 全面清查　　B. 局部清查　　C. 实地盘点　　D. 技术推算

22. 企业在编制年度财务会计报告前进行财产清查，一般应进行(　　)。

A. 重点清查　　B. 全面清查　　C. 局部清查　　D. 抽样清查

23. 对财产清查结果进行正确账务处理的主要目的是保证(　　)。

A. 账表相符　　B. 账账相符　　C. 账实相符　　D. 账证相符

24. 下列记录可以作为调整账面数字的原始凭证的是(　　)。

A. 盘存单　　B. 实存账存对比表

C. 银行存款余额调节表　　D. 往来款项对账单

25. 年末，如果"坏账准备"科目有余额，则其期末余额等于(　　)。

A. 期初余额＋本期借方发生额－本期贷方发生额

B. 期初余额－本期借方发生额－本期贷方发生额

C. 期初余额＋本期借方发生额＋本期贷方发生额

D. 期初余额＋本期贷方发生额－本期借方发生额

26. 企业计提坏账准备的方法由(　　)。

A. 国家会计制度统一规定　　B. 主管的税务机关规定

C. 上级主管部门规定　　D. 企业自行制定

27. "坏账准备"科目在期末结账前如果为贷方余额，反映的内容是(　　)。

A. 已经提取的坏账准备

B. 已经发生的坏账损失

C. 收回以前已经确认并转销的坏账损失

D. 已确认的坏账损失超出坏账准备的余额

二、多项选择题

1. 银行存款的清查步骤有(　　)。

A. 将本单位银行存款日记账与银行对账单逐日逐笔核对，凡双方都有记录的，用铅笔在金额旁打上记号"√"

B. 找出未标记"√"的未达账项

C. 将日记账和对账单的月末余额及未达账项填入"银行存款余额调节表"，计算调整后的余额

D. 调整平衡的"银行存款余额调节表"，经主管会计签章后，呈报开户银行

2. 企业的库存现金发生盘盈时，报经批准后的账务处理中可以计入的贷方科目有(　　)。

A. 管理费用　　B. 营业外收入　　C. 待处理财产损溢　　D. 营业外支出

3. 库存现金盘亏的账务处理中可能涉及到的科目有(　　)。

A. 库存现金　　B. 管理费用　　C. 其他应收款　　D. 营业外支出

4. 对于盘亏、毁损的存货，经批准后进行账务处理时，可能涉及的借方账户是(　　)。

A. 其他应收款　　B. 营业外支出　　C. 营业外收入　　D. 原材料

5. 下列各项应在"待处理财产损溢"科目贷方登记的是(　　)。

A. 财产物资盘亏、毁损的金额　　B. 财产物资盘盈的金额

C. 财产物资盘盈的转销额　　D. 财产物资盘亏的转销额

6. 下列各项中，(　　)适合采用实地盘点法进行财产清查。

A. 原材料　　B. 固定资产　　C. 库存现金　　D. 露天堆放的煤

7. 下列各项中，(　　)应当采用实地盘点法进行财产清查。

A. 库存现金　　B. 银行存款　　C. 实物资产　　D. 往来款项

8. 下列各项中，(　　)可作为原始凭证，据以调整账簿记录。

A. 现金盘点报告表　　B. 银行存款余额调节表

C. 盘存单　　D. 实存账存对比表

9. 下列各项中，(　　)可能属于银行存款日记账与银行对账单不符的原因。

A. 企业账务记录有误　　B. 银行账务记录有误

C. 企业已记账，银行未记账　　D. 银行已记账，企业未记账

10. 未达账项包括(　　)。

A. 银行已收，企业未收　　B. 银行已付，企业未付

C. 企业已收，银行未收　　D. 企业已付，银行未付

11. 现金清查的内容主要包括(　　)。

A. 是否有未达账项　　B. 是否有白条顶库

C. 有无挪用公款　　D. 往来款项是否相符

12. 下列各项中，按照清查的时间对财产清查进行分类，正确的有(　　)。

A. 全面清查　　B. 局部清查　　C. 定期清查　　D. 不定期清查

13. 下列各项中，(　　)属于企业财产清查内容。

A. 货币资金　　B. 实物资产　　C. 应收、应付款项　　D. 对外投资

14. 下列各项中，可以采用实地盘点法进行清查的有(　　)。

A. 库存现金　　B. 银行存款　　C. 库存商品　　D. 固定资产

15. 下列事项，需要进行局部清查的有(　　)。

A. 发生自然灾害　　B. 会计机构负责人调离时

C. 财产物资保管人员发生变动　　D. 单位撤销

16. 财产清查的意义包括(　　)。

A. 有利于提高会计核算资料的准确性

B. 有利于挖掘财产物资的潜力，加速资金周转

C. 有利于保障财产物资的安全完整

D. 有利于合理安排生产经营活动

17. 全面清查是指对企业的全部财产进行盘点和核对，包括属于本单位和存放在本单位的所有财产物资、货币资金和各项债权债务。其中的财产物资包括(　　)。

A. 在本单位的所有固定资产、库存商品、原材料、包装物、低值易耗品、在产品、未完工程等

B. 属于本单位但在途中的各种在途物资

C. 委托其他单位加工、保管的材料物资

D. 存放在本单位的代销商品、材料物资等

三、判断题

1. 凡有几个银行户头以及开设有外币存款户头的单位，应分别按存款户头开设“银行存款日记账”。每月月底，应分别将各户头的“银行存款日记账”汇总后与汇总的“银行对账单”核对，编制“银行存款余额调节表”。(　　)

2. 永续盘存制的计算公式为：期初结存数＋本期收入数－期末实存数＝本期发出数。(　　)

3. 存货发生盘盈，经批准后，借记“待处理财产损溢”科目，贷记“管理费用”科目。(　　)

4. 存货盘盈一般是由于收发计量或核算上的差错所造成的，冲减管理费用。(　　)

5.“待处理财产损溢”账户期末处理结转后应无余额。(　　)

6. 固定资产盘盈可计入营业外收入。(　　)

7. 在处理建议得到批准之前，财务部门不得进行任何账务处理。(　　)

8. 往来款项的清查一般采用发函询证的方法进行核对。(　　)

9. 在进行财产物资盘点时，实物保管员必须在场。(　　)

10. 对已委托外单位加工、保管的材料、商品、物资以及在途材料、商品、物资等，可以采取询证的方法与有关单位进行核对，来查明账实是否相符。(　　)

11. 现金应该每月清查一次。(　　)

12. 银行存款余额调节表的编制方法一般是在企业与银行双方账面余额的基础上，各自加上对方已收而本单位未收的款项，减去对方已付而本单位未付的款项。经过调节后，双方的余额应一致。(　　)

13. 库存现金的清查包括出纳人员每日的清点核对和清查小组定期和不定期的清查。(　　)

14. 未达账项是指由于存款单位和银行之间对于同一项业务，由于取得凭证的时间不同，导致记账时间不一致，而发生的一方已取得结算凭证而登记入账，但另一方由于尚未取得结算凭证而尚未入账的款项。(　　)

15. 按清查的执行系统分类，分为定期清查和不定期清查。(　　)

16. 财产清查既是会计核算的一种专门方法，又是财产物资管理的一项重要制度。(　　)

17. 通过财产清查，可以查明各项财产物资的保管情况。(　　)

18. 财产不定期清查可以是全面清查也可以是局部清查。(　　)

19. 通过财产清查，可以查明各项财产物资的保管情况是否良好，有无因管理不善，造成霉烂、变质、损失浪费，或者非法被挪用、贪污盗窃的情况，以便采取有效措施，改善管理，切实保障各项财产物资的安全完整。(　　)

20. 局部清查是只对部分财产物资进行的清查，一般适用于对流动性较弱的财产，如固定资产、无形资产等。(　　)

21.“坏账准备”科目的借方登记当期计提的坏账准备金额，贷方登记实际发生的坏账损失金额和冲减的坏账准备金额。(　　)

22. 对已确认为坏账的应收账款，意味着企业放弃了追索权。(　　)

四、计算分析题

1. XYZ公司2016年9月30日银行存款日记账余额为54 000元，与收到的银行对账单的存款余额不符。经核对，公司与银行均无记账错误，但是发现有下列未达账款，资料如下：

(1)9月28日，XYZ公司开出一张金额为3 500元的转账支票用以支付供货方货款，但供货方尚未持该支票到银行兑现。

(2)9月29日，XYZ公司送存银行的某客户转账支票2 100元，因对方存款不足而被退票，而公司未接到通知。

(3)9月30日，XYZ公司当月的水电费用750元银行已代为支付，但公司未接到付款通知而尚未入账。

(4)9月30日，银行计算应付给XYZ公司的存款利息120元，银行已入账，而公司尚未收到收款通知。

(5)9月30日，XYZ公司委托银行代收的款项14 000元，银行已转入公司的存款户，但公司尚未收到通知入账。

(6)9月30日，XYZ公司收到购货方转账支票一张，金额为6 000元，已经送存银行，但银行尚未入账。

要求：完成下列XYZ公司的银行存款余额调节表。

银行存款余额调节表

编制单位：XYZ公司　　　　2016年9月30日　　　　单位：元

项目	金额	项目	金额
企业银行存款日记账余额	54 000	银行对账单余额	62 770
加：银行已收，企业未收	(1)　　( )	加：企业已收，银行未收	(3)　　( )
减：银行已付，企业未付	750	减：企业已付，银行未付	(4)　　( )
调节后余额	(2)　　( )	调节后余额	(5)　　( )

项目九

财务会计报告

【知识目标】

1. 认知财务会计报告的概念和作用；
2. 区分财务报表的不同分类；
3. 理解资产负债表和利润表的意义、作用和编制方法。

【技能目标】

1. 能够准确、完整地编制资产负债表；
2. 能够准确、完整地编制利润表。

【案例导入】

张兵和李伟都是2012级会计专业的学生，张兵的父亲是一家国有企业的负责人，而李伟的父亲则是一家私营企业的老板。一次，在班级组织的"关于财务会计报告和会计信息披露问题"的讨论会中，每位同学各抒己见。其中一位同学说："对一个企业好坏的评价主要是看企业的财务状况和资产质量如何，所以重要的财务报表应该是资产负债表"。而张兵却说："现代企业干什么都需要看绩效，国有企业尤其如此，对国有企业负责人的评价标准就是看企业的盈利状况，上市公司的利润指标更为重要。所以在财务报表中，利润表应该是最重要的。"李伟听后，想到父亲为企业现金存量不足而屡屡发愁，觉得张兵说得不对，他辩驳道："企业最关键的会计指标应该是现金存量和现金流量，即使企业每年都有盈利，但是如果收不回现金的话，一样可能破产。而且，现金是企业流动性最强的资产，因此，在企业资产中处于最重要的地位，所以，现金流量表才是最重要的。"以上三种观点是同学们争论的焦点，相互谁也说服不了谁。

问题思考：

1. 常用财务报表有哪几个？分别反映企业哪方面的财务状况？
2. 你认为财务报表哪个更重要？说说自己的理由。

任务一　财务会计报告概述

一、财务会计报告的概念与目标

财务会计报告是指单位会计部门根据经过审核的会计账簿记录和有关资料，编制并对外提供的反映单位某一特定日期财务状况和某一会计期间经营成果、现金流量及所有者权益等会计信息的总结性书面文件。

财务会计报告的目标是向财务会计报告使用者提供与企业财务状况、经营成果和现金流量等有关的会计信息，反映企业管理层受托责任履行情况，有助于财务会计报告使用者做出经济决策。财务会计报告的使用者包括投资者、债权人、政府及其有关部门和社会公众等。财务会计报告提供的会计信息对于各个层面的使用者都具有重要的作用。

第一，财务会计报告可以为企业投资者、债权人进行投资决策和信贷决策提供财务会计信息。从投资者的角度看，通过财务会计报告提供的会计信息，可以了解企业的盈利能力和发展能力，从而帮助投资者评价企业经营者履行职责的情况，最终做出继续投资或撤资等决定，保护自身合法权益，也可以帮助潜在的投资者做出正确的投资决策。从债权人的角度来看，通过财务报告提供的信息，可以帮助了解企业当前财务状况和资金情况，评价企业的偿债能力和财务风险程度，做出是否保持对企业的债权、增加或减少信贷规模、调整信用政策等决策。

第二，财务会计报告可以为有关管理部门加强检查、监督和维护经济秩序提供资料，加强管理部门对企业的指导和管理，监督企业遵守国家有关法令。税务部门可以根据企业税收实现和缴纳的情况进一步加强财政监督和税务管理；审计部门可以审计企业各项会计处理是否符合会计准则的要求，是否客观公允地反映了某一期间内企业的财务状况和经营成果等。

第三，加强管理层的监督，为决策提供依据。通过财务会计报告提供的信息，可以了解企业的资产、负债和所有者权益情况、经营成果的实现情况、企业资金的来源和去向以及当前企业面临的经营风险和财务风险等，以便进一步改善企业的经营管理，为实现经营、投资和筹资方面的决策提供依据。

二、财务会计报告的构成与分类

（一）财务会计报告的构成

财务会计报告包括会计报表、会计报表附注和财务情况说明书。

1. 会计报表

会计报表是指企业以一定的会计方法和程序由会计账簿的数据整理得出，以表格的形式反映企业财务状况、经营成果和现金流量的书面文件，是财务会计报告的主体和核心。企业会计报表按其反映的内容不同，分为资产负债表、利润表、现金流量表、所有者权益（或股东权益）变动表及相关附表。其中，相关附表是反映企业财务状况、经营成果和现金流量的补充报表，主要包括利润分配表以及国家统一制度规定的其他附表。小企业可以根据需要决定是否编制现金流量表。

2. 会计报表附注

会计报表附注是为便于会计报表使用者理解会计报表的内容而对会计报表的编制基础、

编制依据、编制原则和方法及主要项目等所作的解释。会计报表附注是财务会计报告的一个重要组成部分，它有利于增进会计信息的可理解性，提高会计信息可比性和突出重要的会计信息。

(二)财务会计报告的分类

企业的会计报表按照其服务对象、报表的编制时间、编制单位等可分为不同的种类。

1. 会计报表按其服务对象分为外部报表和内部报表两大类

外部报表是企业向外部的会计信息使用者报告经济活动和财务收支情况的会计报表，如资产负债表、利润表、现金流量表和所有者权益变动表。这类报表一般有统一的格式和编制要求。

内部报表是用来反映经济活动和财务收支的具体情况，为管理者进行决策提供信息的会计报表。这类报表无规定的格式和种类。

2. 会计报表按照编制的时间可分为中期报表和年报

中期报表是指短于一年的会计期间编制的会计报表，如半年末报表、季报、月报。半年末报表是指每个会计年度的前六个月结束后对外提供的财务会计报告。季报是季度终了以后编制的报表，种类比年报少一些。月报是月终编制的会计报表，只包括一些主要的报表，如资产负债表、利润表等。年报是年度终了以后编制的，全面反映企业财务状况、经营成果及其分配、现金流量等方面的报表。

3. 会计报表按其编制主体不同可分为个别报表和合并报表

个别报表是企业在自身会计核算基础上对账簿记录进行加工而编制的报表，它主要用于反映企业自身的财务状况、经营成果、现金流量及所有者权益变动情况。

合并报表是以集团公司中的控股公司(母公司)及其子公司组成的企业集团为会计主体，以控股公司(母公司)和其子公司单独编制的个别报表为基础，由控股公司(母公司)编制的反映抵消集团内部往来账项后的集团合并财务状况、经营成果、现金流量及所有者权益变动的报表。合并报表包括合并资产负债表、合并利润表、合并现金流量表和合并所有者权益(股东权益)变动表等。

通常，企业对其他单位投资占该单位资本总额50%以上，或虽然占该单位资本总额不足50%以上但具有实质控制权的，应当编制合并报表。

三、财务会计报告的编制要求

企业编制的会计报告是以结构化的形式列示企业的财务状况、经营成果和现金流量等信息，应当真实可靠、相关可比、全面完整、编制及时、便于理解。财务会计报告的编制，是会计核算工作的重要环节，也是《会计法》重点加以规范的内容之一，其编制应遵循以下基本要求：

1. 真实可靠

必须根据核实无误的账簿和相关资料编制，不得弄虚作假，这是保证财务会计报告质量的重要环节。

2. 企业编制财务会计报告应以持续经营为基础

企业应当以持续经营为基础，根据实际发生的交易和事项，按照《企业会计准则——基本准则》和其他各项会计准则的规定进行确认和计量，在此基础上编制财务报表。管理层应对是否能够持续经营进行评估，若某些重大不确定因素可能导致对主体持续经营产生严重怀疑时，应对不确定因素充分披露。但企业不能以附注披露代替确认和计量。以持续经营为基础编制财务报表不再合理的，企业应当采用其他基础编制财务报表，并在附注中披露这一事实。企业在当期已经决定或正式决定下一个会计期间进行清算或停止营业，表明其处于非持续经营状态，应当采用其他基础编制财务报表，如破产企业的资产应当采用可变现净值计量等，并在附注中声明财务报表未以持续经营为基础列报，披露未以持续经营为基础的原因以及财务报表的编制基础。

3. 重要性项目单独列报

重要性指如果项目的省略或误报会单独或共同影响内外部使用者做出的经济决策，则该项目是重要的。重要性应当根据企业所处环境，从项目的性质和金额大小两方面加以判断，且对各项目重要性的判断标准一经确定，不得随意变更。其中：项目的性质应当考虑该项目是否属于企业日常活动、是否对企业的财务状况和经营成果具有较大影响等因素；项目金额大小的重要性，应当通过单项金额占资产总额、负债总额、所有者权益总额、营业收入总额、净利润等直接相关项目金额的比重加以确定。

性质或功能类似的项目，其所属类别具有重要性的，应当按其类别在财务报表中单独列报。性质或功能不同的项目，应当在财务报表中单独列报，但不具有重要性的项目除外。

《企业会计准则第 30 号——财务报表》规定在财务报表中单独列报的项目，应当单独列报；其他会计准则规定单独列报的项目，应当增加单独列报项目。

4. 保持各个会计期间财务报表列报的一致性

列报一致性要求财务报表中的列报和分类应在各期之间保持一致。除非准则要求改变，或主体的经营性质发生重大变化，改变后的列报能够提供更可靠的且对财务报告使用者更相关的信息，同时不损害可比信息。

5. 各项目之间金额不得相互抵消

财务报表中的资产项目和负债项目的金额、收入项目和费用项目的金额不得相互抵消，单独列报资产和负债、收益和费用以便使用者更易理解已发生的交易、其他事项的情况，以及评估主体未来的现金流量。

资产项目按扣除减值准备后的净额列示，不属于抵消。如存货跌价准备与存货项目、应收账款计提的坏账准备与应收账款项目按抵减后的余额列报不属于抵消。非日常活动产生的损益，以收入扣减费用后的净额列示，不属于抵消。如非流动资产处置产生的利得与损失，按处置收入扣除该资产账面金额与相关销售费用后的余额列报不属于抵消。若这些利得与损失是重要的则应单独列报。

6. 财务报告中应列报所有金额的前期比较信息

当期财务报表的列报，至少应当提供所有列报项目上一可比会计期间的比较数据，以及与理解当期财务报表相关的说明，其他会计准则另有规定的除外。

当财务报表项目的列报发生变更的，应当对上期比较数据按照当期的列报要求进行调整，并在附注中披露调整的原因和性质，以及调整的各项目金额。对上期比较数据进行调整不切实可行（不切实可行，是指企业在做出所有合理努力后仍然无法采用某项规定）的，应当在附注中披露不能调整的原因。

7. 披露要求

企业应当在财务报表的显著位置至少披露下列各项：

(1)编报企业的名称；

(2)资产负债表日或财务报表涵盖的会计期间；

(3)人民币金额单位;

(4)财务报表是合并财务报表的,应当予以标明。

企业至少应当按年编制财务报表。年度财务报表涵盖的期间短于一年的,应当披露年度财务报表的涵盖期间,以及短于一年的原因。

任务二 资产负债表

一、资产负债表概述

(一)资产负债表的概念

资产负债表又称财务状况表,是指反映企业在某一特定日期财务状况的会计报表。它是根据"资产=负债+所有者权益"这一会计等式,依照一定的分类标准和顺序,将企业在一定日期的全部资产、负债和所有者权益项目进行适当分类、汇总、排列后编制而成的。资产负债表中的数据体现的是特定时刻的财务状况,属于静态报表,也是企业基本会计报表之一,是所有独立核算的企业单位都必须对外报送的会计报表。企业编制资产负债表的目的是如实反映企业的资产、负债和所有者权益金额及其结构情况,帮助使用者评价企业资产的质量及短期偿债能力、长期偿债能力、利润分配等。

(二)资产负债表的作用

资产负债表的作用主要有:(1)可以提供某一日期的资产总额及其结构,表明企业拥有或控制的资源及其分布情况;(2)可以提供某一日期的负债总额及其结构,表明企业未来需要用多少资产或劳务清偿债务以及清偿时间;(3)可以反映所有者所拥有的权益,据以判断资本保值、增值的情况以及对负债的保障程度。

二、资产负债表的列示要求

(一)资产负债表列报总体要求

1. 分类别列报

资产负债表应当按照资产、负债和所有者权益三大类别分类列报。

2. 资产和负债按流动性列报

资产和负债应当按照流动性分别分为流动资产和非流动资产、流动负债和非流动负债列示。流动性,通常按资产的变现或耗用时间长短或者负债的偿还时间长短来确定。按照财务报表列报准则的规定,应先列报流动性强的资产或负债,再列报流动性弱资产或负债。

3. 列报相关的合计、总计项目

资产负债表中的资产类至少应当列示流动资产和非流动资产的合计项目;负债类至少应当列示流动负债、非流动负债以及负债的合计项目;所有者权益类应当列示所有者权益的合计项目。

资产负债表应当分别列示资产总计项目和负债与所有者权益之和的总计项目,并且这二者的金额应当相等。

(二)资产的列报

资产负债表中的资产类至少应当单独列示反映下列信息的项目:(1)货币资金;(2)以公允

价值计量且其变动计入当期损益的金融资产；(3)应收款项；(4)预付款项；(5)存货；(6)被划分为持有待售的非流动资产及被划分为持有待售的处置组中的资产；(7)可供出售金融资产；(8)持有至到期投资；(9)长期股权投资；(10)投资性房地产；(11)固定资产；(12)生物资产；(13)无形资产；(14)递延所得税资产。

（三）负债的列报

资产负债表中的负债类至少应当单独列示反映下列信息的项目：(1)短期借款；(2)以公允价值计量且其变动计入当期损益的金融负债；(3)应付款项；(4)预收款项；(5)应付职工薪酬；(6)应交税费；(7)被划分为持有待售的处置组中的负债；(8)长期借款；(9)应付债券；(10)长期应付款；(11)预计负债；(12)递延所得税负债。

（四）所有者权益的列报

资产负债表中的所有者权益类至少应当单独列示反映下列信息的项目：

(1)实收资本(或股本)；

(2)资本公积；

(3)盈余公积；

(4)未分配利润。

三、资产负债表的结构与格式

（一）资产负债表的结构

资产负债表由表头、正表和补充资料三个部分构成。

1. 表头

表头部分包括资产负债表的名称、编号、编制单位、编表时间和金额单位等内容。由于该表反映企业在某一时点总的财务状况，属于静态报表，因此，一定要注明是某年某月某日的报表。

2. 正表

正表是资产负债表的主体部分，主要反映资产负债表各项目的内容。资产负债表包括资产、负债和所有者权益三个会计要素。各要素按一定的标准进行分类，并按一定的顺序加以排列。资产项目按照其流动性的大小(即变现能力的强弱)排列，流动性大的在先，流动性小的在后；负债项目按照其到期日的远近排列，到期日近的在先，到期日远的在后；所有者权益项目按其永久程度排列，永久程度高的在先，永久程度低的在后。

3. 补充资料

补充资料包括附注和附列资料等内容，填列一些不能直接列入资产负债表的项目。如采用的主要会计处理方法、会计处理方法的变更情况、有关重要项目的明细资料等。

下列属于会计报表的附注内容：

(1)已贴现的商业承兑汇票；

(2)融资租入固定资产的原价；

(3)国家资本；

(4)法人资本；

(5)个人资本；

(6)外商资本。

（二）资产负债表的格式

资产负债表的格式主要有账户式和报告式两种。根据我国《企业会计准则》的规定，我国资产负债表采用账户式的结构。

账户式资产负债表分左右两方，左方为资产项目，按资产的流动性大小排列；右方为负债及所有者权益项目，一般按求偿权先后顺序排列。其格式如表9－1所示。

表9－1　**资产负债表**　会企01表

编制单位：××企业　年　月　日　单位：元

资　产	期末余额	年初余额	负债和所有者权益（或股东权益）	期末余额	年初余额
流动资产：			流动负债：		
货币资金			短期借款		
交易性金融资产			交易性金融负债		
应收票据			应付票据		
应收账款			应付账款		
预付款项			预收款项		
应收利息			应付职工薪酬		
应收股利			应交税费		
其他应收款			应付利息		
存货			应付股利		
一年内到期的非流动资产			其他应付款		
其他流动资产			一年内到期的非流动负债		
流动资产合计			其他流动负债		
非流动资产：			流动负债合计		
可供出售金融资产			非流动负债：		
持有至到期投资			长期借款		
长期应收款			应付债券		
长期股权投资			长期应付款		
投资性房地产			专项应付款		
固定资产			预计负债		
在建工程			递延所得税负债		
工程物资			其他非流动负债		
固定资产清理			非流动负债合计		
生产性生物资产			负债合计		
油气资产			所有者权益（或股东权益）：		
无形资产			实收资本（或股本）		
开发支出			资本公积		

续表

资　产	期末余额	年初余额	负债和所有者权益（或股东权益）	期末余额	年初余额
商誉			减：库存股		
长期待摊费用			盈余公积		
递延所得税资产			未分配利润		
其他非流动资产			所有者权益（或股东权益）合计		
非流动资产合计					
资产总计			负债和所有者权益（或股东权益）总计		

四、资产负债表的编制

（一）编制依据

资产负债表的编制依据是：资产＝负债＋所有者权益。

（二）资产负债表的编制方法

1. 资产负债表“期末余额”栏的填列方法

（1）根据总账科目余额直接填列。如“以公允价值计量且其变动计入当期损益的金融资产”、“短期借款”、“应付票据”、“应付职工薪酬”等项目。

（2）根据总账科目余额计算填列。如“货币资金”项目，根据“库存现金”、“银行存款”、“其他货币资金”科目的期末余额的合计数填列。

（3）根据明细科目余额计算填列。如“应付账款”项目，根据“应付账款”、“预付账款”科目所属相关明细科目的期末贷方余额计算填列；“应收账款”项目应根据“应收账款”和“预收账款”两个科目所属明细科目的期末借方余额计算填列。

（4）根据总账科目和明细科目余额分析计算填列。如“长期借款”项目，根据“长期借款”总账科目余额扣除“长期借款”科目所属明细科目中反映的将于一年内到期的长期借款部分分析计算填列。

（5）根据总账科目余额减去其备抵科目余额后的净额填列。如“应收账款”项目，根据“应收账款”科目期末余额减去“坏账准备”科目期末余额后的净额填列；“固定资产”项目，应根据“固定资产”科目的期末余额减去“累计折旧”和“固定资产减值准备”科目余额后的净额填列。

【例 9－1】 A 公司由朱红和罗中两股东共同投资，于 2015 年 6 月 30 日注册成立，投资人共投资 500 000 元，分别以银行存款、原材料和机器设备出资。相关账户余额为银行存款 200 000 元，原材料 80 000 元，固定资产 220 000 元。2015 年 6 月 30 日，A 公司如何通过资产负债表反映其财务状况？A 公司 2015 年 6 月 30 日资产负债表简表见表 9－2。

表 9－2 **资产负债表**

编制单位：A 公司 2015 年 6 月 30 日 单位：元

资　产	期末余额	年初余额	负债和所有者权益	期末余额	年初余额
流动资产：			流动负债：		

续表

资　产	期末余额	年初余额	负债和所有者权益	期末余额	年初余额
货币资金	200 000		短期借款		
应收账款			应付账款		
存货	80 000		流动资产合计		
流动资产合计	280 000		非流动负债：		
非流动资产			长期借款		
固定资产	220 000		非流动负债合计		
无形资产			负债合计		
非流动资产合计	220 000		所有者权益：		
			实收资本	500 000	
			未分配利润		
			所有者权益合计	500 000	
资产总计	500 000		负债和所有者权益合计	500 000	

2. 资产负债表“年初余额”栏的填列方法

资产负债表的“年初余额”栏通常根据上年末有关项目的期末余额填列，且与上年末资产负债表“期末余额”栏一致。如果企业上年度资产负债表规定的项目名称和内容与本年度不一致，应当对上年年末资产负债表相关项目的名称和数字按照本年度的规定进行调整，填入“年初余额”栏。

【例 9—2】 某企业 2015 年 12 月 31 日结账后，有关账户余额如表 9—3 所示。

表 9—3　　某企业有关账户余额　　单位:元

账户名称	借方余额	贷方余额
应收账款	1 500 000	100 000
预付账款	700 000	50 000
应付账款	300 000	1 700 000
预收账款	500 000	1 300 000

该企业 2015 年 12 月 31 日的资产负债表中，相关项目的金额为：

“应收账款”项目金额＝1 500 000＋500 000＝2 000 000(元)

“预付款项”项目金额＝700 000＋300 000＝1 000 000(元)

“应付款项”项目金额＝50 000＋1 700 000＝1 750 000(元)

“预付款项”项目金额＝1 300 000＋100 000＝1 400 000(元)

(三)资产负债表各具体项目的填列说明

1. 资产项目填列说明

(1)“货币资金”项目，反映企业库存现金、银行存款、外埠存款、银行汇票存款、银行本票存款、信用卡存款、信用证保证金存款等的合计数。本项目应根据“现金”、“银行存款”、“其他货币资金”科目的期末余额合计填列。

(2)“交易性金融资产”项目，反映企业持有的以公允价值计量且其变动计入当期损益的为交易目的所持有的债权投资、股票投资、基金投资、权证投资等金融资产。本项目应根据“交易性金融资产”账户的基本余额填列。

(3)“应收票据”项目，反映企业因销售商品、提供劳务等而收到的商业汇票，包括银行承兑汇票和商业承兑汇票。本项目应根据“应收票据”科目的期末余额，减去“坏账准备”科目中有关应收票据计提的坏账准备期末余额后的金额填列。

(4)“应收账款”项目，反映企业因销售商品、提供劳务等经营活动应收取的款项。本项目应根据“应收账款”和“预收账款”科目所属各明细科目的期末借方余额合计减去“坏账准备”科目中有关应收账款计提的坏账准备期末余额后的金额填列。如“应收账款”科目所属明细科目期末有贷方余额的，应在本表“预收款项”项目内填列。

(5)“预付款项”项目，反映企业按照购货合同规定预付给供应单位的款项等。本项目应根据“预付账款”和“应付账款”科目所属各明细科目的期末借方余额合计数，减去“坏账准备”科目中有关预付款项计提的坏账准备期末余额后的金额填列。如“预付账款”科目所属各明细科目期末有贷方余额的，应在资产负债表“应付账款”项目内填列。

(6)“应收利息”项目，反映企业应收取的债券投资等的利息。本项目应根据“应收利息”科目的期末余额，减去“坏账准备”科目中有关应收利息计提的坏账准备期末余额后的金额填列。

(7)“应收股利”项目，反映企业应收取的现金股利和应收取其他单位分配的利润。本项目应根据“应收股利”科目的期末余额，减去“坏账准备”科目中有关应收股利计提的坏账准备期末余额后的金额填列。

(8)“其他应收款”项目，反映企业除应收票据、应收账款、预付款项、应收股利、应收利息等经营活动以外的其他各种应收、暂付的款项。本项目应根据“其他应收款”科目的期末余额，减去“坏账准备”科目中有关其他应收款计提的坏账准备期末余额后的金额填列。

(9)“存货”项目，反映企业期末在库、在途和在加工中的各种存货的账面价值。本项目应根据“材料采购”、“原材料”、“低值易耗品”、“库存商品”、“周转材料”、“委托加工物资”“委托代销商品”、“生产成本”等科目的期末余额合计，减去“受托代销商品款”、“存货跌价准备”科目期末余额后的金额填列。材料采用计划成本核算，以及库存商品采用计划成本核算或售价核算的企业，还应按加或减材料成本差异、商品进销差价后的金额填列。

(10)“一年内到期的非流动资产”项目，反映企业将于一年内到期的非流动资产项目金额。本项目应根据有关科目的期末余额分析填列。

(11)“其他流动资产”项目，反映企业除上述流动资产项目外的其他流动资产，本项目应根据有关账户的期末余额填列。如果其他流动资产价值较大的，应在财务报表附注中披露其内容和金额。

(12)“可供出售金融资产”项目，反映企业持有的可供出售金融资产的公允价值，包括可供出售的股票投资、债券投资等金融资产。本项目根据“可供出售金融资产”账户的期末余额减去“可供出售金融资产减值准备”账户以后的净额填列。

(13)“持有至到期投资”项目，反映企业持有至到期投资的摊余成本。本项目根据“持有至到期投资”账户期末余额减去提取的“持有至到期投资减值准备”账户以后的净额填列。

(14)“长期应收款”项目，反映企业的长期应收款项，包括融资租赁产生的应收款项，采用递延方式具有融资性质的销售商品和提供劳务等产生的应收款项等。本项目根据“长期应收款”账户的期末余额直接填列。

(15)“长期股权投资”项目，反映企业持有的对子公司、联营企业和合营企业的长期股权投资。本项目应根据“长期股权投资”科目的期末余额，减去“长期股权投资减值准备”科目的期末余额后的净额填列。

(16)“投资性房地产”项目，反映企业采用成本模式计量的投资性房地产的成本。企业采用公允价值模式计量投资性房地产的，也通过本账户核算。本项目根据“投资性房地产”账户的期末余额减去“投资性房地产累计折旧(摊销)”账户的余额，再减去提取的“投资性房地产减值准备”账户后的净额填列。

(17)“固定资产”项目，反映企业自固定资产原价减去累计折旧和累计减值准备后的净额。本项目根据“固定资产”账户期末余额，减去“累计折旧”和“固定资产减值准备”账户期末余额后的金额填列。

(18)“在建工程”项目，反映企业期末各项未完工程的实际支出，包括交付安装的设备价值、未完建筑安装工程已经耗用的材料、工资和费用支出、预付出包工程的价款等项目的可收回金额。本项目应根据“在建工程”科目的期末余额，减去“在建工程减值准备”科目期末余额后的净额填列。

(19)“工程物资”项目，反映企业尚未使用的各项工程物资的实际成本。本项目应根据“工程物资”科目的期末余额填列。

(20)“固定资产清理”项目，反映企业因出售、毁损、报废等原因转入清理但尚未清理完毕的固定资产的净值，以及固定资产清理过程中所发生的清理费用和变价收入等各项金额的差额。本项目应根据“固定资产清理”科目的期末借方余额填列，如“固定资产清理”科目期末为贷方余额，以“—”号填列。

(21)“生产性生物资产”项目，反映企业(农业)持有的生产性生物资产原价。本项目应根据“生产性生物资产”账户的余额减去“生产性生物资产累计折旧”账户的余额，再减去“生产性生物资产减值准备”账户后的净额填列。

(22)“油气资产”项目，反映企业(石油、天然气开采)持有的矿区权益和油气井及相关设施的原价。本项目应根据“油气资产”账户余额减去“累计折耗”账户的余额，再减去“油气资产减值准备”账户后的净额填列。

(23)“无形资产”项目，反映企业持有的无形资产，包括专利权、非专利技术、商标权、著作权、土地使用权等。本项目应根据“无形资产”科目的期末余额，减去“累计摊销”和“无形资产减值准备”科目期末余额后的金额填列。

(24)“开发支出”项目，反映企业开发无形资产过程中能够资本化形成无形资产成本的支出部分。本项目应当根据“研发支出”科目中所属的“资本化支出”明细科目期末余额填列。

(25)“商誉”项目，反映企业合并中形成的商誉价值。本项目应根据“商誉”账户余额减去“商誉减值准备”账户后的净额填列。

(26)“长期待摊费用”项目，反映企业已经发生但应由本期和以后各期负担的分摊期限在一年以上的各项费用。长期待摊费用中在一年内(含一年)摊销的部分，在资产负债表“一年内到期的非流动资产”项目填列。本项目应根据“长期待摊费用”科目的期末余额减去将于一年内(含一年)摊销的数额后的金额分析填列。

(27)“递延所得税资产”项目，反映企业确认的可抵扣暂时性差异产生的递延所得税资产。本项目应根据“递延所得税资产”账户期末余额填列。

(28)“其他非流动资产”项目，反映企业除长期股权投资、固定资产、在建工程、工程物资、无形资产等以外的其他非流动资产。本项目应根据有关科目的期末余额填列。

2. 负债项目填列说明

(1)“短期借款”项目，反映企业向银行或其他金融机构等借入的期限在一年以下(含一年)的各种借款。本项目应根据“短期借款”科目的期末余额填列。

(2)“交易性金融负债”项目，反映企业承担的交易性金融负债公允价值。企业持有的直接指定为公允价值计量且其变动计入当期损益的金融负债，也在本账户核算。本项目根据“交易性金融负债”账户期末余额填列。

(3)“应付票据”项目，反映企业购买材料、商品和接受劳务供应等而开出、承兑的商业汇票，包括银行承兑汇票和商业承兑汇票。本项目应根据“应付票据”科目的期末余额填列。

(4)“应付账款”项目，反映企业因购买材料、商品和接受劳务供应等经营活动应支付的款项。本项目应根据“应付账款”和“预付账款”科目所属各明细科目的期末贷方余额合计数填列。如“应付账款”科目所属明细科目期末有借方余额的，应在资产负债表“预付款项”项目内填列。

(5)“预收款项”项目，反映企业按照销货合同规定预收供应单位的款项。本项目应根据“预收账款”和“应收账款”科目所属各明细科目的期末贷方余额合计数填列。如“预收账款”科目所属各明细科目期末有借方余额，应在资产负债表“应收账款”项目内填列。

(6)“应付职工薪酬”项目，反映企业根据有关规定应付给职工的工资、职工福利、社会保险费、住房公积金、工会经费、职工教育经费、非货币性福利、辞退福利等各种薪酬。外商投资企业按规定从净利润中提取的职工奖励及福利基金，也在本项目列示。

(7)“应交税费”项目，反映企业按照税法规定计算应交纳的各种税费，包括增值税、消费税、所得税、资源税、土地增值税、城市维护建设税、房产税、土地使用税、车船税、教育费附加、矿产资源补偿费等。企业代扣代缴的个人所得税，也通过本项目列示。企业所交纳的税金不需要预计应交数的，如印花税、耕地占用税等，不在本项目列示。本项目应根据“应交税费”科目的期末贷方余额填列；如“应交税费”科目期末为借方余额，应以“－”号填列。

(8)“应付利息”项目，反映企业按照规定应当支付的利息，包括分期付息到期还本的长期借款应支付的利息、企业发行的企业债券应支付的利息等。本项目应当根据“应付利息”科目的期末余额填列。

(9)“应付股利”项目，反映企业应付的现金股利或利润，企业分配的股票股利，不通过本项目列示。本项目应根据“应付股利”科目的期末余额填列。

(10)“其他应付款”项目，反映企业除应付票据、应付账款、预收款项、应付职工薪酬、应付股利、应付利息、应交税费等经营活动以外的其他各项应付、暂收的款项。本项目应根据“其他应付款”科目的期末余额填列。

(11)“一年内到期的非流动负债”项目，反映企业非流动负债中将于资产负债表日后一年内到期部分的金额，如将于一年内偿还的长期借款。本项目应根据有关科目的期末余额分析填列。

(12)“其他流动负债”项目，反映企业除上述流动负债以外的其他流动负债。本项目应根据有关账户的期末余额填列。如其他流动负债价值较大的，应在财务报表附注中披露其内容及金额。

(13)“长期借款”项目，反映企业向银行或其他金融机构借入的期限在一年以上(不含一年)的各项借款。本项目应根据“长期借款”科目的期末余额填列。

(14)“应付债券”项目,反映企业为筹集长期资金而发行的债券本金和利息。本项目应根据“应付债券”科目的期末余额填列。

(15)“长期应付款”项目,反映企业除长期借款和应付债券以外的其他各种长期应付款项。本项目应根据“长期应付款”科目的期末余额填列。

(16)“预计负债”项目,反映企业确认的对外提供担保、未决诉讼、产品质量保证、重组义务、亏损性合同等预计负债。本项目应根据“预计负债”科目的期末余额填列。

(17)“专项应付款”项目,反映企业取得政府作为企业所有者投入的具有专项或特定用途的款项。本项目应根据“专项应付款”科目的期末余额填列。

(18)“递延所得税负债”项目,反映企业确认的应纳税暂时性差异产生的所得税负债。本项目应根据“递延所得税负债”科目期末余额填列。

(19)“其他非流动负债”项目,反映企业除长期借款、应付债券等项目以外的其他非流动负债。本项目应根据有关科目的期末余额填列。其他非流动负债项目应根据有关科目期末余额减去将于一年内(含一年)到期偿还数后的余额分析填列。非流动负债各项目中将于一年内(含一年)到期的非流动负债,应在“一年内到期的非流动负债”项目内单独反映。

3. 所有者权益项目填列说明

(1)“实收资本(或股本)”项目,反映企业各投资者实际投入的资本(或股本)总额。本项目应根据“实收资本”(或“股本”)科目的期末余额填列。

(2)“资本公积”项目,反映企业资本公积的期末余额。本项目应根据“资本公积”科目的期末余额填列。

(3)“盈余公积”项目,反映企业盈余公积的期末余额。本项目应根据“盈余公积”科目的期末余额填列。

(4)“未分配利润”项目,反映企业尚未分配的利润。本项目应根据“本年利润”科目和“利润分配”科目的余额计算填列。未弥补的亏损在本项目内以“－”号填列。

任务三　利润表

一、利润表概述

(一)利润表概念

利润表是反映企业一定会计期间(如月度、季度、半年度或年度)生产经营成果的会计报表。企业一定会计期间的经营成果既可能表现为盈利,也可能表现为亏损,因此,利润表也被称为损益表。它全面揭示了企业在某一特定时期实现的各种收入、发生的各种费用、成本或支出,以及企业实现的利润或发生的亏损情况。

利润表是根据“收入－费用＝利润”的基本关系来编制的,其具体内容取决于收入、费用、利润等会计要素及其内容,利润表项目是收入、费用和利润要素内容的具体体现。从反映企业经营资金运动的角度看,它是一种反映企业经营资金动态表现的报表,主要提供有关企业经营成果方面的信息,属于动态会计报表。

(二)利润表的作用

利润表是会计报表中的一张基本报表,是企业经营业绩的综合体现,又是企业进行利润分配的主要依据。其作用主要有:

1. 可据以解释、评价和预测企业的经营成果和获利能力

经营成果通常指以营业收入、其他收入抵扣成本、费用、税金等的差额所表示的收益信息。经营成果是一个绝对值指标,可以反映企业财富增长的规模。获利能力是一个相对值指标,它指企业运用一定经济资源(如人力、物力)获取经营成果的能力,经济资源可以因报表用户的不同需要而有所区别,可以是资产总额、净资产,可以是资产的耗费(成本或费用),还可以是投入的人力(如职工人数)。因此,衡量获利能力的指标包括资产收益率、净资产(税后)收益率、成本收益率以及人均实现收益等指标。经营成果的信息直接由利润表反映,而获利能力的信息除利润表外,还要借助于其他会计报表和注释附表才能得到。

通过比较和分析同一企业在不同时期,或不同企业在同一时期的资产收益率、成本收益率等指标,能够揭示企业利用经济资源的效率;通过比较和分析收益信息,可以了解某一企业收益增长的规模和趋势。根据利润表所提供的经营成果信息,股东、债权人和管理部门可解释、评价和预测企业的获利能力,据以对是否投资或追加投资、投向何处、投资多少等做出决策。

2. 可据以解释、评价和预测企业的偿债能力

偿债能力指企业以资产清偿债务的能力。利润表本身并不提供偿债能力的信息,然而企业的偿债能力不仅取决于资产的流动性和资本结构,也取决于获利能力。企业在个别年份获利能力不足,不一定影响偿债能力,但若一家企业长期丧失获利能力,则资产的流动性必然由好转坏,资本结构也将逐渐由优变劣,陷入资不抵债的困境。因而一家数年收益很少和获利能力不强甚至亏损的企业,通常其偿债能力不会很强。

债权人和管理部门通过分析和比较收益表的有关信息,可以间接地解释、评价和预测企业的偿债能力,尤其是长期偿债能力,并揭示偿债能力的变化趋势,进而做出各种信贷决策和改进企业管理工作的决策,如维持、扩大或收缩现有信贷规模,应提出何种信贷条件等。管理部门则可据以找出偿债能力不强的原因,努力提高企业的偿债能力,改善企业的社会形象。

3. 企业管理人员可据以做出经营决策

比较和分析收益表中各种构成要素,可知悉各项收入、成本、费用与收益之间的变化趋势,发现各方面工作中存在的问题,揭露缺点,找出差距,改善经营管理,努力增收节支,杜绝损失的发生,做出合理的经营决策。

4. 可据以评价和考核管理人员的绩效

比较前后期利润表上各项收入、费用、成本及收益的增减变动情况,并查考其增减变动的原因,可以较为客观地评价各职能部门、各生产经营单位的绩效,以及这些部门和人员的绩效与整个企业经营成果的关系,以便评判各部门管理人员的功过得失,及时做出采购、生产、销售、筹资和人事等方面的调整,使各项活动趋于合理。

二、利润表的列示要求

利润表列示的基本要求如下:

(1)企业在利润表中应当对费用按照功能分类,分为从事经营业务发生的成本、管理费用、销售费用和财务费用等。

(2)利润表至少应当单独列示反映下列信息的项目,但其他会计准则另有规定的除外:

①营业收入;②营业成本;③营业税金及附加;④管理费用;⑤销售费用;⑥财务费用;⑦投资收益;⑧公允价值变动损益;⑨资产减值损失;⑩非流动资产处置损益;⑪所得税费用;⑫净利润;⑬其他综合收益各项目分别扣除所得税影响后的净额;⑭综合收益总额。金融企业可以根据其特殊性列示利润表项目。

(3)其他综合收益项目应当根据其他相关会计准则的规定分为以后会计期间不能重分类进损益的其他综合收益项目和以后会计期间在满足规定条件时将重分类进损益的其他综合收益项目两类列报。

(4)在合并利润表中,企业应当在净利润项目之下单独列示归属于母公司所有者的损益和归属于少数股东的损益,在综合收益总额项目之下单独列示归属于母公司所有者的综合收益总额和归属于少数股东的综合收益总额。

三、利润表的结构与格式

(一)利润表的结构

利润表一般由表首和正表两部分组成。表首包括报表名称、编制单位、编制日期、报表编号、货币名称和计量单位等;正表是利润表的主体和核心,反映各主要的收入项目、费用项目以及经营成果的计算过程。

(二)利润表的格式

利润表的格式一般有两种:单步式利润表和多步式利润表。

单步式利润表是将当期所有的收入列在一起,然后将所有的费用列在一起两者相减得出当期净利润。收入大于费用则盈利,反之则为亏损。

多步式利润表是通过对当期的收入、费用、支出项目按性质加以归类,按利润形成的主要环节列示一些中间性利润指标,如营业利润、利润总额、净利润,分步计算当期净利润。各步骤中各项目排列仍然遵循经营成果的计算原理以及各项内容的重要性的排序原则。多步式利润表通常分为以下几步:

第一步,以营业收入为起点,减去营业成本、营业税金及附加,再减去销售费用、管理费用、财务费用和资产减值损失,加上(减去)公允价值变动收益和投资收益,计算出营业利润;

第二步,在营业利润的基础上,加上营业外收入、减去营业外支出,计算出利润总额;

第三步,在利润总额的基础上,减去所得税费用,计算出净利润。

多步式利润表中的收入和费用的合理配比,反映了净利润各要素之间的内在联系,便于报表使用者进行盈利分析和预测企业的盈利能力。采用多步式利润表的优点是可以将损益的构成分项列示,并对收入、费用进行适当归类,充分反映了营业利润、利润总额、净利润等指标,可以用来较为准确地评价企业管理部门的管理效能;不足之处是报表编制方法比较复杂。根据我国《企业会计准则》的规定,我国企业的利润表采用多步式结构。其格式一般如表 9—4 所示。

表 9—4 **利润表** 会企 02 表

编制单位:××企业 年 月 单位:元

项 目	本期金额	上期金额
一、营业收入		
减:营业成本		

续表

项　目	本期金额	上期金额
营业税金及附加		
销售费用		
管理费用		
财务费用		
资产减值损失		
加:公允价值变动收益(损失以“－”号填列)		
投资收益(损失以“－”号填列)		
其中:对联营企业和合营企业的投资收益		
二、营业利润(亏损以“－”号填列)		
加:营业外收入		
减:营业外支出		
其中:非流动资产处置损失		
三、利润总额(亏损以“－”号填列)		
减:所得税费用		
四、净利润(净亏损以“－”号填列)		
五、每股收益		
(一)每股基本收益		
(二)稀释每股收益		

四、利润表的编制

(一)利润表的编制方法

1. 计算营业利润

营业利润＝营业收入－营业成本－营业税金及附加－销售费用－管理费用－财务费用－资产减值损失＋公允价值变动收益＋投资收益

2. 计算利润总额

利润总额＝营业利润＋营业外收入－营业外支出

3. 计算净利润

净利润＝利润总额－所得税费用

4. 计算每股收益

基本每股收益＝净利润÷普通股股数

(二)利润表的填列方法

利润表的金额部分分为“本期金额”和“上期金额”两栏内容。

1.“上期金额”栏的填列方法

“上期金额”栏应根据上年该期利润表“本期金额”栏内所列数字填列。如果上年该期利润表规定的各个项目的名称和内容同本期不一致，应对上年该期利润表各项目的名称和数字按本期的规定进行调整，填入本表“上期金额”栏内。

2.“本期金额”栏的填列方法

利润表中各主要项目的“本期金额”栏内各项数字，应根据各有关账户发生额分析填列。

（1）计算营业利润。以营业收入为基础，减去营业成本、营业税金及附加、销售费用、管理费用、财务费用、资产减值损失，再加上公允价值变动收益（减去公允价值变动损失）和投资收益（减去投资损失），计算出营业利润。

①“营业收入”项目，反映企业经营主要业务和其他业务所确认的收入总额，根据“主营业务收入”和“其他业务收入”科目的发生额分析填列。

②“营业成本”项目，反映企业经营主要业务和其他业务所发生的成本总额，根据“主营业务成本”和“其他业务成本”科目的发生额分析填列。

③“营业税金及附加”项目，反映企业经营业务应负担的消费税、城市维护建设税、资源税、土地增值税和教育费附加等，根据“营业税金及附加”科目的发生额分析填列。

④“销售费用”项目，反映企业在销售商品过程中发生的包装费、广告费等费用和为销售本企业商品而专设的销售机构的职工薪酬、业务费等经营费用，根据“销售费用”科目的发生额分析填列。

⑤“管理费用”项目，反映企业为组织和管理生产经营发生的管理费用，根据“管理费用”科目的发生额分析填列。

⑥“财务费用”项目，反映企业筹集生产经营所需资金等而发生的筹资费用，根据“财务费用”科目的发生额分析填列。

⑦“资产减值损失”项目，反映企业各项资产发生的减值损失，根据“资产减值损失”科目发生额分析填列。

⑧“公允价值变动收益”项目，反映企业应当计入当期损益的资产或负债公允价值变动收益。本项目应根据“公允价值变动损益”科目的发生额分析填列，如为净损失，本项目以“－”号填列。

⑨“投资收益”项目，反映企业以各种方式对外投资所取得的收益，根据“投资收益”科目的发生额分析填列。如为投资损失，本项目用“－”号填列。

⑩“营业利润”项目，反映企业实现的营业利润。如为亏损，本项目以“－”号填列。

（2）计算利润总额。以营业利润为基础，加上营业外收入、减去营业外支出，计算出利润总额。

①“营业外收入”项目，反映企业发生的与经营业务无直接关系的各项收入，根据“营业外收入”科目的发生额分析填列。

②“营业外支出”项目，反映企业发生的与经营业务无直接关系的各项支出，根据“营业外支出”科目的发生额分析填列。

③“利润总额”项目，反映企业实现的利润。如为亏损，本项目以“－”号填列。

（3）计算净利润。以利润总额为基础，减去所得税费用，计算出净利润。

①“所得税费用”项目，反映企业应从当期利润总额中扣除的所得税费用，根据“所得税费用”科目的发生额分析填列。

②“净利润”项目，反映企业实现的净利润。如为亏损，本项目以“－”号填列。

③“基本每股收益”和“稀释每股收益”项目，反映普通股股东每持有一股所能享有的企业

利润或需承担的企业亏损。不存在稀释性潜在普通股的企业应当单独列示基本每股收益；存在稀释性潜在普通股的企业应当单独列示基本每股收益和稀释每股收益。

【例 9—3】 宏发公司 2015 年 12 月各损益账户发生额如表 9—5 所示。根据所给资料编制该公司 12 月份的利润表。

表 9—5　　**宏发公司 2015 年 12 月各损益账户发生额**　　单位：元

账户名称	本月借方发生额	本月贷方发生额	账户名称	本月借方发生额	本月贷方发生额
主营业务收入		6 280 000	主营业务成本	3 680 000	
其他业务收入		50 000	其他业务成本	32 000	
营业外收入		6 000	营业税金及附加	24 200	
投资收益		120 000	销售费用	50 000	
			管理费用	78 000	
			财务费用	5 200	
			资产减值损失	12 000	
			营业外支出	3 000	
			所得税费用	642 900	

根据以上资料编制宏发公司 12 月份的利润表，如表 9—6 所示。

表 9—6　　**利润表**　　会企 02 表

编制单位：宏发公司　　2015 年 12 月　　单位：元

项　目	本期金额	上期金额
一、营业收入	6 330 000	
减：营业成本	3 712 000	
营业税金及附加	24 200	
销售费用	50 000	
管理费用	78 000	
财务费用	5 200	
资产减值损失	12 000	
加：公允价值变动收益（损失以“—”号填列）		
投资收益（损失以“—”号填列）	120 000	
其中：对联营企业和合营企业的投资收益		
二、营业利润（亏损以“—”号填列）	2 568 600	

续表

项　目	本期金额	上期金额
加:营业外收入	6 000	
减:营业外支出	3 000	
其中:非流动资产处置损失		
三、利润总额(亏损以“—”号填列)	2 571 6 000	
减:所得税费用	642 900	
四、净利润(净亏损以“—”号填列)	1 928 700	
五、每股收益		
(一)每股基本收益		
(二)稀释每股收益		

任务四　现金流量表

一、现金流量表的概述

现金流量表是反映企业在一定会计期间现金和现金等价物流入和流出的报表。通过现金流量表,可以为报表使用者提供企业一定会计期间内现金和现金等价物流入和流出的信息,便于使用者了解和评价企业获取现金和现金等价物的能力,据以预测企业未来现金流量。

现金流量是一定会计期间内企业现金和现金等价物的流入和流出,从动态上反映现金的变动情况。企业从银行提取现金、用现金购买短期到期的国库券等现金和现金等价物之间的转换不属于现金流量。

现金是企业库存现金以及可以随时用于支付的存款,包括库存现金、银行存款和其他货币资金(如外埠存款、银行汇票存款、银行本票存款)等。不能随时用于支付的存款不属于现金。

现金等价物是企业持有的期限短、流动性强、易于转换为已知金额现金、价值变动风险很小的投资。期限短,一般是指从购买日起三个月内到期。现金等价物通常包括三个月内到期的债券投资等。权益性投资变现的金额通常不确定,因而不属于现金等价物。企业应当根据具体情况,确定现金等价物的范围,一经确定不得随意变更。

(二)现金流量表的作用

(1)现金流量表提供的企业现金流量信息能帮助企业对整体的财务状况做出客观评价——大致判断企业经营周转是否流畅、投资收益的好坏和筹集资金的期限结构等。

(2)现金流量表能够帮助投资者和债权人评估当前企业的股利支付能力、偿债能力和筹资能力。

(3)现金流量表可以帮助投资者和债权人分析企业净利润与经营活动产生现金流量的差异原因,评估企业未来产生现金流量的能力。

二、现金流量表的格式与内容

(一)现金流量表的格式

根据我国《企业会计准则 31 号——现金流量表》及应用指南规定,现金流量表主要分为正表和包含补充资料在内的报表附注两大部分。

现金流量表的正表由 6 项内容组成:(1)经营活动产生的现金流量;(2)投资活动产生的现金流量;(3)筹资活动产生的现金流量;(4)汇率变动对现金的影响;(5)现金及现金等价物净增加额;(6)期末现金及现金等价物余额。

报表附注中的补充资料主要有 3 项内容:(1)将净利润调节为经营活动产生的现金流量;(2)不涉及现金收支的重大投资和筹资活动;(3)现金及现金等价物净变动情况。

(二)现金流量表的基本内容

现金流量表是以收付实现制为编制基础,反映企业在一定时期内现金收入和现金支出情况的报表。企业的现金流量由经营活动产生的现金流量、投资活动产生的现金流量和筹资活动产生的现金流量三部分构成。

1. 经营活动产生的现金流量

经营活动是企业投资活动和筹资活动以外的所有交易和事项。它的范围很广,包括除企业投资活动和筹资活动以外的所有交易及事项。就工商企业来说,经营活动主要包括销售商品、提供劳务、购买商品、接受劳务、支付工资和交纳税款等。

一般来说,经营活动产生的现金流入项目主要有:销售商品、提供劳务收到的现金,收到的税费返还,收到的其他与经营活动有关的现金;经营活动产生的现金流出项目主要有:购买商品、接受劳务支付的现金,支付给职工以及为职工支付的现金,支付的各项税费,支付的其他与经营活动有关的现金。

2. 投资活动产生的现金流量

投资活动是企业长期资产的购建和不包括在现金等价物范围内的投资及其处置活动。包括实物投资和金融资产投资。长期资产是指固定资产、无形资产、在建工程、其他资产等持有期限在一年或一个营业周期以上的资产。

一般来说,投资活动产生的现金流入项目主要有:收回投资所收到的现金,取得投资收益所收到的现金,处置固定资产、无形资产和其他长期资产所收回的现金净额,收到的其他与投资活动有关的现金;投资活动产生的现金流出项目主要有:购建固定资产、无形资产和其他长期资产所支付的现金,投资所支付的现金,支付的其他与投资活动有关的现金。

3. 筹资活动产生的现金流量

筹资活动是导致企业资本及债务规模和构成发生变化的活动。这里所说的资本,包括实收资本(股本)、资本溢价(股本溢价)。债务是指企业对外举债,包括银行借款、发行债券。但应付账款、应付票据等商业应付款等属于经营活动,不属于筹资活动。

一般来说,筹资活动产生的现金流入项目主要有:吸收投资所收到的现金,取得借款所收到的现金,收到的其他与筹资活动有关的现金;筹资活动产生的现金流出项目主要有:偿还债务所支付的现金,分配股利、利润或偿付利息所支付的现金,支付的其他与筹资活动有关的现金。

我国企业现金流量表采用报告式结构,分类反映经营活动产生的现金流量、投资活动产生的现金流量和筹资活动产生的现金流量,最后汇总反映企业某一期间现金及现金等价物的净增加额。其格式一般如表 9—7 所示。

表 9—7　　现金流量表　　会企 03 表

编制单位：　　年　月　　单位：元

项　目	本期金额	上期金额
一、经营活动产生的现金流量		
销售商品、提供劳务收到的现金		
收到的税费返还		
收到其他与经营活动有关的现金		
经营活动现金流入小计		
购买商品、接受劳务支付的现金		
支付给职工以及为职工支付的现金		
支付的各项税费		
支付其他与经营活动有关的现金		
经营活动现金流出小计		
经营活动产生的现金流量净额		
二、投资活动产生的现金流量		
收回投资收到现金		
取得投资收益收到的现金		
处置固定资产、无形资产和其他长期资产收回的现金净额		
处置子公司及其他营业单位收到的现金净额		
收到其他与投资活动有关的现金		
投资活动现金流入小计		
购建固定资产、无形资产和其他长期资产支付的现金		
投资支付的现金		
取得子公司及其他营业单位支付的现金净额		
支付其他与投资活动有关的现金		
投资活动现金流出小计		
投资活动产生的现金流量净额		
三、筹资活动产生的现金流量		
吸收投资收到的现金		
取得借款收到的现金		
收到其他与筹资活动有关的现金		
筹资活动现金流入小计		
偿还债务支付的现金		
分配股利、利润或偿付利息支付的现金		
支付其他与筹资活动有关的现金		
筹资活动现金流出小计		
筹资活动产生的现金流量净额		
四、汇率变动对现金及现金等价物的影响		
五、现金及现金等价物净增加额		
加:期初现金及现金等价物余额		
六、期末现金及现金等价物余额		

续表

项　目	本期金额	上期金额
补充资料：		
(一)将净利润调节为经营活动现金流量		
净利润		
加：资产减值准备		
固定资产折旧、油气资产折耗、生产性生物资产折旧		
无形资产摊销		
长期待摊费用摊销		
处置固定资产、无形资产和其他长期资产损失(收益以“—”号填列)		
固定资产报废损失(收益以“—”号填列)		
公允价值变动损失(收益以“—”号填列)		
财务费用(收益以“—”号填列)		
投资损失(收益以“—”号填列)		
递延所得税资产减少(增加以“—”号填列)		
递延所得税负债增加(减少以“—”号填列)		
存货的减少(增加以“—”号填列)		
经营性应收项目的减少(增加以“—”号填列)		
经营性应付项目的增加(减少以“—”号填列)		
其他		
经营活动产生的现金流量净额		
(二)不涉及现金收支的重大投资和筹资活动		
债务转为资本		
一年内到期可转换公司债券		
融资租入固定资产		
(三)现金及现金等价物净变动情况		
现金的期末余额		
减：现金的期初余额		
加：现金等价物的期末余额		
减：现金等价物的期初余额		
现金及现金等价物净增加额		

四、现金流量表的编制

(一)现金流量表的编制方法

编制现金流量表时，列报经营活动现金流量的方法有两种：一是直接法；二是间接法。

1. 直接法

直接法，一般是以利润表中的营业收入为起算点，调节与经营活动有关的项目的增减变动，然后计算出经营活动产生的现金流量。

2. 间接法

间接法是将净利润调节为经营活动现金流量，实际上就是将按权责发生制原则确定的净利润调整为现金净注入，并剔除投资活动和筹资活动对现金流量的影响。

采用直接法编制现金流量表，便于分析企业经营活动产生的现金流量的来源和用途，预测企业现金流量的未来前景；采用间接法编报现金流量表，便于将净利润与经营活动产生的现金流量净额进行比较，了解净利润与经营活动产生的现金流量差异的原因，从现金流量的角度分析净利润的质量。所以，我国企业会计准则规定企业应当采用直接法编制现金流量表，同时要求在附注中提供以净利润为基础调节到经营活动现金流量的信息。采用直接法编制现金流量表时，可以采用工作底稿法或T形账户法，也可以根据有关科目记录分析填列。

（二）现金流量表主要项目说明

1. 经营活动产生的现金流量

（1）“销售商品、提供劳务收到的现金”项目，该项目反映企业销售商品、提供劳务实际收到的现金（含销售收入和应向购买者收取的增值税额），包括本期销售商品、提供劳务收到的现金，以及前期销售和前期提供劳务本期收到的现金和本期预收的账款，减去本期退回本期销售的商品和前期销售本期退回的商品支付的现金。企业销售材料和代购代销业务收到的现金，也在本项目反映。

（2）“收到的税费返还”项目，该项目反映企业收到返还的所得税、增值税、消费税、关税和教育费附加等各种税费返还款。

（3）“收到的其他与经营活动有关的现金”项目，该项目反映企业除上述各项目外，收到的其他与经营活动有关的现金，如罚款收入、经营租赁固定资产收到的现金、投资性房地产收到的租金收入、流动资产损失中由个人赔偿的现金收入、除税费返还外的其他政府补助收入等。

（4）“购买商品、接受劳务支付的现金”项目，该项目反映企业本年购买商品、接受劳务支付的现金（增值税进项税额），以及本年支付以前年度购买商品、接受劳务的未付款项和本年预付款项，减去本年发生的购货退回收到的现金。企业购买材料和代购代销业务支付的现金，也在本项目反映。

（5）“支付给职工以及为职工支付的现金”项目，该项目反映企业本年实际支付给职工的工资、资金、各种津贴和补贴等职工薪酬（包括代扣代缴的职工个人所得税）。

（6）“支付的各项税费”项目，该项目反映企业本年发生并支付、以前各年发生本年支付以及预交的各项税费，包括所得税、增值税、消费税、印花税、房产税、土地增值税、车船使用税、教育费附加等。

（7）“支付其他与经营活动有关的现金”项目，该项目反映企业经营租赁支付的租金、支付的罚款、差旅费、业务招待费、保险费等其他与经营活动有关的现金流出，金额较大的应当单独列示。

2. 投资活动产生的现金流量

（1）“收回投资收到的现金”项目，该项目反映企业出售、转让或到期收回除现金等价物以外对其他企业长期股权投资等收到的现金，但处置子公司及其他营业单位收到的现金净额除外。

（2）“取得投资收益收到的现金”项目，反映企业除现金等价物以外的对其他企业的长期股权投资等分回的现金股利和利息等。

（3）“处置固定资产、无形资产和其他长期资产收回的现金净额”项目，反映企业出售、报废固定资产、无形资产和其他长期资产所取得的现金（包括因资产毁损而收到的保险赔偿收入），减去为处置这些资产而支付的有关费用后的净额。

（4）“处置子公司及其他营业单位收到的现金净额”项目，反映企业处置子公司及其他营业单位所取得的现金，减去子公司或其他营业单位持有的现金和现金等价物以及相关处置费用后的净额。

(5)“购建固定资产、无形资产和其他长期资产支付的现金”项目，反映企业购买、建造固定资产、取得无形资产和其他长期资产支付的现金(含增值税款等)，包括购买机器设备所支付的现金、建造工程支付的现金、支付在建工程人员的工资等现金支出。

(6)“投资支付的现金”项目，反映企业取得除现金等价物以外的对其他企业的长期股权投资等所支付的现金以及支付的佣金、手续费等附加费用，但取得子公司及其他营业单位支付的现金净额除外。

(7)“取得子公司及其他营业单位支付的现金净额”项目，反映企业取得子公司及其他营业单位购买出价中以现金支付的部分，减去子公司或其他营业单位持有的现金和现金等价物后的净额。

(8)“收到其他与投资活动有关的现金”、“支付其他与投资活动有关的现金”项目，反映企业除上述(1)至(7)项目外收到或支付的其他与投资活动有关的现金，金额较大的应当单独列示。

3. 筹资活动产生的现金流量

(1)“吸收投资收到的现金”项目，反映企业以发行股票、债券等方式筹集资金实际收到的款项(发行收入减去支付的佣金等发行费用后的净额)。

(2)“取得借款收到的现金”项目，反映企业举借各种短期、长期借款而收到的现金，以及发行债券实际收到的款项净额(发行收入减去直接支付的佣金等发行费用后的净额)。

(3)“偿还债务所支付的现金”项目，反映企业为偿还债务本金而支付的现金。

(4)“分配股利、利润或偿付利息支付的现金”项目，反映企业实际支付的现金股利、支付给其他投资单位的利润或用现金支付的借款利息、债券利息。

(5)“收到其他与筹资活动有关的现金”、“ 支付其他与筹资活动有关的现金”项目，反映企业除上述(1)至(4)项目外收到或支付的其他与筹资活动有关的现金，金额较大的应单独列示。

4. 汇率变动对现金及现金等价物的影响

“汇率变动对现金及现金等价物的影响”项目，反映下列两个金额之间的差额：

(1)企业外币现金流量折算为记账本位币时，采用现金流量发生日的即期汇率或按照系统合理的方法确定的、与现金流量发生日即期汇率近似的汇率折算的金额(编制合并现金流量表时折算境外子公司的现金流量，应当比照此方法处理)。

(2)企业外币现金及现金等价物净增加额按资产负债表日即期汇率折算的金额。

项目训练

一、单项选择题

1. 下列说法中，对于至少应当提供所有列报项目上一个可比会计期间的比较数据的基本要求表述不正确的是(　　)。

A. 财务报表的列报项目发生变更的，应当至少对可比期间的数据按照当期的列报要求进行调整，并在附注中披露调整的原因和性质，以及调整的各项目金额

B. 对可比数据进行调整不切实可行的，应当在附注中披露不能调整的原因

C. 当期财务报表的列报，至少应当提供所有列报项目上一个可比会计期间的比较数据，以及与理解当期财务报表相关的说明

D. 对资产负债表而言，须披露资产负债表日；对利润表、现金流量表、所有者权益变动表而言，须披露报

表涵盖的会计期间

2. 下列各项中,(　　)不影响利润表中营业利润金额。

A. 计提存货跌价准备　　B. 出售原材料并结转成本

C. 购买国库券的利息收入　　D. 清理管理用固定资产发生的净损失

3. 下列各项中,(　　)不会影响营业利润金额增减。

A. 资产减值损失　　B. 财务费用　　C. 投资收益　　D. 营业外收入

4. 下列各项中,不会引起利润总额增减变化的是(　　)。

A. 销售费用　　B. 管理费用　　C. 所得税费用　　D. 营业外支出

5. 利润表中的"本期金额"栏内各项数字一般应根据损益类科目的(　　)填列。

A. 本期发生额　　B. 累计发生额　　C. 期初余额　　D. 期末余额

6. 下列各项中,(　　)反映企业在一定会计期间经营成果。

A. 资产负债表　　B. 利润表　　C. 现金流量表　　D. 财务状况变动表

7. 为了具体反映利润的形成情况,我国现行的利润表的结构一般采用(　　)报告结构。

A. 单步式　　B. 多步式　　C. 账户式　　D. 报告式

8. 某企业期末"应付账款"账户为贷方余额 26 万元,其所属明细账户的贷方余额合计为 33 万元,所属明细账户的借方余额合计为 7 万元;"预付账款"账户为借方余额 15 万元,其所属明细账户的借方余额合计为 20 万元,所属明细账户的贷方余额合计为 5 万元。则该企业资产负债表中"应付账款"和"预付账款"两个项目的期末数分别应为(　　)。

A. 38 万元和 27 万元　　B. 33 万元和 20 万元　　C. 53 万元和 12 万元　　D. 26 万元和 15 万元

9. 某公司"应收账款"总分类科目下设"A 公司"和"B 公司"两个明细科目。2 013年 12 月末,"A 公司"明细科目为借方余额500 000元,"B 公司"明细科目为贷方余额100 000元,则资产负债表中"应收账款"项目为(　　)元。

A. 借方余额 500 000　　B. 贷方余额 100 000

C. 借方余额 400 000　　D. 贷方余额 600 000

10. 资产负债表中"应收票据"项目,是根据(　　)填列。

A. 总账账户的余额直接

B. 总账账户的余额减去其备抵科目余额后的净额

C. 明细账的余额计算

D. 总账余额和明细账余额计算

11. 编制资产负债表时,根据明细账户的余额计算填列的项目是(　　)。

A. 货币资金　　B. 应付账款　　C. 存货　　D. 应付票据

12."预付账款"科目所属明细科目如有贷方余额,应在资产负债表(　　)项目中反映。

A. 预付款项　　B. 预收账款　　C. 应收账款　　D. 应付账款

13. 资产负债表中的各报表项目(　　)。

A. 都按有关账户期末余额直接填列

B. 必须对账户发生额和余额进行分析计算才能填列

C. 应根据有关账户的发生额填列

D. 有的项目可以直接根据账户期末余额填列,有的项目需要根据有关账户期末余额计算分析填列

14. 企业持有一年内到期的持有至到期投资应在资产负债表的(　　)项目列示。

A. 其他非流动资产

B. 持有至到期投资

C. 流动资产类下单设"一年内到期的非流动资产"

D. 交易性金融资产

15. 下列关于资产流动性的表述中,正确的是(　　)。

A. 交易性金融资产的流动性强于银行存款　　B. 固定资产的流动性强于银行存款
C. 应收账款的流动性强于交易性金融资产　　D. 库存现金的流动性强于固定资产

16. 资产负债表分为左、右两方。下列各项目，属于左方项目的是(　　)。
A. 所有者权益　　B. 利润　　C. 资产　　D. 负债

17. 下列资产项目中，属于非流动资产项目的是(　　)。
A. 应收票据　　B. 交易性金融资产　　C. 长期待摊费用　　D. 存货

18. 我国的资产负债表采用的是(　　)结构。
A. 多步式　　B. 报告式　　C. 账户式　　D. 单步式

19. 以“资产＝负债＋所有者权益”这一会计等式作为编制依据的财务报表是(　　)。
A. 利润表　　B. 所有者权益变动表　　C. 资产负债表　　D. 现金流量表

20. 中期账务报表可以不提供的报表是(　　)。
A. 资产负债表　　B. 利润表
C. 所有者权益变动表　　D. 现金流量表

21. 企业应当以(　　)为基础，根据实际发生的交易和事项，按照相关会计准则的规定进行确认和计量，在此基础上编制财务报表。
A. 会计主体　　B. 持续经营　　C. 会计分期　　D. 重要性原则

22. 下列不属于财务会计报告基本要求的是(　　)。
A. 按正确的会计基础编制
B. 以持续经营为基础编制，各项目之间的金额不得相互抵销
C. 至少应当提供所有列报项目上一个可比会计期间的比较数据
D. 严格审核会计账簿的记录和有关资料

23. 下列各项中，属于企业对外提供的反映企业某一特定日期财务状况和某一会计期间经营成果、现金流量情况的书面文件是(　　)。
A. 资产负债表　　B. 利润表　　C. 报表附注　　D. 财务报表

24. 下列项目对企业利润总额没有影响的是(　　)。
A. 投资收益　　B. 营业外支出　　C. 资产减值损失　　D. 所得税费用

25. 下列不属于资产负债表中“流动资产”项目的是(　　)。
A. 持有至到期投资　　B. 交易性金融资产
C. 一年内到期的非流动资产　　D. 预付款项

二、多项选择题

1. 以下属于利润表中应当单独列示的项目的有(　　)。
A. 营业收入　　B. 投资收益
C. 主营业务成本　　D. 营业税金及附加

2. 下列各项中，(　　)应在年末将余额转入“本年利润”账户。
A. 主营业务收入　　B. 制造费用　　C. 管理费用　　D. 营业外收入

3. 按照我国《企业会计准则》的规定，我国企业的利润表可以反映企业的(　　)等项目。
A. 营业收入　　B. 管理费用　　C. 财务费用　　D. 所得税费用

4. 下列各项中，影响营业利润的账户有(　　)。
A. 主营业务收入　　B. 其他业务成本　　C. 营业外支出　　D. 营业税金及附加

5. 下列属于利润表基本要素项目的有(　　)。
A. 资产　　B. 收入　　C. 费用　　D. 留存收益

6. 利润表的金额栏分为(　　)。
A. 本期金额　　B. 上期金额　　C. 期初金额　　D. 期末金额

7. 编制资产负债表时，可以根据一个或几个总账账户的余额进行填列的项目的是(　　)。

A. 短期借款　　B. 预计负债　　C. 长期借款　　D. 递延所得税负债

8. 某企业2013年12月31日固定资产账户余额为3 000万元，累计折旧账户余额为900万元，固定资产减值准备账户余额为100万元，工程物资账户余额为200万元，则该企业2013年12月31日资产负债表中“固定资产”项目的金额不可能为(　　)。

A. 2 000万元　　B. 2 900万元　　C. 2 100万元　　D. 2 200万元

9. 在编制资产负债表时，应根据总账科目的期末贷方余额填列的项目有(　　)。

A. 应交税费　　B. 固定资产　　C. 实收资本　　D. 应付利息

10. 下列账户中，可能影响资产负债表中“预付款项”项目金额的有(　　)。

A. 预收账款　　B. 应收账款　　C. 应付账款　　D. 预付账款

11. 下列关于资产负债表的表述中，正确的有(　　)。

A. 资产负债表是主要财务报表　　B. 资产负债表是反映财务状况的报表

C. 资产负债表是动态报表　　D. 资产负债表是反映经营成果的报表

12. 下列各项中，属于长期负债的是(　　)。

A. 长期借款　　B. 应付职工薪酬　　C. 应付债券　　D. 其他应付款

13. 下列关于资产负债表的说法，正确的有(　　)。

A. 提供某一日期资产的总额及其结构，表明企业拥有或控制的资源及其分布情况

B. 提供某一期间的负债总额及其结构，表明企业未来需要用多少资产或劳务清偿债务以及清偿时间

C. 反映所有者所拥有的权益，据以判断资本保值、增值的情况以及对负债的保障程度

D. 提供某一日期的负债总额及其结构，表明企业未来需要用多少资产或劳务清偿债务以及清偿时间

14. 下列各项中，属于资产负债表中流动资产项目的有(　　)。

A. 货币资金　　B. 预收款项　　C. 应收账款　　D. 存货

15. 财务报表按其编报主体不同可以分为(　　)。

A. 个别财务报表　　B. 对内财务报表　　C. 合并财务报表　　D. 对外财务报表

16. 下列说法中正确的有(　　)。

A. 财务会计报告包括财务报表和其他应当在财务会计报告中披露的相关信息和资料

B. 中期财务报表是指以中期为基础编制的财务报表

C. 中期是指短于一个完整的会计年度的报告期间

D. 中期财务报表又可分为月度财务报表、季度财务报表、半年度财务报表和年初至本中期末的财务报表

三、判断题

1. 利润表中的各项目应根据有关损益账户的本期发生额或余额分析计算填列。(　　)

2. 利润表中“营业成本”项目，反映企业销售产品和提供劳务等主要经营业务的各项销售费用和实际成本。(　　)

3. 企业利润表中的利润总额由营业利润和营业外收支净额组成。(　　)

4. 利润表中“营业成本”项目，反映企业销售产品和提供劳务等主要经营业务的各项销售费用和实际成本。(　　)

5. 利润表是反映企业一定日期经营成果的会计报表。(　　)

6. 按照我国企业会计准则的规定，我国企业的利润表采用单步式。(　　)

7. 如果企业上年度资产负债表规定的项目名称和内容与本年度不一致，在批注中披露上年度和本年度项目名称不一致的原因后，将对应金额填入“年初余额”栏。(　　)

8. 在编制资产负债表时，“实收资本”项目和“盈余公积”项目都是根据其明细账户余额计算填列。(　　)

9. 在编制资产负债表时，“资本公积”项目和“盈余公积”项目都根据其总账账户余额填列。(　　)

10."应收账款"科目所属明细科目期末有贷方余额,应在资产负债表"预付款项"项目内填列。（　）

11. 长期负债各项目将于一年内到期的且企业不能自主地将清偿义务展期的,应在"一年内到期的非流动负债"项目单独反映。（　）

12. 资产负债表中的资产各项目的合计数等于负债和所有者权益各项目的合计数之和。（　）

13. 资产负债表中"固定资产"项目应根据"固定资产"账户余额直接填列。（　）

14. 资产负债表左侧各项目是按照各自的流动性大小,即变现能力的强弱来排列的,反映企业资产可变现的数额和变现的速度(流动性),提供企业支付能力的信息。（　）

15. 资产负债表反映企业一定期间的财务状况。（　）

16. 账户式资产负债表分左右两方,右方为负债及所有者权益项目。（　）

17. 按财务报表编报期间的不同,财务报表分为年度财务报表和中期财务报表。（　）

18. 为了实现财务报表的编制目的,最大限度地满足财务报表使用者的信息需求,单位编制的财务报表应当符合国家统一的会计制度和会计准则的有关规定。（　）

19. 财务报表是可以反映企业财务状况、经营成果和现金流量的书面文件。（　）

四、计算分析题

(一)练习资产负债表的编制

甲企业 2×13 年 12 月 31 日的有关财务资料如下。

1. 科目余额表如表 9—8 所示。

表 9—8　　**科目余额表(甲企业)**

2×13 年 12 月 31 日　　单位:元

科目名称	借方余额	科目名称	贷方余额
库存现金	10 000	短期借款	10 000
银行存款	57 000	应付账款	70 000
应收票据	60 000	预收账款	10 000
应收账款	80 000	应付职工薪酬	−4 000
预付账款	−30 000	应交税费	13 000
坏账准备	−5 000	长期借款	80 000
原材料	70 000	实收资本	500 000
低值易耗品	10 000	盈余公积	200 000
发出商品	90 000	未分配利润	200 000
材料成本差异	−55 000		
库存商品	100 000		
交易性金融资产	2 000		
固定资产	800 000		
累计折旧	−300 000		
在建工程	40 000		
无形资产	150 000		

2. 债权、债务明细科目余额如下。

(1)应收账款明细科目资料:"应收账款——A公司"科目的借方余额为100 000元;"应收账款——B公司"科目的贷方余额为20 000元。

(2)预付账款明细科目资料:"预付账款——C公司"科目的借方余额为20 000元;"预付账款——D公司"科目的贷方余额为50 000元。

(3)应付账款明细科目资料:"应付账款——E公司"科目的贷方余额为100 000元;"应付账款——F公司"科目的借方余额为30 000元。

(4)预收账款明细科目资料:"预收账款——G公司"科目的贷方余额为40 000元;"预收账款——H公司"科目的借方余额为30 000元。

3. 两笔长期借款业务均为到期一次性还本付息,金额及期限分别如下。

(1)从工商银行借入30 000元(本利和),期限从2×11年6月1日至2×13年6月1日。

(2)从建设银行借入50 000元(本利和),期限从2×11年8月1日至2×13年8月1日。

要求:编制甲企业2×13年12月31日的资产负债表,如表9-9所示。

表9-9 **资产负债表(甲企业)**

编制单位:甲企业 年 月 日 单位:元

资 产	期末余额	年初余额	负债和所有者权益(或股东权益)	期末余额	年初余额
流动资产:			流动负债:		
货币资金			短期借款		
交易性金融资产			交易性金融负债		
应收票据			应付票据		
应收账款			应付账款		
预付款项			预收款项		
应收利息			应付职工薪酬		
应收股利			应交税费		
其他应收款			应付利息		
存货			应付股利		
一年内到期的非流动资产			其他应付款		
其他流动资产			一年内到期的非流动负债		
流动资产合计			其他流动负债		
非流动资产:			流动负债合计		
可供出售金融资产			非流动负债:		
持有至到期投资			长期借款		
长期应收款			应付债券		
长期股权投资			长期应付款		
投资性房地产			专项应付款		

续表

资　产	期末余额	年初余额	负债和所有者权益（或股东权益）	期末余额	年初余额
固定资产			预计负债		
在建工程			递延所得税负债		
工程物资			其他非流动负债		
固定资产清理			非流动负债合计		
生产性生物资产			负债合计		
油气资产			所有者权益(或股东权益)：		
无形资产			实收资本(或股本)		
开发支出			资本公积		
商誉			减:库存股		
长期待摊费用			盈余公积		
递延所得税资产			未分配利润		
其他非流动资产			所有者权益(或股东权益)合计		
非流动资产合计					
资产总计			负债和所有者权益(或股东权益)总计		

(二)练习利润表的编制

华兴公司 2×13 年度各损益类账户发生额有关资料如表 9—10 所示。

表 9—10　**各损益类账户发生额表(华兴公司)**

2×13 年 12 月

单位:元

科目名称	借方发生额	贷方发生额
主营业务收入		1 250 000
主营业务成本	750 000	
营业税金及附加	2 000	
销售费用	20 000	
管理费用	158 000	
财务费用	41 500	
投资收益		31 500
营业外收入		50 000
营业外支出	19 700	
所得税费用	102 399	

要求:根据上述资料编制利润表,如表 9—11 所示。

表 9－11 利润表(华兴公司)

编制单位:华兴公司 年 月 单位:元

项　目	本期金额	上期金额
一、营业收入		
减:营业成本		
营业税金及附加		
销售费用		
管理费用		
财务费用		
资产减值损失		
加:公允价值变动收益(损失以“－”号填列)		
投资收益(损失以“－”号填列)		
其中:对联营企业和合营企业的投资收益		
二、营业利润(亏损以“－”号填列)		
加:营业外收入		
减:营业外支出		
其中:非流动资产处置损失		
三、利润总额(亏损以“－”号填列)		
减:所得税费用		
四、净利润(净亏损以“－”号填列)		
五、每股收益		
(一)每股基本收益		
(二)稀释每股收益		

项 目 十

账务处理程序

【知识目标】

1. 了解企业财务处理程序的意义与种类；
2. 熟悉账务处理程序的基本流程；
3. 掌握记账凭证账务处理程序的内容；
4. 掌握科目汇总表账务处理程序的内容；
5. 掌握汇总记账凭证账务处理程序的内容。

【技能目标】

1. 能根据企业实际经营情况，选择适合的财务处理程序；
2. 会使用不同账务处理程序组织会计工作。

【案例导入】

宏发公司原本是一家小规模的生产企业，但经过几年的发展，已经成为规模较大、业务繁多的大型企业。随着业务量的增加，公司会计抱怨工作量越来越大，总是加班加点也无法及时完成必要的会计工作。公司增加了会计人员，但仍然无法很好地解决这个问题。于是公司咨询××会计师事务所注册会计师张某，张某实地了解了宏发公司的会计工作流程后发现，宏发公司会计核算一直以来都是根据原始凭证填制记账凭证，根据记账凭证登记日记账、明细分类账，并逐笔登记总分类账，月末按要求进行对账、编制会计报表。张会计师指出，这样的账务处理程序在公司规模不大时是完全适用的，但是由于公司规模变化，业务量增多，仍然采用这种账务处理程序，特别是逐笔登记总分类账，必然会导致记账工作繁杂，无法提高工作效率。所以应该适当改变公司的账务处理程序，建议每月定期编制科目汇总表，根据科目汇总表填制总分类账。宏发公司采纳了张会计师的建议，果然大大减少了会计工作，提高了工作效率。

问题思考：

1. 企业账务处理程序有哪几种选择？各自有何特点？
2. 如何选择适合不同规模企业的账务处理程序？

任务一 账务处理程序概述

一、账务处理程序的概念与意义

账务处理程序，又称会计核算组织程序或会计核算形式，是指会计凭证、会计账簿、会计报表相结合的方式，即由填制和审核原始凭证到编制记账凭证，登记日记账、明细分类账和总分类账，编制财务报表的工作程序和方法等。具体地说，就是通过凭证、账簿、报表组织体系，按一定的步骤或程序将三者有机结合起来，最终产生并提供有用的会计信息。

账务处理程序主要包括两部分内容：第一，建立凭证、账簿和报表组织体系。其中凭证组织是指会计凭证的种类、格式及各种凭证之间的关系；账簿组织是指账簿的种类、格式及各种账簿之间的关系；报表组织是指报表的种类、格式及各种报表之间的关系。上述三种组织构成了一个完整的体系，其核心是账簿组织。第二，记账步骤(程序)，是指从会计凭证的取得、填制到账簿的登记，再到会计报表的编制这一整个过程的具体步骤。填制和审核会计凭证、登记会计账簿和编制会计报表之前增加一些环节，如进行账项调整和进行试算平衡等。

账务处理程序的各种方法，在实际工作过程中并不是彼此孤立、互不联系的，为科学组织会计工作，只有将这些方法结合在一起，形成一个能够连续、系统、全面、综合地对单位的经济活动进行会计核算和监督的系统，才能开展各单位的会计核算工作。科学、合理地选择账务处理程序有重要意义，良好的账务处理程序有利于会计工作程序的规范化，提高会计信息质量；有利于保证会计记录的完整性、正确性，增强会计信息的可靠性；有利于减少不必要的会计核算环节，提高会计工作效率，保证会计信息的及时性。

二、账务处理程序的种类

在会计实践中，不同的账簿组织、记账程序和记账方法，及其不同的结合方式，形成了不同种类的账务处理程序。账务处理程序可以分为记账凭证账务处理程序、汇总记账凭证账务处理程序、科目汇总表账务处理程序、多栏式日记账账务处理程序和日记总账账务处理程序。在我国，企业常用的账务处理程序主要有记账凭证账务处理程序、汇总记账凭证账务处理程序和科目汇总表账务处理程序。以上账务处理程序有很多相同点，不同之处主要表现在登记总分类账的依据和方法不同。

(一)记账凭证账务处理程序

记账凭证账务处理程序是指对发生的经济业务事项，先根据原始凭证或汇总原始凭证编制记账凭证，再直接根据记账凭证逐笔登记总分类账的一种账务处理程序。它是基本的账务处理程序，其他各种账务处理程序是在这种账务处理程序的基础上发展而形成的。

(二)汇总记账凭证账务处理程序

汇总记账凭证账务处理程序是指先根据原始凭证或汇总原始凭证编制记账凭证，定期根据记账凭证分类编制汇总收款凭证、汇总付款凭证和汇总转账凭证，再根据汇总记账凭证登记总分类账的一种账务处理程序。

(三)科目汇总表账务处理程序

科目汇总表账务处理程序，又称记账凭证汇总表账务处理程序，是指根据记账凭证定期编制科目汇总表，再根据科目表登记总分类账的一种账务处理程序。

(四)多栏式日记账账务处理程序

多栏式日记账账务处理程序是指先根据收款凭证、付款凭证登记多栏式现金日记账和多栏式银行存款日记账；根据转账凭证填制转账凭证科目汇总表；然后根据多栏式现金日记账和多栏式银行存款日记账和转账凭证科目汇总表登记总分类账的一种账务处理程序。

(五)日记总账账务处理程序

日记总账账务处理程序是指在财务处理程序中设置一本兼具日记账和总账性质的日记总账，对一切经济业务既进行序时登记，又进行总分类登记的一种账务处理程序。其账务处理程序的特点是根据业务发生的时间顺序登记，且将所有科目的总分类核算都集中在一张日记总账账页上。

三、账务处理程序的设计原则

选择科学、合理的会计账务处理程序是组织会计工作、进行会计核算的前提。虽然在实际工作中有不同的会计账务处理程序，但一般应符合以下三个要求：

(1)账务处理程序原则要与本单位的业务性质、规模大小、繁简程度、经营管理的要求和特点等相适应，以保证会计核算的顺利进行。账务处理程序必须充分考虑本单位经营活动的性质、特点、规模大小、经济业务的繁简以及会计机构和会计人员的设置等因素，使账务处理程序与本单位的会计核算工作相适应，同时有利于加强会计核算工作的分工协作，有利于实现会计控制和监督目标。

(2)应以保证会计质量为根本目标。确定的账务处理程序要能正确、及时、完整地提供会计信息使用者需要的会计核算资料，以利于会计人员及时掌握资金运动现状，有效地参与经营决策，也保证能够满足会计信息使用者了解本单位会计信息的需要。

(3)账务处理程序要在保证会计核算工作质量的前提下，力求简化核算程序，节约人力和物力，降低会计信息成本，不断提高会计工作的效率。

任务二　账务处理程序基本流程

一、记账凭证账务处理程序

(一)记账凭证账务处理程序概述

1. 记账凭证账务处理程序的概念

记账凭证账务处理程序是指对发生的经济业务事项，都要根据原始凭证或汇总原始凭证编制记账凭证，然后直接根据记账凭证逐笔登记总分类账的一种账务处理程序。

2. 记账凭证账务处理程序的特点

记账凭证账务处理程序的特点是直接根据记账凭证逐笔登记总分类账。它是最基本的账务处理程序，其他各种账务处理程序基本上是在这种账务处理程序的基础上发展和演变而形成的。

在记账凭证账务处理程序下，记账凭证可以采用一种通用的格式，也可以采用收款凭证、付款凭证和转账凭证三种格式；账簿设置一般应设置现金日记账、银行存款日记账、总分类账和明细分类账。日记账和总分类账一般采用三栏式，明细分类账可根据需要用三栏式、数量金额式或多栏式等格式。

(二)记账凭证账务处理程序基本步骤

(1)根据原始凭证编制原始凭证汇总表;

(2)根据原始凭证或原始凭证汇总表,编制记账凭证;

(3)根据收款凭证、付款凭证逐笔登记现金日记账和银行存款日记账;

(4)根据原始凭证、汇总原始凭证和记账凭证,登记各种明细分类账;

(5)根据记账凭证逐笔登记总分类账;

(6)期末,将现金日记账、银行存款日记账和明细分类账的余额,同有关总分类账的余额核对,保证相符;

(7)期末,根据核对无误的总分类账和明细分类账的相关资料编制会计报表。

记账凭证账务处理程序如图 10-1 所示。

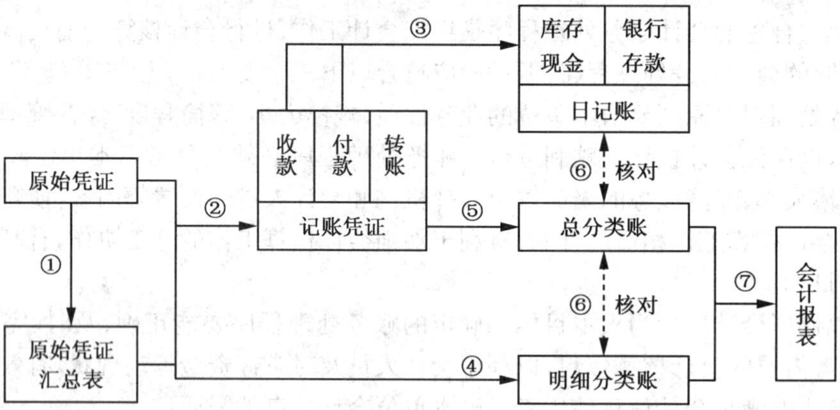

注:→表示填制会计凭证、登记账簿或编制会计报表的方向;◄--►表示有关账簿之间的相互核对。

图 10-1 记账凭证账务处理程序

(三)记账凭证账务处理程序的优缺点及适用范围

1. 优点

(1)核算程序简单明了,记账层次清楚。记账凭证账务处理程序使用专用记账凭证或通用记账凭证,当经济业务发生以后,利用记账凭证就能编制出经济业务的完整会计分录,因此在记账凭证上账户之间的对应关系十分清晰。

(2)总分类账比较详细和具体地反映各项经济业务,便于查账。记账凭证账务处理程序要求日记账、分类账和总账都进行逐笔登记,这样在总分类账上能够详细清晰地反映出每笔经济业务的真实情况。

(3)技术方法易于理解和掌握。记账凭证账务处理程序的特点是直接根据记账凭证,逐笔登记总分类账。它是最基本的一种账务处理程序,方法简单易懂。

2. 缺点

由于要根据记账凭证逐笔登记总分类账,所以登记总分类账的工作量较大。

3. 适用范围

一般适用于规模较小、经济业务量较少及记账凭证数量不多的企业采用。

记账凭证账务处理程序特别适宜于计算机处理,因为利用计算机可以弥补工作量大的缺点。同时在手工记账下,为了减少记账凭证的数量和登记总账的工作量,可以尽量将同类经济业务的原始凭证进行汇总，编制汇总原始凭证，再根据汇总原始凭证编制记账凭证。

二、科目汇总表账务处理程序

（一）科目汇总表账务处理程序概述

1. 科目汇总表账务处理程序的概念

科目汇总表账务处理程序又称记账凭证汇总表账务处理程序，它是根据记账凭证定期编制科目汇总表，再根据科目汇总表登记总分类账的一种账务处理程序。

2. 科目汇总表账务处理程序的特点

科目汇总表账务处理程序的特点是：先定期把全部记账凭证按科目汇总，编制科目汇总表，然后根据科目汇总表上的汇总数字登记总分类账。

在科目汇总表账务处理程序下，记账凭证、库存现金日记账、银行存款日记账、各种总分类账和明细分类账的设置与记账凭证账务处理程序基本相同。同时为了将记账凭证定期地进行汇总，还需要设置科目汇总表。

科目汇总表的编制是科目汇总表账务处理程序的一项重要工作，它是根据一定时期内的全部记账凭证，按科目作为归类标志进行编制的。其编制方法是：首先，将汇总期内各项交易或事项所涉及的总账科目填列在科目汇总表的“会计科目”栏内，然后根据汇总期内所有记账凭证，按会计科目分别加计其借方发生额和贷方发生额，并将其汇总金额填在各相应会计科目的“借方”和“贷方”栏内。对于科目汇总表中“库存现金”、“银行存款”科目的借方本期发生额和贷方本期发生额，也可以直接根据库存现金日记账和银行存款日记账的收入合计和支出合计填列，而不再根据收款凭证和付款凭证归类、汇总填列。最后还应分别加总全部会计科目“借方”和“贷方”发生额，进行发生额的试算平衡。具体汇总方式可分为两种：(1)全部汇总，就是将一定时期（10天、半个月、一个月）的全部记账凭证汇总到一张科目汇总表内的汇总方式；(2)分类汇总，就是将一定时期（10天、半个月、一个月）的全部记账凭证分别按库存现金、银行存款收、付款的记账凭证和转账记账凭证进行汇总。科目汇总表的一般格式如表10－1和表10－2所示。

表10－1　　**科目汇总表（格式一）**

年　月　日至　月　日　　　　第　号

会计科目	本期发生额			
	借方	贷方		
			（略）	
合　计				

表10－2　　**科目汇总表（格式二）**

年　月　　　　第　号

会计科目	1～10日		11～20日		21～31日		合计		总账页数
	借方	贷方	借方	贷方	借方	贷方	借方	贷方	
合计									

(二)科目汇总表账务处理程序基本步骤

科目汇总表账务处理程序基本步骤是：

(1)根据原始凭证编制汇总原始凭证；

(2)根据原始凭证或汇总原始凭证，编制记账凭证；

(3)根据收款凭证、付款凭证逐笔登记现金日记账和银行存款日记账；

(4)根据原始凭证、汇总原始凭证和记账凭证，登记各种明细分类账；

(5)根据各种记账凭证编制科目汇总表；

(6)根据科目汇总表登记总分类账；

(7)期末，库存现金日记账、银行存款日记账和明细分类账的余额同有关总分类账的余额核对相符；

(8)期末，根据总分类账和明细分类账的记录，编制会计报表。

科目汇总表账务处理程序如图 10－2 所示。

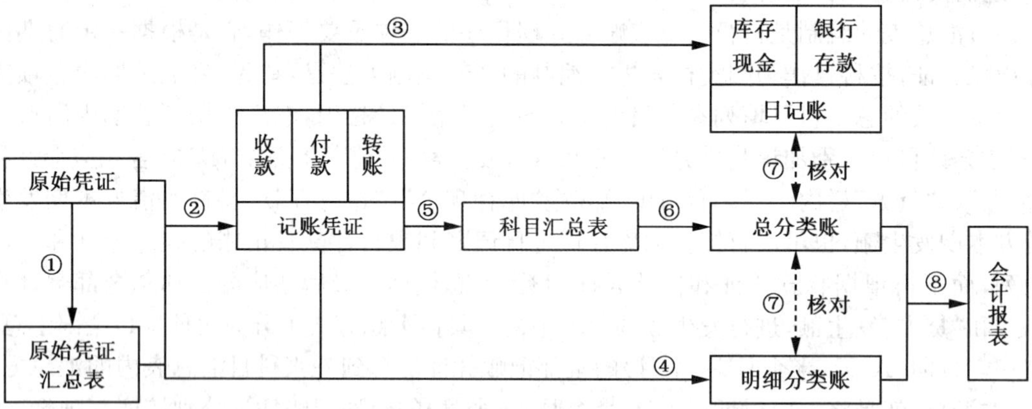

注：→表示填制会计凭证、登记账簿或编制会计报表的方向；←---→表示有关账簿之间的相互核对。

图 10－2 科目汇总表账务处理程序

(三)科目汇总表账务处理程序的优缺点及适用范围

1. 优点

(1)依据科目汇总表登记总账，可以大大减轻登记总账的工作量。在科目汇总表账务处理程序下，可根据科目汇总表上有关账户的汇总发生额，在月中定期或月末一次性地登记总分类账，可以使登记总分类账的工作量大为减轻。

(2)科目汇总表还起到试算平衡的作用，保证总分类账登记的正确性。在科目汇总表上的汇总结果体现了一定会计期间所有账户的借方发生额和贷方发生额之间的相等关系，利用这种发生额的相等关系，可以进行全部账户记录的试算平衡。

2. 缺点

在科目汇总表和总分类账中，不能反映各科目的对应关系，不能清晰地反映经济业务的发生情况，也不便于对经济活动情况进行分析和检查；如果记账凭证较多，根据记账凭证编制科目汇总表本身也是一项很复杂的工作，如果记账凭证较少，运用科目汇总表登记总账又起不到简化登记总账的作用。

3. 适用范围

科目汇总表账务处理程序适用于规模较大、经济业务量较多的大中型企业。

三、汇总记账凭证账务处理程序

(一)汇总记账凭证账务处理程序概述

1. 汇总记账凭证账务处理程序的概念

汇总记账凭证账务处理程序是根据记账凭证编制科目汇总表,并据以登记总账。汇总记账凭证账务处理通过汇总记账凭证、月末(或定期)登记总分类账,简化了总分类账的登记工作,使得汇总记账凭证中科目间的对应关系清楚,使据以登记的总分类账能明确地反映各类经济业务的内容。

2. 汇总记账凭证账务处理程序的特点

汇总记账凭证账务处理程序区别于其他账务处理程序的主要特点是:定期(5 天或 10 天)将全部记账凭证按收、付款凭证和转账凭证分别归类编制成汇总记账凭证,然后再根据汇总记账凭证登记总分类账。

汇总记账凭证账务处理程序与科目汇总表账务处理程序较为相似。两者的区别是汇总记账凭证账务处理程序以汇总记账凭证代替了科目汇总表账务处理程序中的科目汇总表。二者只是汇总方式不同。科目汇总表是按相同会计科目汇总,汇总记账凭证则按照会计科目之间的对应关系汇总。其目的是为了简化总账的登记工作。

采用汇总记账凭证账务处理程序时,其账簿设置、各种账簿的格式以及记账凭证的种类和格式基本上与记账凭证账务处理程序相同,设置现金日记账和银行存款日记账。但应设置汇总收款凭证、汇总付款凭证和汇总转账凭证,作为登记总分类账的依据。按总分类科目设置总分类账和明细分类账,总分类账的账页格式必须增设"对应账户"栏。

(二)汇总记账凭证的编制方法

汇总记账凭证是指对一段时期内同类记账凭证进行定期汇总而编制的记账凭证。汇总记账凭证可以分为汇总收款凭证、汇总付款凭证和汇总转账凭证,三种凭证有不同的编制方法。

1. 汇总收款凭证的编制

汇总收款凭证是指根据"库存现金"和"银行存款"账户的借方进行编制。汇总收款凭证是在对各账户对应的贷方分类之后,进行汇总编制。总分类账根据各汇总收款凭证的合计数进行登记,分别记入"库存现金"、"银行存款"总分类账户的借方,并将汇总收款凭证上各账户贷方的合计数分别记入有关总分类账户的贷方。其格式如表 10－3 所示。

表 10－3　　　　**汇总收款凭证**

借方科目:　　　　年　月　日　　　　汇收字第　号

贷方科目	金额				总账账页
	1～10 日 记字第　号	11～20 日 记字第　号	21～31 日 记字第　号	合　计	
合　计					

2. 汇总付款凭证的编制

汇总付款凭证根据“库存现金”和“银行存款”账户的贷方进行编制。汇总付款凭证是在对各账户对应的借方分类之后，进行汇总编制。总分类账根据各汇总付款凭证的合计数进行登记，分别记入“库存现金”、“银行存款”总分类账户的贷方，并将汇总付款凭证上各账户借方的合计数分别记入有关总分类账户的借方。其格式如表10－4所示。

表10－4 **汇总付款凭证**

贷方科目： 年 月 日 汇付字第 号

借方科目	金额				总账账页
	1～10日 记字第 号	11～20日 记字第 号	21～31日 记字第 号	合 计	
合 计					

3. 汇总转账凭证的编制

汇总转账凭证通常根据所设置账户的贷方进行编制。汇总转账凭证是在对所设置账户相对应的借方账户分类之后，进行汇总编制。总分类账根据各汇总转账凭证的合计数进行登记，分别记入对应账户的总分类账户的贷方，并将汇总转账凭证上各账户借方的合计数分别记入有关总分类账户的借方。值得注意的是，在编制的过程中贷方账户必须唯一，借方账户可一个或多个，即转账凭证必须一借一贷或多借一贷。

如果在一个月内某一贷方账户的转账凭证不多，可不编制汇总转账凭证，直接根据单个的转账凭证登记总分类账。其格式如表10－5所示。

表10－5 **汇总转账凭证**

贷方科目： 年 月 日 汇转字第 号

借方科目	金额				总账账页
	1～10日 记字第 号	11～20日 记字第 号	21～31日 记字第 号	合 计	
合 计					

(三)汇总记账凭证账务处理程序基本步骤

(1)根据原始凭证填制汇总原始凭证；

(2)根据原始凭证或汇总原始凭证，填制收款凭证、付款凭证和转账凭证，也可以填制通用记账凭证；

(3)根据收款凭证、付款凭证逐笔登记库存现金日记账和银行存款日记账；

(4)根据原始凭证、汇总原始凭证和记账凭证，登记各种明细分类账；

(5)根据各种记账凭证编制有关汇总记账凭证；

(6)根据各种汇总记账凭证登记总分类账；

(7)期末，将库存现金日记账、银行存款日记账和明细分类账的余额与有关总分类账的余额核对相符；

(8)期末，根据总分类账和明细分类账的记录，编制会计报表。

汇总记账凭证账务处理程序如图 10－3 所示。

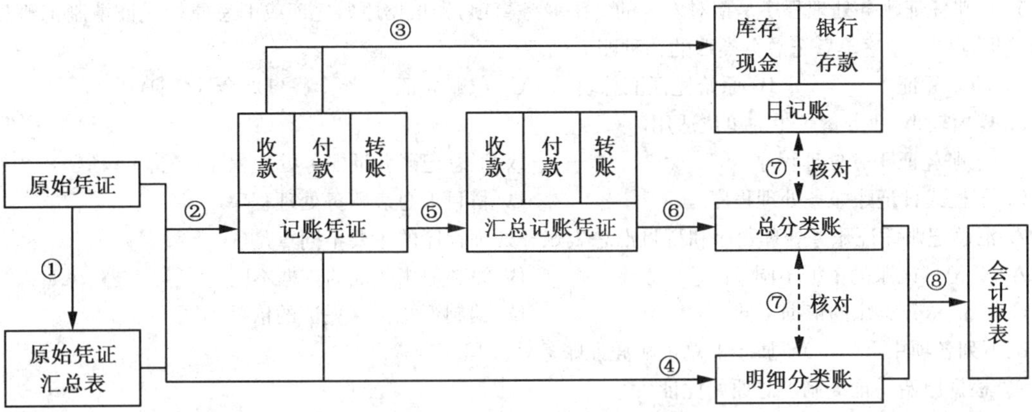

注：→表示填制会计凭证、登记账簿或编制会计报表的方向；←--→表示有关账簿之间的相互核对。

图 10－3　汇总记账凭证账务处理程序

(四)汇总记账凭证账务处理程序的优缺点及适用范围

1. 优点

汇总记账凭证账务处理程序登记总分类账的直接依据是汇总记账凭证，而汇总记账凭证是根据各种记账凭证按科目对应关系进行归类汇总编制的，因而在汇总记账凭证及总分类账中，可以清晰地反映出科目的对应关系，便于账目的查对和分析，并克服了科目汇总表会计核算形式的缺点。另外，汇总记账凭证账务处理程序相对于记账凭证账务处理程序而言，由于总账是在月末根据汇总记账凭证一次性登记入账，因此减少了登记总分类账的工作量。

2. 缺点

汇总转账凭证需要按贷方科目分别设置，不利于会计核算工作的日常分工，且当转账凭证较多时，编制汇总转账凭证的工作量较大。

3. 适用范围

汇总记账凭证账务处理程序适用于规模较大、经济业务较多的企业单位。

项目训练

一、单项选择题

1. (　　)不能反映各科目的对应关系，不便于分析和检查经济业务的来龙去脉，不便于查对账目。

A. 记账凭证账务处理程序　　B. 汇总记账凭证账务处理程序

C. 日记账账务处理程序　　D. 科目汇总表账务处理程序

2. 科目汇总表的汇总范围是(　　)。

A. 全部科目的借、贷方发生额和余额

B. 全部科目的借、贷方余额

C. 全部科目的借、贷方发生额

D. 汇总收款凭证、汇总付款凭证、汇总转账凭证的合计数

3. 以下项目中，属于科目汇总表账务处理程序缺点的是(　　)。

A. 不便于理解　　B. 增加了登记总分类账的工作量

C. 不便于检查核对账目　　D. 不便于进行试算平衡

4. 记账凭证账务处理程序下，不能作为登记明细分类账依据的是(　　)。

A. 原始凭证　　B. 汇总原始凭证　　C. 记账凭证　　D. 记账凭证汇总表

5. 记账凭证账务处理程序是指对发生的经济业务事项，先根据原始凭证或汇总原始凭证填制记账凭证，再直接根据(　　)逐笔登记总分类账的一种账务处理程序。

A. 原始凭证　　B. 原始凭证汇总表　　C. 记账凭证　　D. 会计凭证

6. 规模较小、业务量较少的单位适用(　　)。

A. 记账凭证账务处理程序　　B. 汇总记账凭证账务处理程序

C. 多栏式日记账账务处理程序　　D. 科目汇总表账务处理程序

7. 汇总记账凭证账务处理程序和科目汇总表账务处理程序的主要不同点是(　　)。

A. 登记日记账的依据不同　　B. 编制记账凭证的依据不同

C. 登记总分类账的依据不同　　D. 编制汇总记账凭证的依据不同

8、下列各项中，(　　)不属于汇总记账凭证账务处理程序步骤。

A. 根据原始凭证编制汇总原始凭证

B. 根据各种记账凭证编制有关汇总记账凭证

C. 根据各种汇总记账凭证登记总分类账

D. 根据各种记账凭证编制科目汇总表

9. 汇总收款凭证是按科目的(　　)进行设置的。

A. 借方　　B. 贷方　　C. 借方或贷方　　D. 借方和贷方

10. 规模较大、经济业务量较多的单位适用的账务处理程序是(　　)。

A. 记账凭证账务处理程序　　B. 汇总记账凭证账务处理程序

C. 多栏式日记账账务处理程序　　D. 日记账账务处理程序

11. 在各种不同账务处理程序中，不能作为登记总账依据的是(　　)。

A. 记账凭证　　B. 汇总记账凭证　　C. 汇总原始凭证　　D. 科目汇总表

12. (　　)指会计凭证和会计账簿的种类、格式，会计凭证与账簿之间的联系方法。

A. 凭证组织　　B. 账簿组织　　C. 记账程序　　D. 报表组织

13. 下列各项中，(　　)不属于科目汇总表账务处理程序步骤。

A. 根据原始凭证、汇总原始凭证和记账凭证登记各种明细分类账

B. 根据各种记账凭证编制汇总记账凭证

C. 根据科目汇总表登记总分类账

D. 期末根据总分类账和明细分类账的记录编制会计报表

14. 根据科目汇总表登记总分类账，在能够进行发生额试算平衡的同时也起到了(　　)的作用。

A. 简化报表的编制　　B. 简化明细分类账工作

C. 清晰反映科目之间的对应关系　　D. 简化登记总分类账工作

15. 科目汇总表是依据(　　)编制的。

A. 记账凭证　　B. 原始凭证　　C. 原始凭证汇总表　　D. 各种总账

16. 在汇总记账凭证账务处理中，登记总账的直接依据是(　　)。

A. 付款凭证　　B. 汇总记账凭证　　C. 记账凭证　　D. 收款凭证

二、多项选择题

1. 下列关于科目汇总表账务处理程序与汇总记账凭证账务处理程序共同之处的表述中，正确的有(　　)。

A. 都适用于规模较大、业务量较多的企业　　B. 可以减少总分类账登记工作量
C. 可以保持会计科目之间对应关系　　D. 可以进行发生额试算平衡

2. 以下关于科目汇总表账务处理程序的优缺点与适用范围的表述正确的有(　　)。
A. 将记账凭证通过科目汇总表汇总后登记总分类账,大大减轻了登记总账的工作量
B. 通过编制科目汇总表,可以对发生额进行试算平衡,从而及时发现错误,保证记账工作质量
C. 科目汇总表能反映账户之间的对应关系,有利于根据账簿记录检查和分析交易或事项的来龙去脉,便于查对账目
D. 适用于业务量多的大、中型企业

3. 根据总账的登记依据对账务处理程序进行分类,下列各项中正确的有(　　)。
A. 记账凭证账务处理程序　　B. 汇总记账凭证账务处理程序
C. 科目汇总表账务处理程序　　D. 一般账务处理程序

4. 下列各项中,属于企业填制记账凭证依据的有(　　)。
A. 汇总记账凭证　B. 科目汇总表　C. 原始凭证　D. 汇总原始凭证

5. 以下属于记账凭证账务处理程序优点的有(　　)。
A. 简单明了、易于理解
B. 总分类账可较详细地记录经济业务发生情况
C. 便于进行会计科目的试算平衡
D. 减轻了登记总分类账的工作量

6. 下列说法中正确的有(　　)。
A. 汇总记账凭证分为汇总收款凭证、汇总付款凭证和汇总转账凭证
B. 汇总记账凭证是按每个科目设置,并按设置科目一方的对应科目进行汇总
C. 汇总记账凭证账务处理程序是根据汇总记账凭证登记总分类账
D. 汇总记账凭证账务处理程序适用于规模较大、经济业务较多的单位

7. 以记账凭证为依据,按有关账户的贷方设置,按借方账户归类的有(　　)。
A. 汇总收款凭证　B. 汇总转账凭证　C. 汇总付款凭证　D. 科目汇总表

8. 账簿组织包括(　　)。
A. 会计凭证、会计账簿的种类及格式　　B. 会计凭证与账簿之间的联系方法
C. 会计机构及会计岗位的设置　　D. 会计工作人员的职责

9. 在科目汇总表账务处理程序下,月末应将(　　)与总分类账进行核对。
A. 现金日记账　B. 明细分类账　C. 银行存款日记账　D. 备查账

10. 下列各项中,(　　)属于记账凭证。
A. 转账凭证　B. 收款凭证　C. 科目汇总表　D. 汇总记账凭证

11. 汇总记账凭证一般分为(　　)。
A. 汇总收款凭证　B. 汇总付款凭证　C. 原始凭证汇总表　D. 汇总转账凭证

12. 下列有关科目汇总表账务处理程序的表述中,正确的有(　　)。
A. 减少了登记总分类账的工作量
B. 可做到试算平衡
C. 不能反映账户之间的对应关系,不便于查核账目
D. 是最简单的账务处理程序

13. 科目汇总表账务处理程序下不需要编制(　　)。
A. 科目汇总表　B. 汇总收款凭证　C. 汇总付款凭证　D. 记账凭证

14. 下列各项中,(　　)不属于汇总记账凭证账务处理程序缺点。
A. 总分类账中无法清晰地反映科目之间的对应关系
B. 登记总分类账的工作量较大

C. 编制汇总记账凭证的程序比较繁琐

D. 当转账凭证较多时，编制汇总转账凭证的工作量较大

15. 对于汇总记账凭证账务处理程序下，下列说法错误的有(　　)。

A. 登记总账的工作量大

B. 不能体现账户之间的对应关系

C. 明细账与总账无法核对

D. 当转账凭证较多时，汇总转账凭证的编制工作量较大

三、判断题

1. 科目汇总表账务处理程序是会计核算中最基本的账务处理程序，其他账务处理程序都是在这种账务处理程序的基础上发展、演变形成的。(　　)

2. 科目汇总表账务处理程序的优点之一是编制汇总记账凭证的程序比较简单。(　　)

3. 科目汇总表账务处理程序的缺点之一是，在科目汇总表中，不反映各科目的对应关系。(　　)

4. 科目汇总表只反映各个会计科目的本期借方发生额和本期贷方发生额，不反映各个会计科目的对应关系。(　　)

5. 记账凭证账务处理程序是最基本的账务处理程序，其他账务处理程序都是在此基础上发展形成的，其优点就是登记账簿的工作量小。(　　)

6. 记账凭证账务处理程序的特点是直接根据记账凭证逐笔登记总分类账，是基本的账务处理程序。(　　)

7. 科学、合理地选择适合本单位的账务处理程序有利于保证会计记录的完整性和正确性，增强会计信息的可靠性。(　　)

8. 汇总记账凭证账务处理程序是直接根据记账凭证逐笔登记总分类账的一种账务处理程序。(　　)

9. 汇总记账凭证账务处理程序的缺点之一是按每一贷方科目编制汇总转账凭证，不利于会计核算的日常分工。(　　)

10. 在汇总记账凭证账务处理程序中，登记总分类账时，应根据汇总付款凭证的合计数，记入“库存现金”或者“银行存款”总分类账户的借方，根据汇总付款凭证各贷方科目的合计数分别计入有关总分类账户的贷方。(　　)

11. 在不同的账务处理程序下，财务报表的编制依据不同。(　　)

12. 汇总收款凭证是按贷方科目设置，按借方科目归类，定期汇总编制的。(　　)

13. 科目汇总表账务处理程序的优点之一是具有试算平衡的作用，有利于保证总账登记的正确性。(　　)

14. 记账凭证账务处理程序、汇总记账凭证账务处理程序和科目汇总表账务处理程序的一般步骤中都包括根据记账凭证编制科目汇总表。(　　)

15. 汇总记账凭证账务处理程序的优点之一是按每一贷方科目编制汇总转账凭证，有利于会计核算的日常分工。(　　)

参考文献

[1]孔德兰．基础会计[M].北京：中国人民大学出版社，2015.

[2]苏永玲．基础会计[M].北京：中国商业出版社，2012.

[3]杜国良．基础会计原理与实务[M].重庆：重庆大学出版社，2012.

[4]赵丽生．常洁，高慧芸.基础会计[M].大连：东北财经大学出版社，2016.

[5]郭黎，王建安，国燕萍．基础会计实务[M].大连：东北财经大学出版社，2015.

[6]蔡中焕，李艳杰，侯丽娟．会计职业基础[M].北京：教育科学出版社，2015.

[7]王瑾，沈云，邓淑贤．基础会计[M].镇江：江苏大学出版社，2016.

[8]赵宏伟．基础会计[M].天津：南开大学出版社，2014.

[9]刘智英，陈锐．基础会计[M].北京：清华大学出版社，2015.

[10]朱虹，周雪艳．基础会计[M].大连：东北财经大学出版社，2015.

[11]刘毅．基础会计[M].上海：上海财经大学出版社，2014.